BLACKWELL'S GERMAN TEXTS

GENERAL EDITOR:

ALEXANDER GILLIES

*Professor of German Language and
Literature in the University of Leeds*

BLACKWELL'S GERMAN TEXTS

GENERAL EDITOR: ALEXANDER GILLIES

E. T. A. HOFFMANN

PRINZESSIN BRAMBILLA

Edited by

M. M. RARATY, M.A., Ph.D.

LECTURER IN GERMAN AT
THE UNIVERSITY OF KENT AT CANTERBURY

BASIL BLACKWELL, OXFORD

1972

The German text of this edition is reproduced
by photolithography by kind permission of
Winkler-Verlag, Munich

To the memory of Rudolf Herd (1902–1971),
late 1. Vorsitzender of the E. T. A. Hoffmann–
Gesellschaft in Bamberg

Text set in 10/12 pt. Monotype Old Style, printed by photolithography,
and bound in Great Britain at The Pitman Press, Bath

PREFACE

HOFFMANN wrote three tales to which he gave the subtitle
" Märchen ": *Der goldne Topf, Klein Zaches*, and *Meister
Floh*. A fourth, *Prinzessin Brambilla*, called by Hoffmann
" ein Capriccio," nevertheless exhibits all the characteristics of the others and forms a particularly close parallel
with *Der goldne Topf* in dealing with the same theme: the
function of the true artist and his relationship with society.
But it does so in a way that is quite different, which illustrates an aspect of Hoffmann that has been largely neglected
in studies of him. This neglect has been quite unjustifiable,
in so far as the tale recounts his involvement with ideas
about the theatre, and it has tended to result in a critical
treatment of his concern with marionettes and their close
cousins, automata, that serves only to perpetuate Hoffmann's popular image as it is derived from the superficial
level of Jacques Offenbach.

According to H. W. Hewett-Thayer, author of the most
extensive biography of Hoffmann in English (*Hoffmann:
Author of the Tales*, Princeton, 1948, p. 233), *Prinzessin
Brambilla* is " one of the most baffling, most subtly intrigu-
ing products of the creative imagination." In this respect
it is a true Romantic *Kunstmärchen*, whose charm lies in its
universality, the way in which its events have a symbolic or
representative significance far beyond its surface implica-
tions, and which thus never cease to prod the imagination
of every reader along paths and into depths which, whilst
being different for each person (since the reaction is essentially a subjective one) are, just because of that, meaningful
to him.—That is, provided, as Hoffmann is always anxious
to point out, that the reader is willing to join in the adventure.

The text of the present edition is based on that edited by

W. Müller-Seidel and published (with notes, which have in many cases been helpful in the preparation of the present edition, by W. Segebrecht) in 1965 by Winkler-Verlag, München, in the volume entitled *Späte Werke*. Other references to Hoffmann's works are taken from the companion volumes to this from the same publisher. References to Hoffmann's correspondence etc. are taken from the three-volume edition entitled *E. T. A. Hoffmann: Briefwechsel* edited by Hans v. Müller and Friedrich Schnapp, also published by Winkler (1967–69).

CONTENTS

A NOTE ON THE PLATES

THE plates here reproduced are those published in the late seventeenth century by C. Allard of Amsterdam, and not the nineteenth century copies by C. F. Thiele customarily appended to the story. They are closer to (indeed, probably identical with) the versions in Hoffmann's own possession that originally inspired him. Allard's plates are (with the exception of the titles) mirror images of the originals (most recently reproduced in *Jacques Callot: Das gesamte Werk in zwei Bänden*, Rogner & Bernhard, 1971, Vol. 2, pp. 1082–93), but it is evident from the text of *Prinzessin Brambilla* that Hoffmann knew the etchings in Allard's configuration, and one must therefore surmise that his " Originalblätter " were no more than copies issued by that prolific print-seller. Each different figure is labelled with a name, but for the purposes of his story Hoffmann ignored this, and instead assimilated them all to represent only Giacinta and the various aspects of Giglio.

Cap. Zerbino.   Scapino.

17

1

Sig. Lauinia.   Cap. Cerimonia.

2

Metzetin .   Riciulina .

3

Franca Trippa .   Fritellino .

4

Gian Farina . Fracischina . 2

5

Fracasso . Taglia Cantoni . 12

6

Sig.ᵃ Lucretia .   Pulliciniello .   7

7

Frastullo .   Sig.ᵃ Lucia .   6

8

INTRODUCTION

Compositional background

" DER junge Mann leidet nämlich an dem chronischen Dualismus " explains Celionati, as he accounts to the young German artists in the Caffé Greco for the curious events they have recently been witnessing, involving the actor Gigilo Fava under his various *aliases*. If there is one sentence in *Prinzessin Brambilla* that gives the key to the events in the story, and which helps at the same time to clarify the deeper significance we may attach to it as an indicator of Hoffmann's view of art and the theatre, then this is it.

" Chronic dualism " is not to be understood as a clinical term, signifying something like schizophrenia, but rather as a description of a more common ailment of the human mind —divided loyalty or perhaps merely divided attention; and that Hoffmann should have found himself closely involved with the idea at this time is hardly surprising. 1820, the year in which *Prinzessin Brambilla* was composed, was also the year in which Hoffmann the lawyer found that his professional responsibilities in upholding the impartiality of the law and in supporting the right of every individual to an equal measure of justice at the hands of the government were stretched to the limit. His consciousness of the malady of " chronic dualism " was never so great: but whilst Giglio Fava suffers purely in terms of dedication to the theatre and can cure himself through escape to a fantasy-world of the theatre in an (in any case) already fictional environment, Hoffmann himself was tied to an all too real Prussian police-state. His awareness of this is apparent in the tale: deliberately breaking the fantasy-illusion, he makes Celionati, the protean master of the Carnival, exclaim: " . . . alles, was wir treiben und was hier getrieben wird [ist] nicht wahr, sondern ein durchaus erlogenes Capriccio . . . " (*p*. 88). This is true on two, even on three levels, for, in relation to the real life of Rome, the Carnival and the play-acting are inventions; and, in relation to the real life of Berlin, *Prinzessin Brambilla* itself is of course an invention; but we may go even further, in suggesting that this disclaimer is equivalent to the modern " any resemblance of the characters to persons alive or dead is purely fortuitous "—a necessary disclaimer under the circumstances that existed of the strictest police censorship.[1]

Yet there is a point of resemblance. Celionati is a disguise of Hoffmann himself, and he is being disingenuous in suggesting that the story is a *mere* caprice, and without further meaning.[2] In the same episode as that in which he identifies Giglio's malady Celionati tries to explain himself to the German painters. He accuses them of not taking him seriously, of thinking that he exists simply:

euch zuweilen Märchen zu erzählen, die bloß ihrer Possierlichkeit halber possierlich klingen und euch die Zeit, die ihr daran wenden wollt, vertreiben. Aber, ich sage euch, als mich der Dichter erfand, hatte er ganz was anders mit mir im Sinn und wenn er es mit ansehen sollte, wie ihr mich manchmal so gleichgültig behandelt, könnte er gar glauben, ich sei ihm aus der Art geschlagen. (*p*. 102).

This is not only Celionati talking to German painters: it is Hoffmann talking to a German audience. The conceit of using a character to point out his own fictional nature is more than just an ironical way of adding to the reader's uncertainty as to what constitutes reality (a common enough aim in Hoffmann's writing): it also gives the ideas of author and character a common identity. Taken as a comment on the way Hoffmann and his colleagues were being treated by their superiors in the Prussian government, the irony of the remark becomes tinged with bitterness.

In 1814, after six years of close association with the theatres in Bamberg, Dresden and Leipzig, principally as musical director, Hoffmann came for the third time to Berlin and through the good offices of friends re-entered the legal profession, in which he had originally qualified in 1802, as a member of the *Kammergericht*. At this time the major part of his literary career had only just begun, with the publication of the first two volumes of the *Fantasiestücke*. Most of the works for which Hoffmann has subsequently become known were still to come. Yet his professional career too was from now on also not without success. Climbing the steps up the legal ladder he ultimately became on 1 October 1819 a member of a special committee of enquiry, the *Königliche-Immediat-Untersuchungs-Commission* (K.I.U.C.) which was set up to investigate charges of sedition against Dr. F. L. Jahn (" Turnvater " Jahn), the most notorious of the so-called " demagogues " who were alleged to be advocating a German national republic by a nervously oppressive Prussian government that was anxious, in the manner of Metternich, to preserve the old order of aristocratic pluralism. Jahn had been arrested in July 1819. The K.I.U.C. was by the end of November already convinced of the frivolity of the charges, and that there was no evidence to justify his further detention. But such was the prejudice of the Prussian ministers (chiefly von Bülow) that the conclusions of the Commission were repeatedly rejected.[3]

By virtue of his seniority Hoffmann was second in order of precedence on the Commission, inferior only to its chairman. He found himself in effect the secretary, and it was he who composed the rough drafts of most of the Commission's reports and submissions to higher authority.[4] A reading of these reports gives an instructive insight into the persistence with which Hoffmann pursued justice in the face of deliberate prevarication on the part of the ministries. It also indicates the amount of time he was forced to spend on what the Commission clearly regarded as a very flimsy case for the prosecution. " Gott helfe mir nur vor den Demagogischen Umtrieben! " he exclaims on 21 March 1820, and on 10 May " Nur Dienstgeschäffte, ganz unerwartet häufige wichtige Dienstgeschäffte haben es mir bis jetzt in der That ganz unmöglich gemacht mein Versprechen zu erfüllen '' he pleads to a publisher anxious to obtain a story. Admittedly Hoffmann habitually promised more than he could supply to his various editors and publishers, yet there is no doubt that the burdens of the Commission were enormous. On 15 February 1820, for instance, Hoffmann finished a summary of the findings in the case against Jahn which occupied ninety-two double-sided folio pages of his own (fairly small) handwriting. In July and August he completed similar exercises in the cases of other '' demagogues '' and in the meanwhile was engaged in composing letters for a restrained but fairly bitter correspondence, trying to get the ministers of Justice and Police to accept the verdict of the Commission. For a part of the time also, until ordered (eventually, in March, by the King himself) to desist, Hoffmann was attempting to further a counter-claim of Jahn against the Director of the Police-Ministry, von Kamptz.

In the atmosphere of fear, intrigue, suspicion, and censorship that prevailed, this must all have involved considerable strain and not a little courage on Hoffmann's part, which makes it all the more remarkable that he should have been able to write anything like *Prinzessin Brambilla* at all. Yet, curiously, it is precisely this contrast, this dualism, that is so fruitful in Hoffmann's mind. '' Der Contrast einer inneren Gemüthsstimmung mit den Situationen des Lebens ist eine Grundbasis des Comischen, welches in dem Märchen vorherrschen sollte . . . ''.[5] In so far as it was in the months of most active involvement with the K.I.U.C. that *Prinzessin Brambilla* took shape, it is in this very contrast that we must see the humour of the story originating. The conflict of inner perception and outer reality produces a fusion out of which the creations of imaginative genius pour—as Hoffmann describes the process in the Urdargarten-myth in *Prinzessin Brambilla*, it is from the '' Prisma des Kristalls '' that is created by the conflict of opposites. And it is within the story of Princess Brambilla, too, in the contrast between

Giglio Fava's real existence and his fantasy life that we find the source of *his* " chronic dualism " and his eventual cure through the acting out of a " Märchen " against a humorous backcloth.

The direct inspiration for *Prinzessin Brambilla* is not far to seek. For his birthday in January 1820 Hoffmann received as a present from his friend Dr. Koreff[6] a series of twenty-four etchings by Callot[7] entitled *balli di sfessania* and representing, two to each scene, a variety of different Italian masked Carnival figures in grotesque and occasionally very vulgar poses. It was eight of these[8] that appeared, corresponding precisely to episodes in the story, when *Prinzessin Brambilla* was published by Josef Max of Breslau in October. Hoffmann's correspondence with Max has not been preserved, but some speculation about the period of composition is possible. Hoffmann's preface is dated September, but by 21 May he had evidently already finished the first five chapters—i.e. very nearly three-quarters of the whole.[9] It is on the other hand unlikely that much was written before the middle of February, for Hoffmann had had far too much legal work to consider. The pressure of the Jahn case abated thereafter though, for on 28 February all the papers (sixteen volumes!) relating to the case were sent in by the K.I.U.C. to the Ministry of Justice and promptly (?on purpose) mislaid in the registry, where they remained unopened until rediscovered by a member of the Commission making a special search at the beginning of May. This suggests that in March and April Hoffmann was professionally occupied for the most part only in writing letters to higher authority enquiring why no decisions had yet been taken,[10] and had some time to spare for private work. After the middle of May however there were further hearings of other " demagogues " for which Hoffmann had to write up reports (notably on 30 July and 24 August[11]) and the limited time left for literary work then was shared by commitments other than *Prinzessin Brambilla*: he was for instance commissioned, " weil es der König gewünscht," to translate the libretto of *Olimpia*, an opera by the new Director of the Berlin Opera, Spontini. " Das gilt nun in den Abend und Nachtstunden als meine Erholung! " [12] Already by 28 June Act I of this was nearly complete and by 20 September he was on the *finale* of Act II. But here also work was delayed, perhaps by the *Marquise de la Pivardiere*, the manuscript of which was sent off to its publisher in mid-July.[13] Again, on 11 September Hoffmann was already promising the publisher Reimer the third volume of the *Serapionsbrüder* within the week.[14] So, with all this going on, there was not much time left for *Prinzessin Brambilla*. By now, however, the Commission had more or less completed its work: " Ich habe gestern den letzten Aktenbündel zusammengeschnürt " he writes on 6 September,[15] and it is probable that his last major task here was the report of 24 August. If this is so, then it is likely that, while the greater part of *Prinzessin Brambilla* was written between the beginning of March and the second half of May, Hoffmann did not return to complete the final pages until about the end of August or the beginning of September.

* * *

Historical development

An analysis of *Prinzessin Brambilla* must look at the story in two ways. The setting, characters, and apparently very confused plot deserve close examination, but before this the story as a whole needs to be looked at against a background of Hoffmann's earlier work. His concern for " chronic dualism " and its cure in a theatrical context may thus be seen not as an isolated problem generated by Hoffmann's professional work and exorcised here, but as a perpetual worry, the solution to which was only gradually developed until its final perfection came about under the stress of contradictory circumstances.

From very early on in his life Hoffmann had taken an

interest in the theatre. At first, of course, the interest was purely passive—visits to the theatre in Königsberg, absorbing the atmosphere, the physical relationship between the stage and the audience. Then in Glogau he began to take a more active and public part, putting on shadow-puppet shows at home (a popular pastime of the period) and taking an interest in full-size stage design; his story *Die Jesuiter-kirche in G.* recalls this time. One practical example of his work, though a very minor one, is furnished, for instance, by his setting for a Cantata put on locally to celebrate the recovery of the King from a protracted attack of measles in 1798. From Glogau he soon moved to Berlin,[16] where he turned from design to composition. Fitting his music to a libretto of his own devising he very quickly completed a " Singspiel," *Die Maske*, which he offered (rather presumptuously) for performance to the famous actor-playwright A. W. Iffland, who was then Director of the Berlin theatre. The offer was not taken up, for the piece is admittedly very lightweight, albeit the only extant full-length dramatic piece by Hoffmann, but it is worth noticing here, for although it is largely derivative (in particular from Goethe's *Der Triumph der Empfindsamkeit*) certain aspects seem to have left a pale memory in *Prinzessin Brambilla*. Goethe's heroine Mandandane (clearly the model for *Die Maske*'s Manandane) has a double who is found to be stuffed with " sentimental " novels, just as the cardboard Giglio in *Prinzessin Brambilla* is stuffed with the tragedies of Chiari. A close parallel of situation too exists between *Die Maske* itself and the later *Capriccio* in the introduction of a German painter into a group consisting otherwise entirely of Italians. In *Die Maske* this seems to be for no logical reason. In *Prinzessin Brambilla* the function of Reinhold is rather more precise: he views the proceedings dispassionately from outside and gives Hoffmann occasion to discuss differences between German and Italian humour—the latter superficial and merely grotesque, the former more symptomatic of a deep understanding of nature. He provides a point of reference for the reader, who may otherwise be submerged in a flood of Carnival masks and grotesque antics.

Hoffmann saw his attempt to gain a foothold in the cultural world through the theatre in Berlin as a failure. In 1800, when he moved back to the provinces, his efforts became again specifically dilettante. Yet he was for all that learning continuously about the problems of the theatre, both compositional and practical, even if he left the setting down of his conclusions until later. It was the theatre that he had seen as the place where all branches of art can meaningfully combine to form a " total " art form, and he had himself tried to do this with *Die Maske*. The only real object of such a form lies (as he clarified it in his own mind later) in the " Total-Effekt " with which art, within the confines of the stage, can capture the imagination to such an extent that the everyday world of reality temporarily vanishes:

Dekorationen und Maschinen müßten unmerklich in die Dichtung eingreifen, und durch den Total-Effekt müßte dann der Zuschauer, wie auf unsichtbaren Fittigen, ganz aus dem Theater heraus in das fantastische Land der Poesie getragen werden.[17]

To find " das fantastische Land der Poesie " and to depict it is for Hoffmann the whole aim of the artist, and it is in the theatre that this purpose is best achieved:

Es gibt keinen höheren Zweck der Kunst, als, in dem Menschen diejenige Lust zu entzünden, welche sein ganzes Wesen von aller irdischen Qual, von allem niederbeugendem Druck des Alltagslebens, wie von unsaubern Schlacken befreit, und ihn *so* erhebt, daß er, sein Haupt stolz und froh emporrichtend, das Göttliche schaut, ja mit ihm in Berührung kommt. -Die Erregung dieser Lust, diese Erhebung zu dem poetischen Standpunkt . . . ist nach meiner Überzeugung der wahre Zweck des Theaters.[18]

But the " Total-Effekt " depends on harmony, and, more and more through his experience, Hoffmann becomes convinced that that harmony is less possible to achieve, the greater the number of people involved. Yet at the same time he is sure that many are necessary. He argues for instance in an essay of 1813, *Der Dichter und der Komponist*, that there is an essential duality of librettist and composer stemming from the need for a " spontaneous " response of the one artist to the other. This, though, was an opinion he had to learn through experiment. For *Die Maske* he had tried to create a " total " art form on his own and failed. His next step was to take a ready-made text (Goethe's *Scherz, List und Rache*) to which to compose airs. This he did succeed in getting performed by a professional company, and the favourable notice which this obtained drew him to the conclusion not only that division of labour is artistically advantageous, but that there are also advantages to be gained from fitting the part to the player and the play to the potentialities of the theatre. His search for harmony in the " Total-Effekt " had begun, with this early experience of that which was to make him exclaim later in the *Seltsame Leiden eines Theaterdirektors*: (1818): " Ich meine, jener Schauspieler wird nicht imstande sein etwas darzustellen, was nicht in dem innern Leben begründet ist und aus demselben hervorgeht."[19] Hoffmann's ideal keeps the variety of contributors essential to the work of art separate, but it demands at the same time that they should nevertheless understand perfectly what each is trying to do and that they should respond perfectly to each other's creative insights.

Hoffmann became gradually more aware, too, of the importance of the theatre in his mind. Although trained as a lawyer and for a long time merely playing with the world of the artist, he discovered, as he found that his true contribution to art lay not in painting or music (or even the theatre *per se*) but in words, that his manner of imagining was dramatic: the relationship between the world in which he lived and the fantasy-world of his mind's eye—" das fantastische Land der Poesie "—was a theatrical one. He sets this out most clearly through the character of the painter Bickert in *Der Magnetiseur*[20]:

Ich . . . präpariere förmlich die Träume der Nacht, indem ich mir tausend närrische Dinge durch den Kopf laufen lasse, die mir dann nachts meine Fantasie in den lebendigsten Farben auf eine höchst ergötzliche Weise darstellt; am liebsten sind mir aber meine theatralischen Darstellungen. . . . Wir sind . . . im Traum . . . die herrlichsten Schauspieldichter und Schauspieler, indem wir jeden außer uns liegenden Charakter mit allen seinen individuellsten Zügen richtig auffassen und mit der vollendetsten Wahrheit darstellen . . . da gibt mir denn nachts meine Fantasie, indem sie diese Personen mit allen ihren närrischen Zügen und Albernheiten auftreten läßt, das ergötzlichste Schauspiel von der Welt. Es ist, als habe ich mir abends vorher nur den Cannevas, die Skizze des Stücks gegeben, und im Traum würde dann alles mit Feuer und Leben nach des Dichters Willen improvisiert. Ich trage die ganze Sacchische Truppe in mir, die das Gozzische Märchen[21] mit allen aus dem Leben gegriffenen Nuancen so lebendig darstellt, daß das Publikum, welches ich auch wieder selbst repräsentiere, daran als an etwas Wahrhaftiges glaubt.

Hoffmann here manages to summarize almost every aspect of his art: his aims, his subject matter, and his manner of proceeding. But it is an ideal limited within the confines of his own mind. Here the " Total-Effekt " works perfectly when all the contributors—even the audience—are one and the same person and the performance is imaginary. It is when he tries to turn this private performance into a practical ideal that he comes up, once more, against a new aspect of " chronic dualism ": the permanent gap between stage and audience, and between each of the various contributors to the work of art.

Hoffmann's eventual shift from the theatre to storytelling

can thus be accounted for in practical terms, for a story leaves only the reader distinct from the author. The artistic contributors are reduced to two, and even the reader, in so far as he " willingly suspends disbelief," can be drawn in. But the theatrical ideal still remained within him, and it is in the unique production of *Prinzessin Brambilla* that he managed to assimilate the theatre, albeit a very particular kind of theatre, to a literary form.

Following his version of *Scherz, List und Rache* Hoffmann made a variety of attempts in the theatrical *genre* both musical and literary in the search for the best way in which to express himself. Some were for the full-size stage, some for his home-made shadow-theatre, some the merest fragments—half a page or so of dialogue—one (*Der Preis*) a complete play, entered for a prize competition and, ironically and characteristically enough, about a man who writes a play that is entered for the prize competition.[22] He became the leading light of the Warsaw musical society (he had a flat in its headquarters) on his transfer to that city and composed music for further libretti, so that, when he suddenly found (as a consequence of the military actions of Napoleon) that the Prussian government no longer had need of his services, it is not surprising that it was only a matter of time before he found himself wholly occupied with the theatre. After a year of utter misery in Berlin wondering (in company with hundreds of other unemployed civil servants) what to do, he took a post with the theatre in Bamberg, where within a short time he had sampled almost every job associated with the theatre—composing, painting, designing, producing, even selling tickets at the door. It was in this theatrical world that he remained until he returned to Berlin in 1814, and it was his first-hand experiences in that world that helped to develop (or rather, restrict) his view of his ideal, so that it was forced into ever narrower confines until it became ultimately limited to the somnolent musings of Bickert, a wholly private art. In the last years of this period (1813–14) he unburdened himself of his complaints—

the impossibility of composer being also librettist, the total ridiculousness of supposing that the conventional stage can ever hope to create an illusion of reality, given its spatial limitations and enforced perspective, its ranting actors in their " O- und Achs-Rollen " intent upon the audience's appreciation of themselves alone and not the characters they are playing.

In *Der vollkommene Maschinist*, for instance, he laments: " Glaubt ihr denn, daß eure leinwandenen Berge und Paläste, eure stürzenden bemalten Bretter uns nur einen Moment täuschen können, ist euer Platz auch noch so groß? " [23] And in the *Seltsame Leiden* :

Gibt es denn noch eine Kunst, die so ganz auf die Persönlichkeit des Künstlers basiert zu sein scheint, außer der Schauspielkunst? Ihre Ausübung ist bedingt durch das Zur-Schau-Tragen der Person. Nun ist aber wohl zu beachten, daß eben das Zur-Schau-Tragen der eignen individuellen Person gerade der gröbste Fehler des Schauspielers ist . . . Das gänzliche Verleugnen oder vielmehr Vergessen des eignen Ichs ist daher gerade das erste Erfordernis der darstellenden Kunst.[24]

It is precisely this requirement of the actor that is spelled out in detail in *Prinzessin Brambilla*. Giglio Fava is brought directly to deny his own existence in favour of an imagined one.

Hoffmann's solution to the apparent *impasse* created by the gulf between ideal expectation and real performance is simple. In Bickert's statement is one aspect of it, and as we have seen it is clear and unequivocal: let all the contributors be assimilated into the one storyteller. In so far as this is a *literary* statement it is from it that the rest of Hoffmann's literary production grows. The " Serapiontic Principle " which lies behind the stories of the *Serapionsbrüder* (and most of the others, for that matter) is enshrined here. This principle avers that an author must seek always to write as if the events and scenes he describes are real and have actually been witnessed by him: the events of his imagination have as much claim to be called real as do the events of his life. *Der goldne Topf*, subtitled " ein Märchen aus der neuen Zeit," is no mere fairy-tale, nor yet is *Prinzessin Brambilla*, no matter how fanciful the events. The " Total-Effekt " is created, the fantastic land of the imagination is brought down to earth. The Serapiontic Principle embodies the supreme example of Romantic Irony. In the title story the hermit Serapion challenges the storyteller to prove to him that he is not where he says he is, in the Theban desert, but in the middle of a wood nòt far from the town of B(amberg) in South Germany. Which of them is mad in imagining his surroundings to be what they are not? And we can likewise ask the same question of *Prinzessin Brambilla*. Which is the real Giglio Fava? But such a question must remain essentially unanswered, for it is a function of the true storyteller to make all possibilities equally plausible, to convince his readers of the reality of his imagination and thus to draw them " ganz aus dem Theater heraus."

The theatre has not been abandoned, for Bickert's imaginings are, as we have seen, theatrical. His actors, the products of his imagination, are wholly under his control, puppets dancing to his own tunes: they solve the problem of the egotistical actor by doing away with him. Such a description is furthermore not merely a figure of speech, for it is contained in the second aspect of Hoffmann's solution. Of the two characters in the dialogue-essay *Seltsame Leiden eines Theaterdirektors* one, " Der Braune," most clearly represents Hoffmann's point of view. The whole essay is devoted to a discussion of the nature of the ideal actor in the ideal theatre, and in the course of conversation it appears that " Der Braune " is able to command a whole company of such actors. It is not however until the very last paragraph that Hoffmann reveals their true identity:

Der Braune nahm den Grauen bei der Hand, stieg mit ihm die Treppe herauf und öffnete ein Zimmer, in dessen Mitte ein großer Kasten stand. Mit den Worten: " Hier ist meine Gesellschaft ! " schlug der Braune den Deckel des Kastens zurück.-

-Und der Graue erblickte eine gute Anzahl der allerzierlichsten und wohlgebautesten Marionetten, die er jemals gesehen ![25]

If we again turn from here to *Prinzessin Brambilla* we may well then ask how far are the actors there equally identifiable as puppets? What is one to make, for instance, of Celionati's command, when Prince Cornelio Chiapperi (*alias* Giglio Fava) appears to be lost: " Sucht, Leute, den assyrischen Prinzen Cornelio Chiapperi, sucht ihn in euern Stuben, Kammern, Küchen, Kellern, Schränken und Schubladen ! " (*p.* 15). It is hard to avoid the conclusion that this must be some kind of doll that we are being asked to search for " in cellars, cupboards and drawers ". Indeed many of the more grotesque episodes may easily be accounted for if we but suppose that the *ciarlatano* Celionati is in fact a puppeteer and that the real Giglio is for the most part no more than a spectator of a performance involving marionette models playing on Celionati's didactic stage. Such an interpretation allows us to account for the fight between the two purported Giglio figures, of whom one turns out to be stuffed with paper, in a rational way that may suggest that neither of these *Doppelgänger* is " real."

A more obvious conclusion to be drawn from Bickert's actors, one which he himself mentions and which constitutes Hoffmann's third solution to his problem, is derived from the remark that the behaviour of these actors, following the improvisations of his mind, reminds him of the Sacchi and the *fiabe* of Gozzi. Hoffmann's familiarity with the *commedia dell'arte* can be traced back as far as 1795, and his enthusiasm for Gozzi is almost as ancient. Goethe's *Triumph der Empfindsamkeit*, the inspiration of *Die Maske*, owes a considerable debt to one of the *fiabe*, and one of the " Singspiele " with which Hoffmann occupied himself in Warsaw, based on Brentano's *Die lustigen Musikanten*, contains three *commedia* masks.[26] The essays *Dichter und Komponist* and *Seltsame Leiden eines Theaterdirektors* contain fulsome praise of Gozzi and detailed recapitulations of several of the *fiabe*. But once more it is in *Prinzessin Brambilla* that the greatest debt is owed. The Carnival figures are the masks of the *commedia*, an " Abbate Chiari " is introduced by name, and the struggle for the loyalty of Giglio Fava between this figure and Celionati is easily recognisable as related to the historical parallel of Gozzi and the real Chiari, while there are at least half a dozen parallels between incidents here and in the *fiabe*.

The attraction that the *commedia* masks had for Hoffmann can be seen to be based on two unique characteristics. Firstly, the performance of the *commedia* figures was improvised, that is, the actors had no specific lines, merely a plot and general scenic framework. The freedom of expression thus gained allowed them to respond to the artistic requirements of the moment—they fulfilled Hoffmann's criterion of spontaneity.[27] Secondly, each actor specialised in the portrayal of a particular mask. Consequently actor and mask were essentially indistinguishable—Sacco's *Truffaldino* was Sacco himself (and *vice versa*). The division of attention (" chronic dualism " again) caused by an actor playing a part was done away with.

Puppet and *commedia* mask thus both avoid the " Zur-Schau-Tragen " of the actor. The puppet obliterates him by being an extension of the puppeteer, the mask does so by being indistinguishable from him.

Three distinct stages can be discovered in Hoffmann's attempts to put his ideas into practice after his early amateurish experiments. The first may be represented by the dramatic fragment *Prinzessin Blandina*, first published in volume 4 of the *Fantasiestücke* in 1815, the second by the pseudo-dramatic dialogue-essay of 1818, *Seltsame Leiden eines Theaterdirektors*, the third by *Prinzessin Brambilla* itself.

Prinzessin Blandina consists of a single Act out of a projected three. More was certainly written than was eventually published, but Hoffmann from the start recognised it as " mein schwächstes Produkt."[28] It marks his final realisation that he would never be able to turn his ideas into a straight dramatic form. It does however contain all the expected ingredients: there are four true *commedia* masks, and Hoffmann's indebtedness to Gozzi is evident in the setting as well as in explicit references to several of the *fiabe*. Hoffmann is attempting in this play to turn himself into a German equivalent of Gozzi, to represent his ideal actors directly on a full-sized stage as the grotesque exponents of impromptu comedy—though he writes out the dialogue in full—and to use these actors at the same time to represent a dramatic equivalent of *Der goldne Topf* (completed not long before) in which is portrayed Hoffmann's conception of the way of the poetic hero to an ideal world of poetry through earthly destruction. Such a theme, of course, reappears in *Prinzessin Brambilla* with Giglio Fava's achievement of his new (comic) ideal at the expense of his old (tragic) self. Again, in the context of a discussion on Gozzi's *Il corvo* Hoffmann argues:

Nur im wahrhaft Romantischen mischt sich das Komische mit dem Tragischen so gefügig, daß beides zum Totaleffekt in eins verschmilzt und das Gemüt des Zuhörers auf eine eigne, wunderbare Weise ergreift.[29]

In *Prinzessin Blandina* Hoffmann attempted such a mixture directly on the stage; in *Prinzessin Brambilla* (and perhaps the similarity of names is not entirely accidental) he attempts the same with an epic structure, but still against a theatrical background. It was perhaps his awareness that his synthesis of " comic " and " tragic " in *Prinzessin Blandina* was not working (Act I consists wholly of the " comic " element alone), as well as the grandiose nature of the theme, that led Hoffmann to give up the attempt to demonstrate it visibly on the stage. How much better it would be to leave so much more up to the imagination of the reader! And it is true that a great deal has to be left to the reader's imagination when it comes to depicting the apotheosis of the poet. The writer's Serapiontic persuasiveness must be allied to the reader's willingness to be impressed. The latter must, in Hoffmann's terms, have a *childlike* response:

. . . mir ist das recht zu Herzen gegangen, was Tieck im gestiefelten Kater den Dichter zum Publikum sprechen läßt, sollten sie daran Gefallen finden, so müßten sie alle ihre etwanige Bildung beiseite setzen und recht eigentlich zu Kindern werden, um sich kindlich erfreuen und ergötzen zu können.[30]

And this is especially necessary where the action is trying to represent something which is in rational terms unreal, such as " das fantastische Land der Poesie." In this case, Hoffmann argues, the attempt even to simulate reality is a waste of effort—far better to ask at once for the reader's or audience's positive participation. In *Prinzessin Brambilla* (and in many other stories for that matter) Hoffmann does this by disarming the reader's disbelief in advance, and addressing him directly:

Du magst, geliebter Leser! nicht zürnen, wenn der, der es unternommen, dir die abenteuerliche Geschichte von der Prinzessin Brambilla gerade so zu erzählen, wie er sie in Meister Callots kecken Federstrichen angedeutet fand, dir geradehin zumutet, daß du wenigstens bis zu den letzten Worten des Büchleins dich willig dem Wunderbaren hingeben, ja sogar was weniges davon glauben mögest (*p.* 20).

In *Prinzessin Blandina* he does it by presenting the audience with a puppet play on a miniature stage, if not by direct indication then at least by suggestion in the dialogue. How else can one for instance understand the following complaint of Pantalon?

... auf die Grenzfestung kann man sich auch nicht son derlich verlassen, denn die bösen Gassenbuben haben längst die Wälle und Schießscharten eingekugelt mit Kirschkernen.[31]

The theatrical ideal of the puppet is, however, as we have seen, made wholly explicit in the *Seltsame Leiden eines Theaterdirektors*. Hoffmann had never liked *Prinzessin Blandina*, and when he came to publish the *Fantasiestücke* for a second time in 1819, any theoretical purpose it might have had was superseded by his recent completion of the dialogue between " Der Graue " and " Der Braune ". But this is not so much a work of imaginative literature (far less is it of any *dramatic* value) as simply a polemical essay with the specific aim of setting down sundry ideas on actors, the theatre and Carlo Gozzi. Yet it does mark an intermediate stage in Hoffmann's thinking. No longer is he attempting to represent his ideas in practical terms: he is content merely to talk about them, to assert the superiority of those actor-paradigms whom, in the one dramatically effective moment at the very end, he identifies as puppets.

When we come to *Prinzessin Brambilla* we find Hoffmann being somewhat more adventurous, attempting a compromise between the theory of the essay and the practical example of the dramatic experiment: the whole atmosphere and theme of the story is theatrical, while the outward form gives greatest flexibility to the imagination. Within these wide bounds the theory is once more worked out, using as its exponents figures who are a curious blend of *commedia* masks and of marionettes, and who are watched over and apparently manipulated throughout by the director of the whole phantasmagoria, the Prince of Pistoia, otherwise known as Celionati.

* * *

Hoffmann's sources

Mention has been made already of Hoffmann's indebtedness to Gozzi and to Callot.[32] Some other influences ought briefly to be mentioned here. Italy and things Italian were always a source of fascination for Hoffmann. In this he was hardly different from a large number of his compatriots, for whom the " Drang nach dem Süden " was a perpetual spur. In Glogau he had been first enthused by an Italian painter (Molinari). *Die Maske* is set in Sicily, and for a long time Hoffmann cherished the idea of following in the footsteps of Seume, whose *Spaziergang nach Syrakus im Jahre 1802* he read avidly soon after its publication. Many of his stories have Italian settings or contain Italian references, and he had clearly read deeply around his subject, even if he had never actually managed to visit the country and never perfected his command of the language. When he came to write *Prinzessin Brambilla* his attention had been fixed on Rome for some time. One of the tales immediately preceding the present one is *Signor Formica*, and this too is set among the streets of Rome at about Carnival time. For help with this Hoffmann had sought specific information: " Haben Sie vielleicht Fernows Gemählde von Rom oder eine andere Reise durch Italien, in der Rom genau geschildert wird . . .? " [33]

Chief among Hoffmann's sources was however Goethe's description of the Carnival in Rome, which he had seen in the course of his Italian journey, in 1788. Here are mentioned, for instance, the *Corso* and the " Schöne Welt am Palast Ruspoli," the " Strada Babuino " and the *Piazza di Spagna*, pulcinella riding on a coach-box, and the masked figure of the reveller cloaked in his *tabarro* striding along beside it. The essay is full of little details which, while they are not identical with the details of *Prinzessin Brambilla*, are sufficiently similar to suggest that Hoffmann was thinking of them. Here for instance is a mask who has " statt der Mütze einen Käfig auf dem Kopfe, in welchem ein Paar Vögel, als Abbate und Dame gekleidet . . . hüpfen," there is another whose hair is tied up in a net; here is an argument where " endlich ziehen die Streitenden große Messer von versilberter Pappe und fallen einander an," there a group of masks called " Quacqueri " who proceed along the street in strictly regimented procession and " mit gleichen Füßen mehrmals gerade in die Höhe hüpfen und einen hellen durchdringenden unartikulierten Laut von sich geben, der mit den Konsonanten brr verbunden ist." These figures never drop out of step as " die Kolonne ist wie an einem Spieß zu einer Haustüre hineingeschoben, und die Toren sind verschwunden." Here again is an " Advokat " haranguing the crowd, there a " Zauberer " who " läßt das Volk ein Buch mit Zahlen sehn "; decorated carriages in procession are everywhere and made more interesting " durch mythologische Vorstellungen," while as night falls " ein großer Teil des Publikums eilt nach dem Theater." It is not hard to see in all these references images of Giglio caged and netted, of his fight with his double, of Celionati lecturing the crowd, of Ruffiamonte with his book, and of Princess Brambilla's procession with all its strangely dressed members making even stranger noises, solemnly entering through the gates of the Pistoia Palace.

Goethe's essay is clearly the most potent source for Hoffmann's inventive mind, but of significance for some details too may well have been (according to Sucher, though the evidence is slim), the second volume of Volkmann's vast *Historisch-kritische Nachrichten von Italien* (1777–8), which contains, for instance, a section on the coinage of Rome and references to the winds of north and south, the *tramontana* and the *sirocco*, and to the *Teatro Argentina* (though Goethe also mentions this). A part of the action may also be derived from a story familiar to Hoffmann since at least 1796, " les quatre Facardin,"[34] in which appears a King of Ophir whose beautiful wife laughs inanely at everything and spends her time, just as does Queen Liris in *Prinzessin Brambilla*, in making filetlace, and whose daughter can neither laugh nor even speak. But these are mere details (cf. the notes to the text below). By far the greatest part of the invention is Hoffmann's own, held together by the eight pairs of grotesque figures from Callot.

Hoffmann's geography, as can be seen from the accompanying map, is precise, although his reference to the *Piazza Navona,* in so far as it lies quite apart from the scenes of the remainder of the action, may be mistaken, for he does assure us at the beginning of Ch. 6: " In einem kleinen Kreise, den man mit wenigen hundert Schritten durchmißt, liegt alles hübsch beisammen: der Korso, der Palast Pistoja, der Caffé greco usw . . . "(*p.* 97). The Carnival in Rome was centred on the *Corso* and a few neighbouring streets, especially towards the *Piazza di Spagna.* One of its principal features was indeed the way in which the crush of revellers and coach-parties crowded into the single long but very narrow carriageway (wide enough for but three lines of coaches with a raised pavement about six feet wide on either side). The one topographical feature which did *not* exist was of course the Pistoia Palace. The model for this however may well be taken to be the *Palazzo Doria* near the *Piazza Venezia* at the far end of the *Corso* (that is if it has an original at all and is not simply a metaphorical description of Celionati's puppet theatre). Hoffmann may well have confused this Doria Palace with the *Palazzo Pamphili-Doria* which *is* to be found on the *Piazza Navona.*[35] It may also be worth noting that there was (until 1733) a theatre (*Teatro Rucellai*) exactly opposite the *Palazzo Ruspoli,* on the site of a later convent and church, in which at Carnival times a variety of *commedia* masks performed. Perhaps it is mere coincidence that this should be just the place where Celionati sets up his booth.

Hoffmann's chronology is a little more difficult to fit into a real time-scale—the whole is after all as he admits " ein durchaus erlogenes Capriccio "—but it is still possible. The Roman Carnival lasted from the Saturday before Sexagesima until Shrove Tuesday, though the more extreme antics were forbidden on the intervening Friday and on the two Sundays. Masks as a rule appeared on the *Corso* only

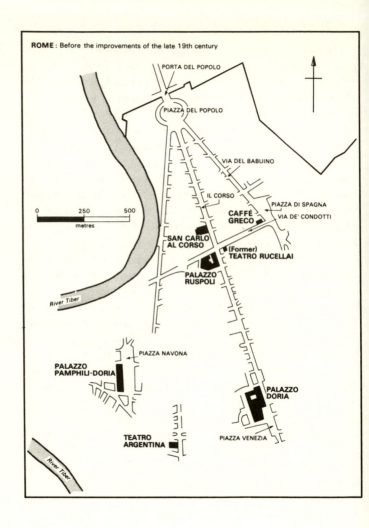

ROME: Before the improvements of the late 19th century

PORTA DEL POPOLO

PIAZZA DEL POPOLO

VIA DEL BABUINO

IL CORSO

PIAZZA DI SPAGNA

VIA DE' CONDOTTI

CAFFÈ GRECO

SAN CARLO AL CORSO

(Former) **TEATRO RUCELLAI**

PALAZZO RUSPOLI

0   250   500
metres

River Tiber

PIAZZA NAVONA

PALAZZO PAMPHILI-DORIA

PALAZZO DORIA

TEATRO ARGENTINA

PIAZZA VENEZIA

River Tiber

after 2.00 p.m. The action of *Prinzessin Brambilla* can be construed to cover a period of thirteen days from Carnival eve, when Celionati's procession first enters the Corso, until Ash Wednesday. The last few pages refer to events happening a whole year later. A summary of the chronology would look like this:

Friday	" morgen ist Karneval "	(*p*. 4)
Saturday	" Gleich andern Tages "	(*p*. 18)
Sunday (Sexagesima)		
Monday		
Tuesday	" mehrere Tage hintereinander "	(*p*. 22)
Wednesday	intervene	
Thursday	until	
Friday	Giglio's macaroni dinner	(*p*. 23)
Saturday	" Die Sonne schien hell ins Zimmer "	(*p*. 33)
Sunday (Quinquagesima)		
	" Den andern Morgen "	(*p*. 61)
Monday	(next morning)	(*p*. 68)
Tuesday (Shrove Tuesday)		
	(next day, conversation between Beatrice and Giacinta)	(*p*. 92)
Wednesday (Ash Wednesday) " anderes Tages "		(*p*. 109)

The final scene (*p*. 114) occurs a year to the day since the lovers' discovery of themselves mirrored in the pool of Urdar.

The fortunes of Giglio

On the surface, the story of *Prinzessin Brambilla* is the straightforward relation of the fortunes of love between Giglio Fava, the young actor, and Giacinta Soardi, a dressmaker. Their relationship is frustrated for some time by a confusion of identities which causes Giglio to imagine that he is really in love with " Prinzessin Brambilla " and Giacinta to imagine the same concerning an Assyrian Prince " Cornelio Chiapperi." The confusion is eventually resolved by the discovery that the Prince and Princess are but fantasy images and that the lovers have really been worshipping each other in these disguises all the time. The discovery brings with it a deepening of self-perception on the part of each character.

In addition, the story treats of the conversion of Giglio from being an actor in tragedies to becoming a comic figure in the fashion of the *commedia dell' arte*. The development of Giglio from being a tragic ranter to becoming a true actor " von wahrem Humor im Innern beseelt," is accompanied by many ancillary references to Hoffmann's favourite dislikes in the theatre. Giglio is represented as the epitome of the bad actor; he is vain, egocentric and exhibitionist, always courting applause; his interest in his costume is derived only from vanity, and his whole approach to the theatre is one of self-conscious attitudinizing (he practises every gesture before a mirror); he disregards any attempt to work with his colleagues and is intent only on toadying his audience to his own advantage.[36] Yet he is not entirely to be despaired of. In the words of a mask whom he overhears discussing him: " doch war er ein ganz artiges Talent zu nennen " and indeed at the very outset he *has* been playing Gozziesque roles. His first meeting with Celionati occurs (*p.* 12) at a time when he is " im Äußern schon halb und halb, im Innern aber ganz und gar Prinz Taer "—just ripe, that is, for the beginning of Celionati's course of indoctrination (" Prince Taer " is a character in Gozzi's *Il mostro turchino*).

Even so, his conversion is a slow process, and as in *Prinzessin Blandina* (and in *Der goldne Topf*) its progress follows Hoffmann's usual " way of the poet " from an earthly life of reality, through defeat and destruction, to final apotheosis in a new existence in the world of fantasy.[37] although Giglio does here achieve the compromise of a life lived in the real world but professionally and absolutely involved in the world of the *commedia* stage. The final achievement is summarised by Hoffmann himself:

In der kleinen Welt, das Theater genannt, sollte nämlich ein Paar gefunden werden, das nicht allein von wahrer Fantasie, von wahrem Humor im Innern beseelt, sondern auch imstande wäre, diese Stimmung des Gemüts objektiv, wei in einem Spiegel, zu erkennen und sie so ins äußere Leben treten zu lassen, daß sie auf die große Welt, in der jene kleine Welt eingeschlossen, wirke, wie ein mächtiger Zauber (*p.* 116 sq).

This is the true function of the theatre as Hoffmann sees it. The " mirror " of the theatre is spontaneous and natural, not the vehicle of artificial contrivance. The theatre is an intermediary, translating the experiences of the world of the imagination into terms which the world of reality can understand. The " chronic dualism " inherent in the division is resolved by the " Total-Effekt " created by the stage. But to perform his task adequately, the actor must feel himself to be a part of the world of fantasy, so that he may project himself out across the footlights to his audience—his real home is the world of the stage, from which he reaches out to his spectators. In direct opposition to this, the " artificial " actor is a member of the everyday world, his gestures are superficial and meaningless, pointing only to himself as the actor, not as the embodiment of a dramatic character. He remains an intruder on the stage, he cannot enter the stage world, and in consequence his audience, too, remains cut off from it.

This is thus a finely ironical argument: the " real " (live) actor is the false and artificial one, the actor derived wholly from the stage world, who is " unreal " (e.g. a marionette) is more convincing to a willing audience! An intermediate compromise is the *commedia* mask.[38]

In chronicling Giglio's conversion along these lines Hoffmann allows himself to be dependent largely on the sartorial licence of the Carnival. In this sense the illustrations are very closely tied to the theme of the story: the " chronic dualism " is made visible in the juxtaposed pairs of figures, and the splitting of Giglio's identity is indicated from the beginning. Giglio himself is aware that a new " dreamy " stage of mind has come over him since he witnessed (whether in reality or simply on Celionati's little stage it is impossible to tell) the Carnival procession, with Princess Brambilla in its midst, as it entered the Pistoia Palace. He has however become at the same time completely and Serapiontically absorbed by the reality of this vision: life becomes a dream, and from now on the feelings experienced by what we may call the " real " Giglio are identical with those represented by his dream-self:

Alles was ihm im Korso Wunderbares begegnet, schien ihm nur die Fortsetzung jenes Traums, der ihm die Holde zugeführt . . . Nur sein Traum war sein Leben, alles übrige ein unbedeutendes leeres Nichts . . . (*p.* 23).

But in consequence the facility grows with which Giglio can see himself simultaneously in the two worlds of reality and fantasy, and in this state it is Celionati who offers to show him the right course of action: " Doch, mein Sohn Giglio, du bedarfst in der Tat eines Vormundes, der dich auf den rechten Weg leitet, welcher zum Ziele führt " (*p.* 34). The " right " way is that of fantasy, and Giglio's progress is marked by the gradual change in his enthusiasm and in the extent to which he dons his Carnival costume and (equally important) enters into the spirit of the Carnival. At first he is hesitant, half-hearted, still concerned that part at least of his costume should flatter his appearance, in spite of the fact that it " ziemlich abstach gegen den übrigen Anzug," but it does get him into conversation with a Carnival mask, who addresses him (for the first time) as Cornelio—i.e. according to his *imagined* identity. The second time he goes out he has fewer cares—he even adds a touch of his own, with his coat hung like a flag on the end of a stick. In this guise he succeeds in entering further into his imaginary world, as he meets a mask he thinks is the Princess. But again it is perhaps his vanity that has made him modify his dress. The

Princess-mask warns him: " Wollt Ihr mein Ritter sein . . .
so wappnet Euch, wie es sich ziemt! "—with a proper sword
and hat—" Dann werd ich an Euch glauben." And because
of this remnant of vanity, Giglio feels that it was not himself
that talked to her. He is still standing on the spectators'
side of the stage.

When he goes out a third time Giglio makes the final
concession to his fantasy-image:

Er hatte nicht unterlassen, so wie es Prinzessin Brambilla
verlangt, einen Hut aufzusetzen, der mit hoch emporragender Krempe einer sonderbaren Sturmhaube glich, und sich
mit einem breiten hölzernen Schwert zu bewaffnen (*p*. 51).

He also becomes much more aware than last time of the
division of his personality between his " real " self as actor
and his " zweites Ich," Prince Cornelio, whom he sees playing a guitar and dancing with the Princess. His point of
view is still that of the spectator: he identifies himself as
the actor outside his role. He may have sworn earlier " des
assyrischen Prinzen sich zu bemächtigen, im Irrsal der
Gedanken, so daß er selbst dann der Prinz sein werde," but
as yet he does not sufficiently identify himself with his
dream-world to become a part of it.

But then suddenly, in the moment between the third and
fourth chapters, Giglio crosses the boundary between the
superficial and the true actor: he identifies himself with the
mask, and it is the other who stands grimacing and gesticu-
lating with his wooden sword. As yet, though, the conversion is neither complete nor permanent, and in a first encounter it is the swordsman who shatters the guitar as he
knocks Prince Cornelio down. In falling the Prince loses his
mask, and Giglio is revealed to the spectators once more as
the actor, deserving applause for his performance: " *Bravo,
bravissimo Signor Giglio!* ". He is covered in confused embarrassment: that the well-known tragic actor should be so
humiliatingly discovered is too much for him, and he reverts
to his former attitudes: " In seiner Wohnung angekommen

warf er die tolle Maske ab, hüllte sich in einen Tabarro und kehrte zurück nach dem Korso."

Not unexpectedly he here, in this state of mind, meets Chiari, who offers him the prospect of a " dankbare Rolle " of the kind that is " am mehrsten beklatscht," and he spends most of Sunday morning trying to learn his part in *Il moro bianco*. But having once entered the fantasy-world he can no longer return to his old life with the same attitudes, and even though he may try to convince himself that he is back on the right course, the *unreality* of that course is apparent, as, in a fury of despair, he tries to stab himself and finds that " es war aber nur ein Theaterdolch." Even Giacinta no longer appreciates his attitudinizing. Giglio tries to rationalize his confusion, clearly aware of his attachment to the Princess, coldly determined to follow up his opportunities, and it is in this mood that he persuades Bescapi to dress him up in Prince Cornelio's costume and goes off to the Pistoia Palace for the first time. His object is to impress and his attitude one of vanity. It is no wonder then that he is for his presumption trapped and humiliated in a cage.

But since he is still fundamentally attached to the fantasy-world, he is not left there. Celionati comes to his rescue, and " ganz außer sich "—a telling phrase!—he gives up all pretence at behaving like the old Giglio and abandons himself to the fancies of the moment: " Ich rede Unsinn, ich weiß es; aber das ist recht, denn ich bin eigentlich toll geworden . . . " He is now ready for the final effort. He must destroy his old self altogether. As a symbol of this he casts off his finery with a gesture of true inner emotion and substitutes without further ado a proper Carnival costume: " Damit riß er sich wütend die schönen Kleider vom Leibe, fuhr in den tollsten aller Maskenanzüge und lief nach dem Korso " (*p.* 84). Again he dances for a moment with the Princess. Perhaps to indicate the extent to which Giglio has achieved his aim Hoffmann allows himself at this point to drop into a directly dramatic dialogue form.

Giglio's final meeting with his other self resolves the problem of his " chronic dualism " in a forthright way. He is now the new Giglio in Carnival costume; he himself dances with the Princess, he feels now quite at home, and is accepted, in the Pistoia Palace. In the last encounter between his two halves only one has the name Giglio, and that is the old tragic hero, who reappears in the same nonsensical outfit that earlier had demonstrated his selfconscious and superficial concept of the Carnival. The other is " ein toller Capitan Pantalon Brighella," a complete mask, who challenges him to fight. Although Giglio's " Theaterdolch " was so artificial and ineffective, the wooden sword of Pantalon is on the contrary convincing enough to defeat the tragic blusterer, whose identity can be left in no doubt after he has been found upon examination to be no more than a cardboard figure stuffed with quotations from Chiari's tragedies. Having " killed " this figure, the new Giglio refuses to be identified in any way at all. His conversion is complete, a true mask; he is merely " ein junger Mensch," with no name in the real world, only a stage existence in the world of fantasy. He has become a true comic actor, living wholly on the other side of the footlights. It is only after the curtains have come down in all the theatres that he reappears as Giglio Fava.

The myth of Urdar

There is yet another level to the story. Over and above the simple love-affair and the rather more complicated process of self-identification and reconciliation in which Giglio/Cornelio indulges, there is the mythic adventure of King Ophioch, Queen Liris, Princess Mystilis, and Hermod the magician. In this Hoffmann allows free rein to his fancy, while yet attempting to illustrate by practical example what he conceives of as true humour. Following the Romantic example of, for instance, Novalis in *Die Lehrlinge zu Sais*, he disguises what he has to say, however, in hermetic language, since it is an important article of his belief that " Nur der Dichter versteht den Dichter; nur ein romantisches Gemüt kann eingehen in das Romantische . . . "[39] The real language of the poet is open only to the initiated, and the myth thus gains in importance as the central core of the whole story.

The German painter, Reinhold, is clearly such a poetic initiate, and he allows Hoffmann to save us readers any interpretative embarrassment by stating his conclusions quite baldly. He suggests at the end of Celionati's relation that fantasy and humour are synonymous: that the free play of the imagination is precisely " was wir Deutschen Humor nennen." It is the power that the mind has to create images that are " ironische Doppeltgänger " of the real face of nature—not clear, realistic images perhaps so much as caricatures. Hoffmann's definition of humour is the grotesque one. Humour lies in the unexpected, the illogical, the " Zerrbild "; in the contrast between what *is*, as the imagination presents it, and what *ought to be* in reality. A mask is thus inherently humorous, as is a marionette.

Celionati insists that the story he tells is neither " Märchen " nor " Mythos," but true reality. Here again we must allow Hoffmann a certain Serapiontic licence, for it is clearly not real history. Yet following the sense of Novalis, for whom " das Märchen ist gleichsam der Kanon der Poesie," or indeed Goethe's *Märchen* itself, that most obscure of mythic stories, the symbolic import of which is so deep that it allows of an infinite variety of interpretations (made all the more possible by the fact that Goethe refused to supply one himself), the history of Ophioch and Liris has a metaphorical reality that is open to interpretation—indeed it invites it. It is of course in the first place an illustration of the free flight of Hoffmann's imagination; secondly, it represents humour and the theatre as mirror of the self, the means to true self-knowledge. At the end " da *erkannten* sie sich erst " says Hoffmann of Prince and Princess, Giglio and Giacinta, as the proper relationship between fantasy and reality drops into place. Thirdly, it investigates, following

Hoffmann's deep and abiding interest in the recesses of the mind, the mechanics of the imaginative process itself, while it also may be found to contain certain references even to literary history, culminating in the present phenomenon of the Romantic " Kunstmärchen."

The " Urdarbronnen," as Hoffmann himself reveals, is the theatre, the true means of reaching that primal state of joy in the world of poetry. The theatre is the mirror of life, a humorous mirror, in which the spectator can see himself reflected, caricatured even, and so can come to a deeper understanding of himself and of the world. The coach containing Princess Brambilla in the first procession to the Pistoia Palace has mirrors for windows, but it also has Pulcinella seated on top—it is a theatre in miniature in itself. Hoffmann also remarks that whoever looked into these mirrors " glaubte im Augenblick, er säße selbst in der prächtigen Kutsche . . . " (*p.* 13). The spectator is enabled to recognize and understand himself and his world by being able to identify the stage world as real and with himself in it, and not merely as an artificial extension of the world he knows already.

How does Hoffmann represent this process of perception? The key lies in the words that Ophioch hears from Hermod and then has engraved in gold on a black marble tablet, and which he then sits down to contemplate: " Der Gedanke zerstörte die Anschauung." This is yet another aspect of the phenomenon of " chronic dualism." This time it is the dualism inherent in the nature of fantasy/humour deriving from the juxtaposition of the real with an unexpected variation of it. In this sense " die Anschauung " represents straight perception of true reality, the intuitive nature of which is destroyed by thinking about it, one might even say, by being aware of it. But the effect of this thought is to modify that perception, to produce a new (poetic) view of reality, which is recognized as different in so far as it is the product of imagination: " die Anschauung (entstrahlt) neugeboren, selbst Fötus des Gedankens!" It is part of the irony of the whole story that Ophioch's very action in sitting down to contemplate the idea is a precise example of " der Gedanke " which effectively destroys any original perception of nature he may have had, and so ultimately sends him into a " Todesschlaf." This is ended only by the " Schauspiel " of the (super)natural appearance of Hermod, over whose head floats " ein leuchtendes Gestirn," the crystal prism from which emanates the spring of Urdar, the spark of genius that allows " die Anschauung " to take form again. This form, a direct consequence of the combination of the " feurige Flut " of " Anschauung " with " dem feindlichen Gift " of " der Gedanke " to produce images, is thus, because these are images of fantasy, necessarily humorous—" was wir Deutschen Humor nennen."

But this process has one more intermediate stage, which is summarized in Hermod's last words to Ophioch:

Der Gedanke zerstört die Anschauung und losgerissen von der Mutter Brust wankt in irrem Wahn, in blinder Betäubtheit der Mensch heimatlos umher, bis des Gedankens eignes Spiegelbild dem Gedanken selbst die Erkenntnis schafft, daß er *ist* und daß er in dem tiefsten reichsten Schacht, den ihm die mütterliche Königin geöffnet, als Herrscher gebietet, muß er auch als Vasall gehorchen (*p.* 49).[40]

The birth of the new images in the mind cannot occur until " der Gedanke " recognizes its own existence, sees that it is in control, even if at the same time it must be prepared to go where fancy takes it. That is, simply, that a proper use of the imagination requires a disciplined form. The free flight of fancy must (as Hoffmann is doing here) be captured and communicated. Humour needs a form, a medium in which it can be expressed. Recognition by " der Gedanke " " daß er *ist* " means an acceptance of the dictates of reality —in theatrical terms an acceptance by the audience of its position *vis à vis* the stage, or, in Hoffmann's Serapiontic terms, as he puts it in the *Vorwort* to *Prinzessin Brambilla*, a willingness on the part of the reader " auf einige Stunden dem Ernst zu entsagen und sich dem kecken launischen Spiel eines manchmal zu frechen Spukgeistes zu überlassen '' —that is, to take as real what is, soberly thought of, patently not so. To reinforce at intervals such recognition of self, Hoffmann then indulges in those apologetic apostrophes of the reader, which are so characteristic of his work.

The need somehow to contain the imagination can be seen to be acted out at the point where the myth spills over into the story proper, in the image of Giglio Fava as a bird, caught in the netting woven by the companions of the Princess. The multicoloured fancies of the mind must be captured *by the printed word* before they can be understood by anyone other than their author. This is the step beyond that which Bickert was prepared to take. It gives us also a clue to the final aspect of the story that Hoffmann presents —a kind of literary history.

Urdargarten, the country of the mind, is portrayed as a Rousseauesque land of primitive innocence. Over it reigns Ophioch, who may be taken to represent '' language.'' He is however already cut off from the joy of his country by his very capacity for thought and is consequently in a permanent state of melancholy. The efforts of rational analysis fail to identify his malady or improve the situation, and neither does the acquisition of Queen Liris (inventiveness), whose trivial laughter is merely added to the earnest sadness of Ophioch, to whom the whole marriage is merely a tiresome state necessity. The real linking of the serious and the humorous that Hoffmann saw as a proper requirement of true art, is not there. Yet Ophioch has creative capacity, as is shown by his adventurousness in '' den rauhen verwilderten Teil des Waldes,'' which eventually arouses Hermod, the spirit of creativity. The way in which Ophioch takes Hermod's advice appears though to be mistaken. He formalizes the magician's words, freezes them in golden letters on black marble,—a symbol perhaps of the pomposity and emphasis on mere form and appearance that characterize uninspired literary productions. The consequences are predictable: although Ophioch and Liris settle down to contemplate these words, to puzzle out what they mean, the result is total boredom and the royal pair fall asleep. At last Hermod himself comes to Urdargarden, bringing the gift of the fountain of imaginative fantasy, and everything comes alive " wie in lustigem Turnier." The language Hoffmann uses suggests a reference to the first flowering of German literature in the Middle Ages following a period of silence after the monumental age of the Classics.

In time Ophioch dies. For a while his councillors attempt to hide this fact by embalming the body and constructing a series of strings and pulleys to raise and lower his arms. But the whole is a charade, and because it is false the fountain dies too and becomes a swamp. Eventually the deception can be hidden no longer, for the whole machinery is rotten and worm-eaten, and it collapses for all to see; perhaps this is a sardonic reference to the emphasis placed on the complications of backstage machinery in theatres of the Baroque period. With honesty restored Hermod promises a rebirth of the spring and with it the appearance of Princess Mystilis, the new symbol of poetic invention. But she is incomprehensible to the people of Urdargarten, who have for so long been accustomed to the artifice of Ophioch's ministers that they can no longer understand the natural language she speaks. Further attempts to recall Hermod result only in the appearance of his evil counterpart Typhon (rational enlightenment), who advises that her cure is to be found in the net (made by the ladies of Liris' court) which will be found buried under the black marble slab. When however Mystilis touches the net she shrinks and freezes into a " Porzellanpüppchen "—a nice term to describe the ineffective rigidity and exterior prettiness of some works of the " Aufklärungszeit " (at least as seen from the point of view of a man in Hoffmann's position).

And yet Typhon is right about the net, for this represents the cold print of books, in which " der bunte Vogel "— winged fantasy—must be caught in order that the strange language spoken by Mystilis may be understood by others. Hoffmann is returning to his Serapiontic Principle in a way that ultimately reconciles the " chronic dualism " of the artist: his totally free imagination set against his need to communicate. Giglio Fava is the " bunter Vogel," the instrument of communication, identified now as the *commedia* actor. In his false clothes he remained trapped in the cage made for him. In " den tollsten aller Maskenanzüge " on the other hand he retains mastery of the Palace of Pistoia, he is free, even if he must " auch als Vasall gehorchen " in so far as he has a professional responsibility towards his acting. Hoffmann has solved two simultaneous problems: that of the actor, who must live in the real world and yet belong to the stage, and that of the writer, who must transmit his imaginative inspiration in print without allowing it merely to be trapped on the page of a book.

Celionati and the puppet theatre

The real figures of the story are few: Giglio and Giacinta, actor and dressmaker; the German artists, outside spectators of everything that happens and the only really independent figures; Beatrice and Pasquale, homely characters who provide a stable, if limited and only partly sketched background to the more fantastic events; Bescapi, a slightly odder figure, the costume designer, a man who gives form to Giglio's ideas about himself and his status; the Abbate Chiari, immortal author of *Il moro bianco*, and the Impresario who stands with him in spite of his apparent espousal of the *commedia*, because his reasons are financial and not artistic. But these are shadowy figures in opposition to the one who stands far above all the rest, manipulating them, it seems, just as he pleases, Celionati. He, otherwise known as the mysterious Prince Bastianello di Pistoia, is the master-mind behind the whole operation. It is his " palace " into which the fantastic procession of birds and animals goes that is witnessed by Giglio, and in which the magical parts of the story take place. He is the representative of the *commedia* against Chiari, the champion of formalistic tragedy. He it is who introduces the whole confusion of Princess Brambilla. Giglio is quite clear about his own relationship to him: it is that of a puppet with its master. He muses:

daß alles das, was er für den Spuk neckhafter Zaubermächte zu halten geneigt, auf ein Possenspiel hinauslaufen könne, das am Ende der abenteuerliche, launische Celionati aus dem tiefen dunklen Hintergrunde heraus an *ihm* nur unsichtbaren Faden leite (*p.* 28).

The threads are invisible to him alone, we might say, because they are attached to him. Chiari is even more certain, in complaining that Celionati has tried " wiewohl vergeblich, schon auf Marionettentheatern meine Trauerspiele lächerlich zu machen " (*p.* 60). This last assertion is precise, even if it could be argued that Giglio's theory is merely a metaphor.

But if that is a metaphor, it is one that permeates the whole story and in particular that part that concerns the Pistoia Palace. If there is a real actor called Giglio Fava, then there is undoubtedly also a small model of him, with which the real one identifies himself completely and which Prince Bastianello uses in order to convince the actor of the rightness of his ideas. Bastianello is known for his Carnival-time tricks; " so viel ist gewiß, daß er einmal zur Karnevalszeit mitten im Korso Pomeranzenkerne ausstreute, woraus sogleich kleine nette Pulcinells emporschossen . . . " (*p.* 59); and the fantastic procession with the " kleiner äußerst angenehmer Pulcinella " riding on top of Princess Brambilla's coach is just one such trick. There seems after all to be some wonder at the way in which all the members of the procession manage to fit into the palace. Although there is no direct evidence there is an overwhelming indication that the whole episode is in every sense " staged " by Celionati.

King Ophioch and Queen Liris, as well as Princess Mystilis are represented as " Püppchen," as indeed is Giglio himself (or rather, as suggested above, his model). Again, in his dream at Bescapi's house Giglio hears the strange words: " Seid Ihr es wirklich, mein teurer Prinz?— und in diesem Zustande? so klein, so klein, daß ich glaube, Ihr hättet Platz in meinem Konfektschächtelchen!" (*p.* 33). Is it sufficient to differentiate the actor as Giglio and the puppet as Prince Cornelio? In fact Hoffmann blurs such a distinction.

The theatrical nature of the whole adventure is further underlined by certain points of Hoffmann's style. Quite apart from the slip into a directly dramatic dialogue form at the beginning of Chapter 6, there is noticeable throughout the way in which Hoffmann indicates, for each particular episode, the presence of spectators, who seem quite detached from the whole proceedings. The " Volk " that breaks out " des tragischen Ausgangs unerachtet " into a bellow of laughter " vor dem der ganze Korso erbebte " when the false Giglio is defeated is a case in point among a multitude. What precise relationship the " Volk " has to the scene in question is always unclear. Hoffmann may be describing it as truly part of the scene: it may equally (and in view of its detached attitude it may well probably) be part of a world outside the immediate scene, spectators of a staged show. Where the acting finishes and real life begins is of course (in true Serapiontic fashion) made quite uncertain. Such uncertainty may indeed be reinforced by the subsequent report of this same episode of the fight, one level nearer to reality, as it were, which generates just the same response: " Bei diesen Worten des jungen Menschen brach der ganze Kreis aus in ein schallendes Gelächter." Is the " Kreis " here to be identified with the earlier " Volk "— the same audience watching the performance, or is it again a separate group within the scene? We feel safely back in reality only right at the end, with the return home of Giglio and Giacinta from the theatre after their nightly performance:

" Mitternacht war vorüber, das Volk strömte aus den Theatern " (*p.* 114). It is hard to be certain, on reading this passage, whether the sentence refers back to what has gone before or whether it is really connected with the paragraph to which it is attached. It does suggest, however, that everything before it, right back to the point at which Giglio first saw Celionati's procession—the whole fantasy of the story in fact—can thus be construed as happening between the rising and falling of a theatre-curtain. Between these events the action is a staged action; other curtains rise and fall, theatres within the theatre, and it may be that at times we do come back to an account of real people in a real Rome (the German painters may be such, for instance), but Hoffmann never allows us to be quite certain of this, for the basis of his reality is perpetually shifting. The Serapiontic method combines with the theatre to produce the unique synthesis which is the fascination of the story, where things may well be never quite what they seem, and only the reader who is prepared to be carried along without quibbling and rationalizing too much, will understand. The magic of the marionette theatre and the grotesque antics of the *commedia* are there for all those who are minded to accept them.

Nur der Dichter versteht den Dichter; nur ein romantisches Gemüt kann eingehen in das Romantische; nur der poetisch exaltierte Geist, der mitten im Tempel die Weihe empfing, das verstehen, was der Geweihte in der Begeisterung ausspricht.

*   *   *

NOTES TO INTRODUCTION

[1] Such a disclaimer Hoffmann failed to make until too late in respect of his later story *Meister Floh*, in which he made some (this time) scarcely veiled satirical references to the Police-Ministry and its Director von Kamptz, thus setting off an accusation against his own person, of betraying the state. The proceedings were halted only by the intervention of his death.

[2] Cf. also the apparent contradiction in the *Vorwort*. Perhaps disingenuously again Hoffmann assures us that the book is *not* for those " die alles gern ernst und wichtig nehmen," but then in the next paragraph asserts that he has tried to put into the tale " die aus irgendeiner philosophischen Ansicht des Lebens geschöpfte Hauptidee " that is necessary to make a " Märchen " live, and which, presumably, the reader is invited to deduce.

[3] Not until the accession of a new monarch, Frederick William IV in 1840, was Jahn wholly freed from police supervision.

[4] Collected in *E. T. A. Hoffmann: Briefwechsel*, Vol. III.

[5] From Hoffmann's statement of 21 February 1822, defending the offensive paragraphs of *Meister Floh*.

[6] According to J. E. Hitzig: *Hoffmann's Leben und Nachlaß* (1823), Vol. II, p. 146. David Ferdinand Koreff was Hardenberg's personal physician. His friendship with Hoffmann was derived from a common interest in the psychological aspects of medicine. He is generally supposed to be the model for the " Serapionsbruder " Vinzenz.

[7] Jacques Callot (1592–1635), French master of the techniques of etching and a specialist in grotesque caricature and the contrast of black and white. Hoffmann's own drawing style shows unmistakable signs of Callot's influence, and his first major literary production bore the title *Fantasiestücke in Callots Manier*. His original idea had been to name the pieces " nach Hogarth " but he was persuaded to adopt the final title (and to include a brief essay on Callot) after seeing some examples of the Frenchman's work in a private collection in Bamberg. He later acquired his own Callot prints—the series of twenty-four *balli* from Koreff and, in the previous year (2 Feb. 1819) a single example given him by Fürst Pückler in return for a complimentary copy of Hoffmann's recently published *Klein Zaches*.

[8] They were engraved by C. F. Thiele, who adapted them to the extent of omitting the backgrounds and presenting the figures instead as if floating in mid-air on a thin flat plate of material—an alteration which to some critics represents a gesture to indicate the fantastical and imaginary nature of the story but which probably rather indicates the unwillingness of the engraver to involve himself in too much unnecessary detail. See also the note on the Plates in the present edition on p. viii.

[9] *Briefwechsel*, Vol. II, p. 254.

[10] *Briefwechsel*, Vol. III, pp. 174, 195sq, 197sq.

[11] Ibid., pp. 180, 188.

[12] *Briefwechsel*, Vol. II, p. 264. 24 June 1820.

[13] *Briefwechsel*, Vol. II, p. 266. *Die Irrungen* also seems to have been written at about this time.

[14] Ibid., p. 270.

[15] Ibid., p. 269.

[16] As unpaid " Referendar " at the *Kammergericht*; " Assessor " (also unpaid) March 1800; " Rat " April 1802.

[17] " Der vollkommene Maschinist," essay No. 6 of *Kreisleriana*. *Fantasie- und Nachtstücke*, p. 58sq.

[18] *Nachricht von den neuesten Schicksalen des Hundes Berganza*. Ibid., p. 132.

[19] Ibid., p. 653. This essay, like *Dichter und Komponist* and *Berganza*, is itself written in dialogue form.

[20] Ibid., p. 149. *Der Magnetiseur* was composed in July–August 1813.

[21] Carlo Gozzi (1720–1806), Italian playwright and advocate of the traditional *commedia dell'arte all'improvviso*, the comedy of masks of very ancient origins, from which both the Harlequinade and the English Punch and Judy show are derived, and which achieved, at its last gasp, a final flowering with the inspiration of Gozzi. The mid 18th century saw a long drawn-out feud between two other Italian writers, Chiari and Goldoni, over the respective merits on the stage of tragedy and comedy (both thought of in formalistic and " society " terms). Gozzi made fun of both these writers by asserting that he could draw bigger audiences by using material from the " vulgar " theatre of the *commedia*. The first of his ten *fiabe*, *L'amore delle tre melarance* (the love of three oranges) was first performed in January 1761 and was an immediate success. Each play uses the stock figures of the *commedia*: Brighella, Pantalone, Tartaglia, Truffaldino, Pulcinella (cp. Punch(inello)), as they were represented by the company of actors under the leadership of Antonio Sacco (1708–1788), himself renowned (as was his father) for his characterisation of the mask Truffaldino.

[22] The play itself has not survived. Only a critical note exists.

[23] *Fantasie- und Nachtstücke*, p. 59. An almost identical sentiment is expressed in the *Seltsame Leiden*, ibid., p. 674.

[24] Ibid., p. 640sq. This outburst was perhaps most recently prompted by Hoffmann's *contretemps* with the Viennese Bass singer Josef Fischer in 1816, who was engaged to sing the part of Kühleborn in a stage version of Fouqué's *Undine* (music by Hoffmann) and had refused, saying that the part was not big enough. Hoffmann's anger was perhaps all the greater in so far as this opera was as near to a realization of his ideals on the stage as he was ever able to achieve.

[25] Ibid., p. 707.

[26] J. E. Hitzig published an edition of Gozzi's *fiabe* in 1808, probably at Hoffmann's prompting, though they had been already translated into German by F. C. Werthes in 1777–79. H. H. Rusack: *Gozzi in Germany*, New York, 1930, lists all the references to Gozzi in Hoffmann's work.

[27] The printed form of *L'amore delle tre melarance*, Hoffmann's favourite of all the *fiabe*, contains almost no dialogue at all. Even in the others the words of the masks are indicated simply by reported speech.

[28] *Briefwechsel*, Vol. II, p. 57. 24 May 1815.

[29] *Die Serapionsbrüder*, p. 88.

[30] Ibid., p. 91. The influence of Tieck is also evident in *Prinzessin Blandina*.

[31] *Fantasie- und Nachtstücke*, p. 720.

[32] For specific references to the *fiabe*, see the notes to the text below.

[33] *Briefwechsel*, Vol. II, p. 199. 5 February 1819.

[34] By Anthony Hamilton. Published in a German translation in 1790.

[35] The palace of the Pamphili, on the extinction of the family in 1760, took on the name of its new owners.

[36] Cf. pp. 10, 19, 27, 72.

[37] R. Mühlher in his excellent essay on *Prinzessin Brambilla* emphasises the symbolism of death apparent in the scenes in the Pistoia Palace. The gates of the palace he sees as the gates of Hell, the bird-like aspect of Giglio he takes to be symbolic of the soul, and " das Traum- und Totenreich ist das Ich selbst, das ' Innere ' oder das Gemüt, der Geist des Menschen." Giglio finds his new self only through the death of his old one: " das wahre Künstlerleben führt durch die Hölle, den Hades."

[38] Cf. *Signor Formica*. Here the mask of Formica the actor is kept quite separate from the real figure of Salvator Rosa the painter, even though ultimately they are revealed as one and the same person.

[39] *Don Juan*, in *Fantasie- und Nachtstücke*, p. 74.

[40] The symbol of the mine is a potent one in Romantic literature. Cf. J. Dürler: *Die Bedeutung des Bergbaus bei Goethe und in der deutschen Romantik*. Hoffmann devotes a whole story to it (*Die Bergwerke zu Falun*).

SELECT BIBLIOGRAPHY

The best up-to-date edition of Hoffmann's works, superseding the nineteenth century editions of Grisebach and Ellinger and to a large extent also that of C. G. v. Maassen (uncompleted and not including *Prinzessin Brambilla*), is that published in five separate volumes by Winkler-Verlag, München.

Fantasie- und Nachtstücke, Hrsg. W. Müller-Seidel, Anm W. Kron, 1960;
Die Elixiere des Teufels and *Lebens-Ansichten des Katers Murr*, Nachw. W. Müller-Seidel, Anm. W. Kron, 1961;
Schriften zur Musik/Nachlese, Hrsg. F. Schnapp, 1963;
Die Serapionsbrüder, Nachw. W. Müller-Seidel, Anm. W. Segebrecht, 1963;
Späte Werke (containing *Prinzessin Brambilla*), Nachw. W. Müller-Seidel, Anm. W. Segebrecht, 1965.
Also from the same publisher: *E. T. A. Hoffmann. Briefwechsel*, hrsg. F. Schnapp, 3 Vols. 1967/69; *Tagebücher*, hrsg. F. Schnapp, 1970.

General works on Hoffmann in English:

H. W. Hewett-Thayer: *Hoffmann, author of the Tales*, Princeton, 1948;
K. Negus: *E. T. A. Hoffmann's other world*, Univ. of Pennsylvania, 1965;
R. Taylor: *Hoffmann*, Bowes & Bowes, 1963.

Other general works:

G. Wittkop-Ménardeau: *E. T. A. Hoffmann*, 1966;
W. Harich: *E. T. A. Hoffmann. Das Leben eines Künstlers*, 2 vols, Berlin, 1920;
W. Bergengruen: *E. T. A. Hoffmann*, Neuausg. Zürich, 1960;
J-F-A. Ricci: *E. T. A. Hoffmann. L'homme et l'oeuvre*, Paris, 1947;
W. Segebrecht: *Autobiographie und Dichtung*, Stuttgart, 1967;
T. Cramer: *Das Groteske bei E. T. A. Hoffmann*, München, 1966.

Edition:

Hoffmann: *Princesse Brambilla*, traduit et présenté par Paul Sucher, Paris, 1951.

1

Translation into English:
  in *Three Märchen of E.T.A. Hoffman*, Translated and with an
  Introduction by Charles E. Passage, Columbia, 1971, pp.
  111–250.

Specific literature:

  C. F. Köpp: " Realismus in E. T. A. Hoffmanns Erzählung:
  ' Prinzessin Brambilla ' " in *Weimarer Beiträge*, xii, 1966,
  pp. 57–80;
  R. Mühlher: " Prinzessin Brambilla " in *Mitteilungen der
  E. T. A. Hoffmann-Gesellschaft*, Hft. 5, 1958, pp. 5–24;
  P. Requadt: " Norden und Süden in der Allegorik von
  E. T. A. Hoffmanns ' Prinzessin Brambilla ' " in P.
  Requadt: *Die Bildersprache der deutschen Italiendichtung*,
  Bern, 1962, pp. 125–130.
  R. v. Schaukal: " Jacques Callot und E. T. A. Hoffmann "
  in *Germanisch-Romanische Monatsschrift*, xi (1923), pp.
  156–165;
  W. Sdun: *E.T.A. Hoffmanns "Prinzessin Brambilla."*
  Analyse und Interpretation einer erzählten Komödie.
  Freiburg i. B., 1961.
  H. Slessarev: " E. T. A. Hoffmann's ' Prinzessin Brambilla ':
  a Romanticist's Contribution to the Aesthetic Education
  of Man " in *Studies in Romanticism*, ix, 1970, pp. 147–160.
  J. Starobinski: "Ironie et mélancolie: Le théâtre de Carlo
  Gozzi" in *Critique*, xxii, No. 227, 1966 pp. 291–308;
  J. Starobinski: "Ironie et mélancolie: La 'Princesse
  Brambilla' de E. T. A. Hoffmann " in *Critique*, xxii, No.
  228, 1966 pp. 438–457; (review article on Sucher's edition).
  I. Strohschneider-Kohrs: "Hoffmanns Capriccio 'Prinzessin
  Brambilla' " in I. Strohschneider-Kohrs: *Die romantische
  Ironie in Theorie und Gestaltung*, Tübingen, 1960, pp.
  362–420.
  B. Tecchi: " E. T. A. Hoffmanns ' Prinzessin Brambilla ' " in
  Weltbewohner und Weimaraner. Festschrift für Ernst Beutler,
  Hrsg. Reifenberg/Staiger, Zürich & Stuttgart, 1960,
  pp. 301–316;

PRINZESSIN BRAMBILLA

Ein Capriccio nach Jakob Callot

VORWORT

Das Märchen Klein-Zaches, genannt Zinnober (Berlin bei F. Dümmler 1819) enthält nichts weiter, als die lose, lockre Ausführung einer scherzhaften Idee. Nicht wenig erstaunte indessen der Autor, als er auf eine Rezension stieß, in der dieser zu augenblicklicher Belustigung ohne allen weitern Anspruch leicht hingeworfene Scherz, mit ernsthafter wichtiger Miene zergliedert und sorgfältig jeder Quelle erwähnt wurde, aus der der Autor geschöpft haben sollte. Letzteres war ihm freilich insofern angenehm, als er dadurch Anlaß erhielt, jene Quellen selbst aufzusuchen und sein Wissen zu bereichern. – Um nun jedem Mißverständnis vorzubeugen, erklärt der Herausgeber dieser Blätter im voraus, daß ebensowenig, wie Klein-Zaches, die Prinzessin Brambilla ein Buch ist für Leute, die alles gern ernst und wichtig nehmen. Den geneigten Leser, der etwa willig und bereit sein sollte, auf einige Stunden dem Ernst zu entsagen und sich dem kecken launischen Spiel eines vielleicht manchmal zu frechen Spukgeistes zu überlassen, bittet aber der Herausgeber demütiglich, doch ja die Basis des Ganzen, nämlich Callots fantastisch karikierte Blätter nicht aus dem Auge zu verlieren und auch daran zu denken, was der Musiker etwa von einem Capriccio verlangen mag.

Wagt es der Herausgeber an jenen Ausspruch Carlo Gozzis (in der Vorrede zum *Ré de' geni*) zu erinnern, nach welchem ein ganzes Arsenal von Ungereimtheiten und Spukereien nicht hinreicht, dem Märchen Seele zu schaffen, die es erst durch den tiefen Grund, durch die aus irgendeiner philosophischen Ansicht des Lebens geschöpfte Hauptidee erhält, so möge das nur darauf hindeuten, was er gewollt, nicht was ihm gelungen.

Berlin im September 1820.

ERSTES KAPITEL

Zauberische Wirkungen eines reichen Kleides auf eine junge Putzmacherin. – Definition des Schauspielers, der Liebhaber darstellt. – Von der Smorfia italischer Mädchen. – Wie ein kleiner ehrwürdiger Mann in einer Tulpe sitzend den Wissenschaften obliegt und anständige Damen zwischen Maultierohren Filet machen. – Der Marktschreier Celionati und der Zahn des assyrischen Prinzen. – Himmelblau und Rosa. – Pantalon und die Weinflasche mit wunderbarem Inhalt. –

Die Dämmerung brach ein, es läutete in den Klöstern zum Ave: da warf das holde hübsche Kind, Giacinta Soardi geheißen, das reiche Frauenkleid von rotem schweren Atlas, an dessen Besatz sie emsig gearbeitet, beiseite und schaute aus dem hohen Fenster unmutig hinab, in die enge, öde, menschenleere Gasse.

Die alte Beatrice räumte indessen die bunten Maskenanzüge jeder Art, die in dem kleinen Stübchen auf Tischen und Stühlen umherlagen, sorglich zusammen und hing sie der Reihe nach auf. Beide Arme in die Seiten gestemmt, stellte sie sich dann hin vor den offenen Schrank und sprach schmunzelnd: „In der Tat, Giacinta, wir sind diesmal fleißig gewesen; mich dünkt, ich sehe die halbe lustige Welt des Korso hier vor Augen. – Aber auch noch niemals hat Meister Bescapi bei uns solch reiche Bestellungen gemacht. – Nun, er weiß, daß unser schönes Rom dieses Jahr wieder recht aufglänzen wird, in aller Lust, Pracht und Herrlichkeit. Gib acht, Giacinta, wie der Jubel morgen, an dem ersten Tage unsers Karnevals, sich erheben wird! Und morgen – morgen schüttet uns Meister Bescapi eine ganze Hand voll Dukaten in den Schoß – Gib acht, Giacinta! Aber was ist dir, Kind? du hängst den Kopf, du bist verdrießlich – mürrisch? und morgen ist Karneval?"

Giacinta hatte sich in den Arbeitssessel gesetzt und starrte, den Kopf in die Hand gestützt, zum Boden nieder, ohne auf die Worte der Alten zu achten. Als diese aber gar nicht aufhörte, von der bevorstehenden Lust des Karnevals zu schwatzen, da begann sie: „Schweigt doch nur, Alte, schweigt doch nur von einer Zeit, die für andere lustig genug sein mag, mir aber nichts bringt als Verdruß und Langeweile. Was hilft mir mein Arbeiten bei Tag und Nacht? was helfen uns Meister Bescapis Dukaten? – Sind wir nicht bitterarm? müssen wir nicht sorgen, daß der Verdienst dieser Tage vorhalte, das ganze Jahr hindurch uns kümmerlich genug zu ernähren? was bleibt uns übrig für unser Vergnügen?"

4

„Was hat", erwiderte die Alte, „was hat unsere Armut mit dem Karneval zu schaffen? Sind wir nicht voriges Jahr umhergelaufen vom Morgen bis in die späte Nacht, und sah ich nicht fein aus und stattlich als Dottore? – Und ich hatte dich am Arm und du warst allerliebst als Gärtnermädchen – hihi! und die schönsten Masken liefen dir nach und sprachen zu dir mit zukkersüßen Worten. Nun, war das nicht lustig? Und was hält uns ab, dieses Jahr dasselbe zu unternehmen? Meinen Dottore darf ich nur gehörig ausbürsten, dann verschwinden wohl alle Spuren der bösen Konfetti, mit denen er beworfen und deine Gärtnerin hängt auch noch da. Ein paar neue Bänder, ein paar frische Blumen – was bedarf es mehr für Euch, um hübsch und schmuck zu sein?" – „Was sprecht Ihr", rief Giacinta, „was sprecht Ihr, Alte? – In den armseligen Lumpen sollt ich mich hinauswagen? – Nein! – ein schönes spanisches Kleid, das sich eng an den Leib schließt und dann hinabwallt in reichen dicken Falten, weite geschlitzte Ärmel, aus denen herrliche Spitzen hervorbauschen – ein Hütlein mit keck wehenden Federn, ein Gürtel, ein Halsband von strahlenden Diamanten – so möchte Giacinta hinaus in den Korso und sich niederlassen vor dem Palast Ruspoli. – Wie die Kavaliere sich hinandrängen würden – ,wer ist die Dame? – Gewiß eine Gräfin – eine Prinzessin', und selbst Pulcinella würde ergriffen von Ehrfurcht und vergäße seine tollsten Neckereien!" – „Ich höre", nahm die Alte das Wort, „ich höre Euch zu, mit großer Verwunderung. Sagt, seit wann ist denn solch ein verwünschter Hochmutsteufel in Euch gefahren? – Nun, wenn Euch denn der Sinn so gar hoch steht, daß Ihr es Gräfinnen, Prinzessinnen nachtun wollt, so seid so gut und schafft Euch einen Liebhaber an, der um Eurer schönen Augen willen tapfer in den Fortunatussäckel zu greifen vermag und jagt den Signor Giglio fort, den Habenichts, der, geschieht es ihm, daß er ein paar Dukaten in der Tasche verspürt, alles vertrödelt in wohlriechenden Pomaden und Näschereien und der mir noch zwei Paoli schuldig ist für den neugewaschnen Spitzenkragen." –

Während dieser Reden hatte die Alte die Lampe in Ordnung gebracht und angezündet. Als nun der helle Schein Giacinten ins Gesicht fiel, gewahrte die Alte, daß ihr die bittren Tränen aus den Augen perlten: „Giacinta", rief die Alte, „um aller Heiligen, Giacinta, was ist dir, was hast du? – Ei Kind, so böse habe ich es ja gar nicht gemeint. Sei nur ruhig, arbeite nicht so emsig; das Kleid wird ja doch wohl noch fertig zur bestimmten

Zeit." – „Ach", sprach Giacinta, ohne von der Arbeit, die sie wieder begonnen, aufzusehen, „ach eben das Kleid, das böse Kleid ist es, glaub ich, das mich erfüllt hat mit allerlei törichten Gedanken. Sagt, Alte, habt Ihr wohl in Euerm ganzen Leben ein Kleid gesehen, das diesem an Schönheit und Pracht zu vergleichen ist? Meister Bescapi hat sich in der Tat selbst übertroffen; ein besonderer Geist waltete über ihn, als er diesen herrlichen Atlas zuschnitt. Und dann die prächtigen Spitzen, die glänzenden Tressen, die kostbaren Steine, die er zum Besatz uns anvertraut hat. Um alle Welt möcht ich wissen, wer die Glückliche ist, die sich mit diesem Götterkleide schmücken wird." „Was", fiel die Alte dem Mädchen ins Wort, „was kümmert uns das? wir machen die Arbeit und erhalten unser Geld. Aber wahr ist es, Meister Bescapi tat so geheimnisvoll, so seltsam – Nun, eine Prinzessin muß es wenigstens sein, die dieses Kleid trägt und, bin ich auch sonst eben nicht neugierig, so wär mir's doch lieb, wenn Meister Bescapi mir den Namen sagte und ich werde ihm morgen schon so lange zusetzen, bis er's tut." „Ach nein, nein", rief Giacinta, „ich will es gar nicht wissen, ich will mir lieber einbilden, keine Sterbliche werde jemals dies Kleid anlegen, sondern ich arbeite an einem geheimnisvollen Feenschmuck. Mir ist wahrhaftig schon, als guckten mich aus den glänzenden Steinen allerlei kleine Geisterchen lächelnd an und lispelten mir zu: ,Nähe – nähe frisch für unsere schöne Königin, wir helfen dir – wir helfen dir!' – Und wenn ich so die Spitzen und Tressen ineinanderschlinge, dann dünkt es mich, als hüpften kleine liebliche Elflein mit goldgeharnischten Gnomen durcheinander und – O weh!" – So schrie Giacinta auf; eben den Busenstreif nähend, hatte sie sich heftig in den Finger gestochen, daß das Blut wie aus einem Springquell hervorspritzte. „Hilf Himmel", schrie die Alte, „hilf Himmel, das schöne Kleid!" nahm die Lampe, leuchtete nahe hin, und reichliche Tropfen Öls flossen über. „Hilf Himmel, das schöne Kleid!" rief Giacinta, halb ohnmächtig vor Schreck. Unerachtet es aber gewiß, daß beides, Blut und Öl, sich auf das Kleid ergossen, so konnte doch weder die Alte, noch Giacinta auch nur die mindeste Spur eines Flecks entdecken. Nun nähte Giacinta flugs weiter, bis sie mit einem freudigen: „Fertig – fertig!" aufsprang und das Kleid hoch in die Höhe hielt.

„Ei wie schön", rief die Alte, „ei wie herrlich – wie prächtig! – Nein, Giacinta, nie haben deine lieben Händchen so etwas gefertigt – Und weißt du wohl, Giacinta, daß es mir scheint, als sei das Kleid ganz und gar nach deinem Wuchs geschnitten, als habe Meister Bescapi niemandem anders als dir selbst das Maß dazu genommen?" „Warum nicht gar?" erwiderte Giacinta über und über errötend, „du träumst, Alte; bin ich denn so groß und schlank, wie die Dame, für welche das Kleid bestimmt sein muß? – Nimm es hin, nimm es hin, verwahre es sorglich bis morgen! Gebe der Himmel, daß beim Tageslicht kein böser Fleck zu entdecken! – Was würden wir Ärmste nur anfangen? – Nehmt es hin!" – Die Alte zögerte.

„Freilich", sprach Giacinta, das Kleid betrachtend, weiter, „freilich, bei der Arbeit ist mir manchmal es so vorgekommen, als müsse mir das Kleid passen. In der Taille möcht ich schlank genug sein, und was die Länge betrifft –" „Giacinina", rief die Alte mit leuchtenden Augen, „Giacinina, du errätst meine Gedanken, ich die deinigen – Mag das Kleid anlegen, wer da will, Prinzessin, Königin, Fee, gleichviel, meine Giacinina muß sich zuerst darin putzen –" „Nimmermehr", sprach Giacinta; aber die Alte nahm ihr das Kleid aus den Händen, hing es sorglich über den Lehnstuhl und begann des Mädchens Haar loszuflechten, das sie dann gar zierlich aufzunesteln wußte: dann holte sie das mit Blumen und Federn geschmückte Hütchen, das sie auf Bescapis Geheiß zu dem Anzuge aufputzen müssen, aus dem Schranke und befestigte es in Giacintas kastanienbraunen Locken. – „Kind, wie dir schon das Hütchen allerliebst steht! Aber nun herunter mit dem Jäckchen!" So rief die Alte und begann Giacinta zu entkleiden, die in holder Verschämtheit nicht mehr zu widersprechen vermochte.

„Hm", murmelte die Alte, „dieser sanft gewölbte Nacken, dieser Lilienbusen, diese Alabasterärme, die Mediceerin hat sie nicht schöner geformt, Giulio Romano sie nicht herrlicher gemalt – Möcht doch wissen, welche Prinzessin nicht mein süßes Kind darum beneiden würde!" – Als sie aber nun dem Mädchen das prächtige Kleid anlegte, war es, als ständen ihr unsichtbare Geister bei. Alles fügte und schickte sich, jede Nadel saß im Augenblick recht, jede Falte legte sich wie von selbst, es war nicht möglich zu glauben, daß das Kleid für jemanden anders gemacht sein könnte, als eben für Giacinta.

„O all ihr Heiligen", rief die Alte, als Giacinta nun so prächtig geputzt vor ihr stand, „o all ihr Heiligen, du bist wohl gar nicht meine Giacinta – ach – ach – wie schön seid Ihr, meine gnädigste Prinzessin! – Aber warte – warte! hell muß es sein, ganz hell muß es sein im Stübchen!" – Und damit holte die Alte alle geweihte Kerzen herbei, die sie von den Marienfesten erspart, und zündete sie an, so daß Giacinta dastand von strahlendem Glanz umflossen.

Vor Erstaunen über Giacintas hohe Schönheit und noch mehr über die anmutige und dabei vornehme Weise, womit sie in der Stube auf und ab schritt, schlug die Alte die Hände zusammen und rief: „O wenn Euch doch nur jemand, wenn Euch doch nur der ganze Korso schauen könnte!"

In dem Augenblick sprang die Türe auf, Giacinta floh mit einem Schrei ans Fenster, zwei Schritte ins Zimmer hineingetreten blieb ein junger Mensch an den Boden gewurzelt stehen, wie zur Bildsäule erstarrt.

Du kannst, vielgeliebter Leser, den jungen Menschen, während er so laut- und regungslos dasteht, mit Muße betrachten. Du wirst finden, daß er kaum vier- bis fünfundzwanzig Jahre alt sein kann und dabei von ganz artigem hübschen Ansehen ist. Seltsam scheint wohl deshalb sein Anzug zu nennen, weil jedes Stück desselben an Farbe und Schnitt nicht zu tadeln ist, das Ganze aber durchaus nicht zusammenpassen will, sondern ein grell abstechendes Farbenspiel darbietet. Dabei wird, unerachtet alles sauber gehalten, doch eine gewisse Armseligkeit sichtbar; man merkt's der Spitzenkrause an, daß zum Wechseln nur noch eine vorhanden, und den Federn, womit der schief auf den Kopf gedrückte Hut fantastisch geschmückt, daß sie mühsam mit Draht und Nadel zusammengehalten. Du gewahrst es wohl, geneigter Leser, der junge also gekleidete Mensch kann nichts anders sein, als ein etwas eitler Schauspieler, dessen Verdienste eben nicht zu hoch angeschlagen werden; und das ist er auch wirklich. Mit einem Wort – es ist derselbe Giglio Fava, der der alten Beatrice noch zwei Paoli für einen gewaschenen Spitzenkragen schuldet.

„Ha! was seh ich?" begann Giglio Fava endlich so emphatisch, als stände er auf dem Theater Argentina, „ha! was seh ich – ist es ein Traum, der mich von neuem täuscht? – Nein! sie ist es selbst, die Göttliche – ich darf es wagen sie anzureden mit kühnen Liebesworten? – Prinzessin – o Prinzessin!" – „Sei kein Hase", rief Giacinta, sich rasch umwendend, „und spare die Possen auf für die folgenden Tage!"

„Weiß ich denn nicht", erwiderte Giglio, nachdem er Atem geschöpft mit erzwungenem Lächeln, „weiß ich denn nicht, daß du es bist, meine holde Giacinta, aber sage, was bedeutet dieser prächtige Anzug? – In der Tat, noch nie bist du mir so reizend erschienen, ich möchte dich nie anders sehen."

„So?" sprach Giacinta erzürnt; „also meinem Atlaskleide, meinem Federhütchen gilt deine Liebe?" – Und damit entschlüpfte sie schnell in das Nebenstübchen und trat bald darauf alles Schmucks entledigt in ihren gewöhnlichen Kleidern wieder hinein. Die Alte hatte indessen die Kerzen ausgelöscht und den vorwitzigen Giglio tüchtig heruntergescholten, daß er die Freude, die Giacinta an dem Kleide gehabt, das für irgendeine vornehme Dame bestimmt, so verstört und noch dazu ungalant genug zu verstehen gegeben, daß solcher Prunk Giacintas Reize zu erhöhen und sie liebenswürdiger, als sonst, erscheinen zu lassen vermöge. Giacinta stimmte in diese Lektion tüchtig ein, bis der arme Giglio ganz Demut und Reue endlich so viel Ruhe errang, um wenigstens mit der Versicherung gehört zu werden, daß seinem Erstaunen ein seltsames Zusammentreffen ganz besonderer Umstände zum Grunde gelegen. „Laß dir's erzählen!" begann er. „Laß dir's erzählen, mein holdes Kind, mein süßes Leben, welch ein märchenhafter Traum mir gestern nachts aufging, als ich ganz müde und ermattet von der Rolle des Prinzen Taer, den ich, du weißt es, ebenso die Welt, über alle Maßen vortrefflich spiele, mich auf mein Lager geworfen. Mich dünkte, ich sei noch auf der Bühne und zanke sehr mit dem schmutzigen Geizhals von Impresario, der mir ein paar lumpichte Dukaten Vorschuß hartnäckig verweigerte. Er überhäufte mich mit allerlei dummen Vorwürfen; da wollte ich, um mich besser zu verteidigen, einen schönen Gestus machen, meine Hand traf aber unversehens des Impresario rechte Wange, so daß dabei Klang und Melodie einer derben Ohrfeige herauskam; der Impresario ging ohne weiteres mit einem großen Messer auf mich los, ich wich zurück und dabei fiel meine schöne Prinzenmütze, die du selbst, mein süßes Hoffen, so artig mit den schönsten Federn schmücktest, die jemals einem Strauß entrupft, zu Boden. In voller Wut warf sich der Unmensch, der Barbar über sie her und durchstach die Ärmste mit dem Messer, daß sie sich im qualvollen Sterben winselnd zu meinen Füßen krümmte. – Ich wollte – mußte die Unglückliche rächen. Den Mantel über den linken Arm geworfen, das fürstliche Schwert gezückt, drang ich ein auf den ruchlosen Mörder. Der floh aber schnell in ein Haus und drückte vom Balkon herunter Truffaldinos Flinte auf mich ab. Seltsam war es, daß der Blitz des Feuergewehrs stehenblieb und mich anstrahlte wie funkelnde Diamanten. Und so wie sich mehr und mehr der Dampf verlor, gewahrte ich wohl, daß das, was ich für den Blitz von Truffaldinos Flinte gehalten, nichts anders war, als der köstliche Schmuck am Hütlein einer Dame – O all ihr Götter! ihr seligen Himmel allesamt! – eine süße Stimme sprach – nein! sang – nein! hauchte Liebesduft in Klang und Ton – ‚O Giglio – mein Giglio!' – Und ich schaute ein Wesen in solch göttlichem Liebreiz, in solch hoher Anmut, daß der sengende Schirokko inbrünstiger Liebe mir durch alle Adern und Nerven fuhr und der Glutstrom erstarrte zur Lava, die dem Vulkan des aufflammenden Herzens entquollen – ‚Ich bin', sprach die Göttin sich mir nahend, ‚ich bin die Prinzessin –'" „Wie?" unterbrach Giacinta den Verzückten zornig; „wie? du unterstehst dich von einer andern zu träumen, als von mir? du unterstehst dich in Liebe zu kommen, ein dummes einfältiges Traumbild schauend, das aus Truffaldinos Flinte geschossen?" – Und nun regnete es Vorwürfe und Klagen und Scheltworte und Verwünschungen, und alles Beteuern und alles Versichern des armen Giglio, daß die Traumprinzessin gerade so gekleidet gewesen, wie er eben seine Giacinta getroffen, wollte ganz und gar nichts helfen. Selbst die alte Beatrice, sonst eben nicht geneigt, des Signor Habenichts, wie sie den Giglio nannte, Partie zu nehmen, fühlte sich von Mitleid durchdrungen und ließ nicht ab von der störrischen Giacinta, bis sie dem Geliebten den Traum unter der Bedingung verzieh, daß er niemals mehr ein Wörtlein davon erwähnen sollte. Die Alte brachte ein gutes Gericht Makkaroni zustande und Giglio holte, da, dem Traum entgegen, der Impresario ihm wirklich ein paar Dukaten vorgeschossen, eine Tüte Zuckerwerk und eine mit in der Tat ziemlich trinkbarem Wein gefüllte Phiole aus der Manteltasche hervor. „Ich sehe doch, daß du an mich denkst, guter Giglio", sprach Giacinta, indem sie eine überzuckerte Frucht in das Mündchen steckte. Giglio durfte ihr sogar den Finger küssen, den die böse Nadel verletzt und alle Wonne und Seligkeit kehrte wieder. Tanzt aber einmal der Teufel mit, so helfen die artigsten Sprünge nicht. Der böse Feind selbst war es nämlich wohl, der dem Giglio eingab, nachdem er ein paar Gläser Wein getrunken, also zu reden: „Nicht geglaubt hätt ich, daß du, mein süßes Leben, so eifersüchtig auf mich sein könntest. Aber du hast recht. Ich bin ganz hübsch von Ansehn, begabt von der Natur mit allerlei angenehmen Talenten; aber mehr als das – ich bin Schauspieler. Der junge Schauspieler, welcher so wie ich, verliebte Prinzen göttlich spielt, mit geziemlichen O und Ach, ist ein wandelnder Roman, eine Intrige auf zwei Beinen, ein Liebeslied mit Lippen zum Küssen, mit Armen zum Umfangen, ein aus dem Einband ins Leben gesprungenes Abenteuer, das der Schönsten vor Augen steht, wenn sie das Buch zugeklappt. Daher kommt es, daß wir unwiderstehlichen Zauber üben an den armen Weibern, die vernarrt sind in alles, was in und an uns ist, in unser Gemüt, in unsre Augen, in unsre falschen Steine, Federn und Bänder. Da gilt nicht Rang, nicht Stand; Wäschermädchen oder Prinzessin – gleichviel! – Nun sage ich dir, mein holdes Kind, daß, täuschen mich nicht gewisse geheimnisvolle Ahnungen, neckt mich nicht ein böser Spuk, wirklich das Herz der schönsten Prinzessin entbrannt ist in Liebe zu mir. Hat sich das begeben, oder begibt es sich noch, so wirst du, mein schönstes Hoffen, es mir nicht verdenken, wenn ich den Goldschacht, der sich mir auftut, nicht ungenützt lasse, wenn ich dich ein wenig vernachlässige, da doch ein armes Ding von Putzmacherin –" Giacinta hatte mit immer steigender Aufmerksamkeit zugehört, war dem Giglio, in dessen schimmernden Augen sich das Traumbild der Nacht spiegelte, immer näher und näher gerückt; jetzt sprang sie rasch auf, gab dem beglückten Liebhaber der schönsten Prinzessin eine solche Ohrfeige, daß alle Feuerfunken aus jener verhängnisvollen Flinte Truffaldinos vor seinen Augen hüpften und entsprang schnell in die Kammer. Alles fernere Bitten und Flehen half nun nichts mehr. „Geht nur fein nach Hause, sie hat ihre Smorfia und dann ist's aus", sprach die Alte und leuchtete dem betrübten Giglio die enge Treppe hinab. – Es muß mit der Smorfia, mit dem seltsam launischen, etwas ungescheuten Wesen junger italischer Mädchen eine eigne Bewandtnis haben; denn Kenner versichern einmütiglich, daß eben aus diesem Wesen sich ein wunderbarer Zauber solch unwiderstehlicher Liebenswürdigkeit entfalte, daß der Gefangene, statt unmutig die Bande zu zerreißen, sich noch fester und fester darin verstricke, daß der auf schnöde Weise abgefertigte Amante, statt ein ewiges Addio zu unternehmen, nur desto inbrünstiger seufze und flehe, wie es in jenem Volksliedlein heißt: *Vien quà, Dorina bella, non far la smorfiosella!* – Der, der mit dir, geliebter Leser, also spricht, will vermuten, daß jene Lust aus Unlust nur erblühen könne in dem fröhlichen Süden, daß aber solch schöne Blüte aus friedlichem Stoff nicht aufzukommen vermöge in unserm Norden. Wenigstens an dem

Orte, wo er lebt, will er denjenigen Gemütszustand, wie er ihn oft an jungen, eben der Kindheit entronnenen Mädchen bemerkt hat, gar nicht mit jener artigen Smorfiosität vergleichen. Hat ihnen der Himmel angenehme Gesichtszüge verliehen, so verzerren sie dieselben auf ungeziemliche Weise; alles ist ihnen in der Welt bald zu schmal, bald zu breit, kein schicklicher Platz für ihr kleines Figürlein hienieden, sie ertragen lieber die Qual eines zu engen Schuhs, als ein freundliches, oder gar ein geistreiches Wort und nehmen es entsetzlich übel, daß sämtliche Jünglinge und Männer in dem Weichbilde der Stadt sterblich in sie verliebt sind, welches sie denn doch wieder meinen, ohne sich zu ärgern. – Es gibt für diesen Seelenzustand des zartesten Geschlechts keinen Ausdruck. Das Substrat der Ungezogenheit, die darin enthalten, reflektiert sich hohlspiegelartig bei Knaben in *der* Zeit, die grobe Schulmeister mit dem Wort: Lümmeljahre bezeichnen. – – Und doch war es dem armen Giglio ganz und gar nicht zu verdenken, daß er, auf seltsame Weise gespannt, auch wachend von Prinzessinnen und wunderbaren Abenteuern träumte. – Eben denselben Tag hatte, als er im Äußern schon halb und halb, im Innern aber ganz und gar Prinz Taer, durch den Korso wandelte, sich in der Tat viel Abenteuerliches ereignet.

Es begab sich, daß bei der Kirche S. Carlo, gerade da, wo die Straße Condotti den Korso durchkreuzt, mitten unter den Buden der Wurstkrämer und Makkaroniköche, der in ganz Rom bekannte Ciarlatano, Signor Celionati geheißen, sein Gerüst aufgeschlagen hatte und dem um ihn her versammelten Volk tolles Märchenzeug vorschwatzte, von geflügelten Katzen, springenden Erdmännlein, Alraunwurzeln u. s. w. und dabei manches Arkanum verkaufte für trostlose Liebe und Zahnschmerz, für Lotterienieten und Podagra. Da ließ sich ganz in der Ferne eine seltsame Musik von Zimbeln, Pfeifen und Trommeln hören, und das Volk sprengte auseinander und strömte, stürzte durch den Korso der Porta del popolo zu, laut schreiend: „Schaut, schaut! – ei ist denn schon der Karneval los? – schaut – schaut!"

Das Volk hatte recht; denn der Zug, der sich durch die Porta del popolo langsam den Korso hinaufbewegte, konnte füglich für nichts anders gehalten werden, als für die seltsamste Maskerade, die man jemals gesehen. Auf zwölf kleinen schneeweißen Einhörnern mit goldnen Hufen saßen in rote atlasne Talare eingehüllte Wesen, die gar artig auf silbernen Pfeifen bliesen und Zimbeln und kleine Trommeln schlugen. Beinahe nach Art der büßenden Brüder waren in den Talaren nur die Augen ausgeschnitten und ringsum mit goldnen Tressen besetzt, welches sich wunderlich genug ausnahm. Als der Wind dem einen der kleinen Reiter den Talar etwas aufhob, starrte ein Vogelfuß hervor, dessen Krallen mit Brillantringen besteckt waren. Hinter diesen zwölf anmutigen Musikanten zogen zwei mächtige Strauße eine große auf einem Rädergestell befestigte goldgleißende Tulpe, in der ein kleiner alter Mann saß mit langem weißen Bart, in einen Talar von Silberstoff gekleidet, einen silbernen Trichter als Mütze auf das ehrwürdige Haupt gestülpt. Der Alte las, eine ungeheure Brille auf der Nase, sehr aufmerksam in einem großen Buche, das er vor sich aufgeschlagen. Ihm folgten zwölf reichgekleidete Mohren mit langen Spießen und kurzen Säbeln bewaffnet, die jedesmal, wenn der kleine Alte ein Blatt im Buche umschlug und dabei ein sehr feines scharf durchdringendes: „Kurri – pire – ksi – li – i i i" vernehmen ließ, mit gewaltig dröhnenden Stimmen sangen: „Bram – bure – bil – bal – Ala monsa Kikiburra – son – ton!" Hinter den Mohren ritten auf zwölf Zeltern, deren Farbe reines Silber schien, zwölf Gestalten, beinahe so verhüllt wie die Musikanten, nur daß die Talare auf Silbergrund reich mit Perlen und Diamanten gestickt und die Ärme bis an die Schulter entblößt waren. Die wunderbare Fülle und Schönheit dieser mit den herrlichsten Armspangen geschmückten Ärme hätten schon verraten, daß unter den Talaren die schönsten Damen versteckt sein mußten; überdem machte aber auch jede reitend sehr emsig Filet, wozu zwischen den Ohren der Zelter große Samtkissen befestigt waren. Nun folgte eine große Kutsche, die ganz Gold schien und von acht der schönsten, mit goldnen Schabracken behängten Maultieren gezogen wurde, welche kleine sehr artig in bunte Federwämser gekleidete Pagen an mit Diamanten besetzten Zügeln führten. Die Tiere wußten mit unbeschreiblicher Würde die stattlichen Ohren zu schütteln und dann ließen sich Töne hören der Harmonika ähnlich, wozu die Tiere selbst, so wie die Pagen, die sie führten, ein paßliches Geschrei erhoben, welches zusammenklang auf die anmutigste Weise. Das Volk drängte sich heran und wollte in die Kutsche hineinschauen, sah aber nichts, als den Korso, und sich selbst; denn die Fenster waren reine Spiegel. Mancher, der auf diese Art sich schaute, glaubte im Augenblick, er säße selbst in der prächtigen Kutsche und kam darüber vor Freuden ganz außer sich, so wie es mit dem ganzen Volk geschah, als es von einem kleinen äußerst angenehmen Pulcinella, der auf dem Kutschendeckel stand, ungemein artig und verbindlich begrüßt wurde. In diesem allgemeinen ausgelassensten Jubel wurde kaum mehr das glänzende Gefolge beachtet, das wieder aus Musikanten, Mohren und Pagen, den ersten gleich gekleidet, bestand, bei welchen nur noch einige in den zartesten Farben geschmackvoll gekleidete Affen befindlich, die mit sprechender Mimik in den Hinterbeinen tanzten und im Koboldschießen ihresgleichen suchten. So zog das Abenteuer den Korso herab durch die Straßen bis auf den Platz Navona, wo es stillstand vor dem Palast des Prinzen Bastianello di Pistoja.

Die Torflügel des Palastes sprangen auf und plötzlich verstummte der Jubel des Volks und in der Totenstille des tiefsten Erstaunens schaute man das Wunder, das sich nun begab. Die Marmorstufen hinauf durch das enge Tor zog alles, Einhörner, Pferde, Maultiere, Kutsche, Strauße, Damen, Mohren, Pagen, ohne alle Schwierigkeit hinein und ein tausendstimmiges „Ah!" erfüllte die Lüfte, als das Tor, nachdem die letzten vierundzwanzig Mohren in blanker Reihe hineingeschritten, sich mit donnerndem Getöse schloß.

Das Volk, nachdem es lange genug vergebens gegafft und im Palast alles still und ruhig blieb, bezeigte nicht üble Lust, den Aufenthalt des Märchens zu stürmen und wurde nur mit Mühe von den Sbirren auseinandergetrieben.

Da strömte alles wieder den Korso herauf. Vor der Kirche S. Carlo stand aber noch der verlassene Signor Celionati auf seinem Gerüst und schrie und tobte entsetzlich: „Dummes Volk – einfältiges Volk! – Leute, was lauft, was rennt ihr in tollem Unverstand und verlaßt euern wackern Celionati? – Hier hättet ihr bleiben sollen und hören aus dem Munde des Weisesten, des erfahrensten Philosophen und Adepten, was es auf sich hat mit dem allen, was ihr geschaut mit aufgerissenen Augen und Mäulern, wie törichtes Knabenvolk! – Aber noch will ich euch alles verkünden – hört – hört, wer eingezogen ist in den Palast Pistoja – hört, hört – wer sich den Staub von den Ärmeln klopfen läßt im Palast Pistoja!" – Diese Worte hemmten plötzlich den kreisenden Strudel des Volks, das nun sich hinandrängte an Celionatis Gerüst und hinaufschaute mit neugierigen Blicken.

„Bürger Roms!" begann Celionati nun emphatisch, „Bürger Roms! jauchzt, jubelt, werft Mützen, Hüte, oder was ihr sonst eben auf dem Kopfe tragen möget, hoch in die Höhe! Euch ist großes Heil widerfahren; denn eingezogen in eure Mauern ist die weltberühmte Prinzessin Brambilla aus dem fernen Äthiopien, ein Wunder an Schönheit und dabei so reich an unermeßlichen Schätzen, daß sie ohne Beschwerde den ganzen Korso pflastern lassen könnte mit den herrlichsten Diamanten und Brillanten – und wer weiß was sie tut zu eurer Freude! – Ich weiß es, unter euch befinden sich gar viele, die keine Esel sind, sondern bewandert in der Geschichte. Die werden wissen, daß die durchlauchtigste Prinzessin Brambilla eine Urenkelin ist des weisen Königs Cophetua, der Troja erbaut hat und daß ihr Großonkel der große König von Serendippo, ein freundlicher Herr, hier vor S. Carlo unter euch, ihr lieben Kinder, sich oft in Makkaroni übernahm! – Füge ich noch hinzu, daß niemand anders die hohe Dame Brambilla aus der Taufe gehoben, als die Königin der Tarocke, Tartagliona mit Namen, und daß Pulcinella sie das Lautenspiel gelehrt, so wißt ihr genug, um außer euch zu geraten – tut es, Leute! – Vermöge meiner geheimen Wissenschaften, der weißen, schwarzen, gelben und blauen Magie, weiß ich, daß sie gekommen ist, weil sie glaubt, unter den Masken des Korso ihren Herzensfreund und Bräutigam, den assyrischen Prinzen Cornelio Chiapperi aufzufinden, der Äthiopien verließ, um sich hier in Rom einen Backzahn ausreißen zu lassen, welches ich glücklich vollbrachte! – Seht ihn hier vor Augen!" – Celionati öffnete ein kleines goldnes Schächtelchen, holte einen sehr weißen langen spitzen Zahn heraus und hielt ihn hoch in die Höhe. Das Volk schrie laut auf vor Freude und Entzücken und kaufte begierig die Modelle des prinzlichen Zahns, die der Ciarlatano nun feilbot. „Seht", fuhr Celionati dann fort, „seht, ihr Guten, nachdem der assyrische Prinz Cornelio Chiapperi die Operation mit Standhaftigkeit und Sanftmut ausgehalten, kam er sich selbst, er wußte nicht wie, abhanden. – Sucht, Leute, sucht, Leute, den assyrischen Prinzen Cornelio Chiapperi, sucht ihn in euern Stuben, Kammern, Küchen, Kellern, Schränken und Schubladen! – Wer ihn findet und der Prinzessin Brambilla unversehrt wiederbringt, erhält ein Fundgeld von fünfmal hunderttausend Dukaten. So viel hat Prinzessin Brambilla auf seinen Kopf gesetzt, den angenehmen, nicht geringen Inhalt an Verstand und Witz ungerechnet. – Sucht, Leute, sucht! – Aber vermöget ihr den assyrischen Prinzen, Cornelio Chiapperi, zu entdecken, wenn er euch auch vor der Nase steht? – Ja! – vermöget ihr die durchlauchtigste Prinzessin zu erschauen, wenn sie auch dicht vor euch wandelt? – Nein, das vermöget ihr nicht, wenn ihr euch nicht der Brillen bedient, die der weise indische Magier Ruffiamonte selbst geschliffen; und damit will ich euch aus purer Nächstenliebe und Barmherzigkeit aufwarten, insofern ihr die Paoli nicht achtet –" Und damit öffnete der Ciarlatano eine Kiste und brachte eine Menge unmäßig großer Brillen zum Vorschein.

Hatte das Volk sich schon um die prinzlichen Backzähne gar arg gezankt, so geschah es nun noch viel ärger um die Brillen. Vom Zanken kam es zum Stoßen und Schlagen, bis zuletzt, nach italischer Art und Weise, die Messer blinkten, so daß die Sbirren abermals ins Mittel treten und das Volk, wie erst vor dem Palast Pistoja, auseinandertreiben mußten.

Während sich dies alles begab, stand Giglio Fava, in tiefe Träume versunken, noch immer vor dem Palast Pistoja und starrte die Mauern an, die den seltsamsten aller Maskenzüge, und zwar auf ganz unerklärliche Weise, verschlungen. Wunderbar wollt es ihm gemuten, daß er eines gewissen unheimlichen und dabei doch süßen Gefühls, das sich seines Innern ganz und gar bemeistert, nicht Herr werden konnte; noch wunderbarer, daß er willkürlich den Traum von der Prinzessin, die, dem Blitz des Feuergewehrs entfunkelt, sich ihm in die Arme warf, mit dem abenteuerlichen Zuge in Verbindung setzte, ja daß eine Ahndung in ihm aufging, in der Kutsche mit den Spiegelfenstern habe eben niemand anders gesessen, als sein Traumbild. – Ein sanfter Schlag auf die Schulter weckte ihn aus seinen Träumereien; der Ciarlatano stand vor ihm.

"Ei", begann Celionati, "ei, mein guter Giglio, Ihr habt nicht wohl getan, mich zu verlassen, mir keinen prinzlichen Backzahn, keine magische Brille abzukaufen –" "Geht doch", erwiderte Giglio, "geht doch mit Euern Kinderpossen, mit dem wahnsinnigen Zeuge, das Ihr dem Volke aufschwatzt, um Euren nichtswürdigen Kram loszuwerden!" – "Hoho", sprach Celionati weiter, "tut nur nicht so stolz, mein junger Herr! Ich wollte, Ihr hättet aus meinem Kram, den nichtswürdig zu nennen Euch beliebt, manch treffliches Arkanum, vorzüglich aber denjenigen Talisman, der Euch die Kraft verliehe, ein vortrefflicher, guter, oder wenigstens leidlicher Schauspieler zu sein, da es Euch nun wieder beliebt, zur Zeit gar erbärmlich zu tragieren!" "Was?" rief Giglio ganz erbost, "was? Signor Celionati, Ihr untersteht Euch, mich für einen erbärmlichen

Schauspieler zu halten? mich, der ich der Abgott Roms bin?"
„Püppchen!" erwiderte Celionati sehr ruhig, „Püppchen, das
bildet Ihr Euch nur ein; es ist kein wahres Wort daran. Ist
Euch aber auch manchmal ein besonderer Geist aufgegangen,
der Euch manche Rolle gelingen ließ, so werdet Ihr das bißchen
Beifall, oder Ruhm, das Ihr dadurch gewannt, heute unwieder-
bringlich verlieren. Denn seht, Ihr habt Euern Prinzen ganz
und gar vergessen, und, steht vielleicht sein Bildnis noch in
Euerm Innern, so ist es farblos, stumm und starr geworden,
und Ihr vermöget nicht, es ins Leben zu rufen. Euer ganzer
Sinn ist erfüllt von einem seltsamen Traumbild, von dem Ihr
nun meint, es sei in der Glaskutsche dort in den Palast Pistoja
hineingefahren. – Merkt Ihr, daß ich Euer Inneres durch-
schaue?" –

Giglio schlug errötend die Augen nieder. „Signor Celionati",
murmelte er, „Ihr seid in der Tat ein sehr seltsamer Mensch. Es
müssen Euch Wunderkräfte zu Gebote stehen, die Euch meine
geheimsten Gedanken erraten lassen – Und dann wieder Euer
närrisches Tun und Treiben vor dem Volk – Ich kann das nicht
zusammenreimen – doch – gebt mir eine von Euern großen
Brillen!" –

Celionati lachte laut auf. „So", rief er, „so seid ihr nun alle,
ihr Leute! Lauft ihr umher mit hellem Kopf und gesundem
Magen, so glaubt ihr an nichts, als was ihr mit euern Händen
fassen könnt; packt euch aber geistige, oder leibliche Indi-
gestion, so greift ihr begierig nach allem, was man euch darbietet. Hoho! Jener Professore, der auf meine und auf alle
sympathetische Mittel in der Welt seinen Bannstrahl schießen
ließ, schlich Tages darauf in grämlich pathetischem Ernst nach
der Tiber und warf, wie es ihm ein altes Bettelweib geraten,
seinen linken Pantoffel ins Wasser, weil er glaubte damit das
böse Fieber zu ertränken, das ihn so arg plagte; und jener wei-
seste Signor aller weiser Signoris trug Kreuzwurzelpulver in
dem Mantelzipfel, um besser Ballon zu schlagen. – Ich weiß es,
Signor Fava, Ihr wollt durch meine Brille die Prinzessin Brambilla, Euer Traumbild, schauen; doch das wird Euch zur Stunde
nicht gelingen! – Indessen nehmt und versucht's!"

Voll Begier ergriff Giglio die schöne glänzende übergroße
Brille, die ihm Celionati darbot und schaute nach dem Palast.
Wunderbar genug schienen die Mauern des Palastes durchsichtiges Kristall zu werden; aber nichts, als ein buntes undeut-
liches Gewirre von allerlei seltsamen Gestalten stellte sich ihm

dar und nur zuweilen zuckte ein elektrischer Strahl durch sein Innres, das holde Traumbild verkündend, das sich vergebens dem tollen Chaos entringen zu wollen schien.

„Alle böse Teufel der Hölle, Euch in den Hals zu jagen!" schrie plötzlich eine fürchterliche Stimme, dicht neben dem ins Schauen versunkenen Giglio, der sich zugleich bei den Schultern gepackt fühlte, „alle böse Teufel Euch in den Hals! – Ihr stürzt mich ins Verderben. In zehn Minuten muß der Vorhang in die Höhe; Ihr habt die erste Szene und Ihr steht hier und gafft, ein aberwitziger Narr, die alten Mauern des öden Palastes an!" –

Es war der Impresario des Theaters, auf dem Giglio spielte, der im Schweiß der Todesangst ganz Rom durchlaufen, um den verschollenen *primo amoroso* zu suchen und ihn endlich da fand, wo er ihn am wenigsten vermutet.

„Halt einen Augenblick!" rief Celionati und packte ebenfalls mit ziemlicher Handfestigkeit den armen Giglio bei den Schultern, der, ein eingerammter Pfahl, sich nicht zu rühren vermochte, „halt einen Augenblick!" Und dann leiser: „Signor Giglio, es ist möglich, daß Ihr morgen auf dem Korso Euer Traumbild seht. Aber Ihr wäret ein großer Tor, wenn Ihr Euch in einer schönen Maske herausschniegeln wolltet, das würde Euch um den Anblick der Schönsten bringen. Je abenteuerlicher, je abscheulicher, desto besser! eine tüchtige Nase, die mit Anstand und Seelenruhe meine Brille trägt! denn die dürft Ihr ja nicht vergessen!" –

Celionati ließ den Giglio los und im Nu brauste der Impresario mit seinem Amoroso fort, wie ein Sturmwind.

Gleich andern Tages unterließ Giglio nicht, sich eine Maske zu verschaffen, die ihm, nach Celionatis Rat, abenteuerlich und abscheulich genug schien. Eine seltsame mit zwei hohen Hahnfedern geschmückte Kappe, dazu eine Larve mit einer roten, in hakenförmigem Bau und unbilliger Länge und Spitze alle Exzesse der ausgelassensten Nasen überbietend, ein Wams mit dicken Knöpfen, dem des Brighella nicht unähnlich, ein breites hölzernes Schwert – Giglios Selbstverleugnung, alles dieses anzulegen, hörte auf, als nun erstlich ein weites, bis auf die Pantoffeln herabreichendes Beinkleid, das zierlichste Piedestal verhüllen sollte, auf dem jemals ein *primo amoroso* gestanden und einhergegangen. „Nein", rief Giglio, „nein, es ist nicht möglich, daß die Durchlauchtige nichts halten auf proportionierten Wuchs, daß sie nicht zurückgeschreckt werden sollte durch solch böse Entstellung. Nachahmen will ich jenen Schauspieler, der, als er in gräßlicher Verkappung im Gozzischen Stück das blaue Ungeheuer spielte, die zierlich gebaute Hand, die ihm die Natur verliehen, unter der bunten Tigerkatzenpfote hervorzu-strecken wußte und dadurch die Herzen der Damen schon vor seiner Verwandlung gewann! – Was bei ihm die Hand, ist bei mir der Fuß!" – Darauf legte Giglio ein hübsches himmelblau seidnes Beinkleid mit dunkelroten Schleifen, dazu aber rosen-farbne Strümpfe und weiße Schuhe mit luftigen dunkelroten Bändern an, welches wohl ganz hübsch aussah, doch aber ziem-lich seltsam abstach gegen den übrigen Anzug.

Giglio glaubte nicht anders, als daß ihm Prinzessin Bram-billa entgegentreten werde in voller Pracht und Herrlichkeit, umgeben von dem glänzendsten Gefolge; da er aber nichts da-von gewahrte, dachte er wohl daran, daß, da Celionati gesagt, er werde nur mittelst der magischen Brille die Prinzessin zu erschauen vermögen, dies auf irgendeine seltsame Verkappung deute, in die sich die Schönste gehüllt.

Nun lief Giglio den Korso auf und ab, jede weibliche Maske musternd, aller Neckereien nicht achtend, bis er endlich in eine entlegenere Gegend geriet. „Bester Signor, mein teurer, bester Signor!" hörte er sich angeschnarrt. Ein Kerl stand vor ihm, der in toller Possierlichkeit alles überbot, was er jemals von der-gleichen gesehen. Die Maske mit dem spitzen Bart, der Brille, dem Ziegenhaar, so wie die Stellung des Körpers, vorgebeugt mit krummem Rücken, den rechten Fuß vorgeschoben, schien einen Pantalon anzudeuten; dazu wollte aber der vorne spitz-zulaufende, mit zwei Hahnfedern geschmückte Hut nicht pas-sen. Wams, Beinkleid, das kleine hölzerne Schwert an der Seite, gehörte offenbar dem werten Pulcinell an.

„Bester Signor", redete Pantalon (so wollen wir die Maske, trotz des veränderten Kostüms, nennen) den Giglio an, „mein bester Signor! ein glücklicher Tag, der mir das Vergnügen, die Ehre schenkt, Sie zu erblicken! Sollten Sie nicht zu meiner Familie gehören?" „Sosehr", erwiderte Giglio, sich höflich verbeugend, „sosehr mich das entzücken würde, da Sie, mein bester Signor, mir über alle Maßen wohlgefallen, so weiß ich doch nicht, in welcher Art irgendeine Verwandtschaft –" „O Gott!" unterbrach Pantalon den Giglio, „o Gott! bester Signor, waren Sie jemals in Assyrien?" „Eine dunkle Erinnerung", antwortete Giglio, „schwebt mir vor, als sei ich einmal auf der Reise dahin begriffen gewesen, aber nur bis nach Frascati gekommen, wo der Spitzbube von Vetturin mich vor dem Tore umwarf, so daß diese Nase –" „O Gott!" schrie Pantalon, „so ist es denn wahr? – Diese Nase, diese Hahnfedern – mein teuerster Prinz – o mein Cornelio! – Doch ich sehe, Sie erbleichen vor Freude, mich wiedergefunden zu haben – o mein Prinz! nur ein Schlückchen, ein einziges Schlückchen!" –

Damit hob Pantalon die große Korbflasche auf, die vor ihm stand und reichte sie dem Giglio hin. Und in dem Augenblick stieg ein feiner rötlicher Duft aus der Flasche, und verdichtete sich zum holden Antlitz der Prinzessin Brambilla und das liebe kleine Bildlein stieg herauf, doch nur bis an den Leib, und streckte die kleinen Ärmchen aus nach dem Giglio. Der, vor Entzücken ganz außer sich, rief: „O steige doch nur ganz herauf, daß ich dich erschauen möge in deiner Schönheit!" Da dröhnte ihm eine starke Stimme in die Ohren: „Du hasenfüßiger Geck mit deinem Himmelblau und Rosa, wie magst du dich nur für den Prinzen Cornelio ausgeben wollen! – Geh nach Haus, schlaf aus, du Tölpel!" – „Grobian!" fuhr Giglio auf; doch Masken wogten, drängten dazwischen und spurlos war Pantalon samt der Flasche verschwunden.

ZWEITES KAPITEL

Von dem seltsamen Zustande, in den geraten, man sich die Füße an spitzen Steinen wund stößt, vornehme Leute zu grüßen unterläßt und mit dem Kopf an verschlossene Türen anrennt. – Einfluß eines Gerichts Makkaroni auf Liebe und Schwärmerei. – Entsetzliche Qualen der Schauspieler-Hölle und Arlecchino. – Wie Giglio sein Mädchen nicht fand, sondern von Schneidern überwältigt und zur Ader gelassen wurde. – Der Prinz in der Konfektschachtel und die verlorne Geliebte. – Wie Giglio der Ritter der Prinzessin Brambilla sein wollte, weil ihm eine Fahne aus dem Rücken gewachsen.

Du magst, geliebter Leser! nicht zürnen, wenn der, der es unternommen, dir die abenteuerliche Geschichte von der Prinzessin Brambilla gerade so zu erzählen, wie er sie in Meister Callots kecken Federstrichen angedeutet fand, dir geradehin zumutet, daß du wenigstens bis zu den letzten Worten des Büchleins dich willig dem Wunderbaren hingeben, ja sogar was weniges davon glauben mögest. – Doch vielleicht hast du schon in dem Augenblick, als das Märchen sich einlogiert im Palast Pistoja, oder als die Prinzessin aus dem bläulichen Duft der Weinflasche gestiegen, ausgerufen: „Tolles fratzenhaftes

Zeug!" und das Buch ohne Rücksicht auf die artigen Kupferblätter unmutig weggeworfen? – Da käme denn alles, was ich dir zu sagen im Begriff stehe, um dich für die seltsamlichen Zaubereien des Callotschen Capriccios zu gewinnen, zu spät und das wäre in der Tat schlimm genug für mich und für die Prinzessin Brambilla! Doch vielleicht hofftest du, daß der Autor, nur scheu geworden durch irgendein tolles Gebilde, das ihm wieder plötzlich in den Weg trat, einen Seitenweg machte ins wilde Dickicht und daß er, zur Besonnenheit gelangt, wieder einlenken würde in den breiten ebenen Weg, und das vermochte dich, weiterzulesen! – Glück zu! – Nun kann ich dir sagen, günstiger Leser! daß es mir (vielleicht weißt du es auch aus eigner Erfahrung) schon hin und wieder gelang, märchenhafte Abenteuer gerade in dem Moment, als sie, Luftbilder des aufgeregten Geistes, in nichts verschwimmen wollten, zu erfassen und zu gestalten, daß jedes Auge, mit Sehkraft begabt für dergleichen, sie wirklich im Leben schaute und eben deshalb daran glaubte. Daher mag mir der Mut kommen, meinen gemütlichen Umgang mit allerlei abenteuerlichen Gestalten und zu vielen genugsam tollen Bildern fernerhin öffentlich zu treiben, selbst die ernsthaftesten Leute zu dieser seltsam bunten Gesellschaft einzuladen und du wirst, sehr geliebter Leser, diesen Mut kaum für *Übermut*, sondern nur für das verzeihliche Streben halten können, dich aus dem engen Kreise gewöhnlicher Alltäglichkeit zu verlocken und dich in fremdem Gebiet, das am Ende doch eingehegt ist in das Reich, welches der menschliche Geist im wahren Leben und Sein nach freier Willkür beherrscht, auf ganz eigne Weise zu vergnügen. – Doch, sollte dies alles nicht gelten dürfen, so kann ich in der Angst, die mich befallen, mich nur auf sehr ernsthafte Bücher berufen, in denen Ähnliches vorkommt und gegen deren vollkommene Glaubwürdigkeit man nicht den mindesten Zweifel zu erheben vermag. Was nämlich den Zug der Prinzessin Brambilla betrifft, der mit allen Einhörnern, Pferden und sonstigem Fuhrwerk ohne Hindernis durch die engen Pforten des Palastes Pistoja passiert, so ist schon in Peter Schlemihls wundersamer Geschichte, deren Mitteilung wir dem wackern Weltumsegler Adalbert von Chamisso verdanken, von einem gewissen gemütlichen grauen Mann die Rede, der ein Kunststück machte, welches jenen Zauber beschämt. Er zog nämlich, wie bekannt, auf Begehren, englisches Pflaster, Tubus, Teppich, Zelt, zuletzt Wagen und Rosse, ganz bequem ohne Hindernis, aus derselben

Rocktasche. – Was nun aber die Prinzessin betrifft – Doch genug! – Zu erwähnen wäre freilich noch, daß wir im Leben oft plötzlich vor dem geöffneten Tor eines wunderbaren Zauberreichs stehen, daß uns Blicke vergönnt sind in den innersten Haushalt des mächtigen Geistes, dessen Atem uns in den seltsamsten Ahnungen geheimnisvoll umweht; du könntest aber, geliebter Leser, vielleicht mit vollem Recht behaupten, du hättest niemals aus jenem Tor ein solches tolles Capriccio ziehen sehen, als ich es geschaut zu haben vermeine. Fragen will ich dich daher lieber, ob dir niemals in deinem Leben ein seltsamer Traum aufstieg, dessen Geburt du weder dem verdorbenen Magen, noch dem Geist des Weins, oder des Fiebers zuschreiben konntest? aber es war, als habe das holde magische Zauberbild, das sonst nur in fernen Ahnungen zu dir sprach, in geheimnisvoller Vermählung mit deinem Geist sich deines ganzen Innern bemächtigt, und in scheuer Liebeslust trachtetest und wagtest du nicht, die süße Braut zu umfangen, die im glänzenden Schmuck eingezogen in die trübe, düstre Werkstatt der Gedanken – *die* aber ginge auf vor dem Glanz des Zauberbildes in hellem Schimmer, und alles Sehnen, alles Hoffen, die inbrünstige Begier, das Unaussprechliche zu fahen, würde wach und rege und zuckte auf in glühenden Blitzen, und du wolltest untergehen in unnennbarem Weh, und nur *sie*, nur das holde Zauberbild sein! – Half es, daß du aus dem Traum erwachtest? – Blieb dir nicht das namenlose Entzücken, das im äußern Leben, ein schneidender Schmerz, die Seele durchwühlt, blieb dir das nicht zurück? Und alles um dich her erschien dir öde, traurig, farblos? und du wähntest, nur jener Traum sei dein eigentliches Sein, was du aber sonst für dein Leben gehalten, nur der Mißverstand des betörten Sinns? und alle deine Gedanken strahlten zusammen in den Brennpunkt, der, Feuerkelch der höchsten Inbrunst, dein süßes Geheimnis verschlossen hielt vor dem blinden, wüsten Treiben der Alltagswelt? – Hm! – in solcher träumerischer Stimmung stößt man sich wohl die Füße wund an spitzen Steinen, vergißt den Hut abzunehmen vor vornehmen Leuten, bietet den Freunden einen guten Morgen in später Mitternacht, rennt mit dem Kopf gegen die erste beste Haustüre, weil man vergaß sie aufzumachen; kurz der Geist trägt den Körper wie ein unbequemes Kleid, das überall zu breit, zu lang, zu ungefügig ist. –

In diesen Zustand geriet nun der junge Schauspieler, Giglio Fava, als er mehrere Tage hintereinander vergebens darnach trachtete, auch nur das mindeste von der Prinzessin Brambilla zu erspüren. Alles was ihm im Korso Wunderbares begegnet, schien ihm nur die Fortsetzung jenes Traums, der ihm die Holde zugeführt, deren Bild nun aufstieg aus dem bodenlosen Meer der Sehnsucht, in dem er untergehen, verschwimmen wollte. Nur sein Traum war sein Leben, alles übrige ein unbedeutendes leeres Nichts; und so kann man denken, daß er auch den Schauspieler ganz vernachlässigte. Ja noch mehr, statt die Worte seiner Rolle herzusagen, sprach er von seinem Traumbilde, von der Prinzessin Brambilla, schwor, des assyrischen Prinzen sich zu bemächtigen, im Irrsal der Gedanken, so daß er selbst dann der Prinz sein werde, geriet in ein Labyrinth wirrer, ausschweifender Reden. Jeder mußte ihn für wahnsinnig halten; am ersten aber der Impresario, der ihn zuletzt ohne weiteres fortjagte; und sein spärliches Einkommen schwand ganz dahin. Die wenigen Dukaten, die ihm der Impresario aus purer Großmut bei dem Abschiede hingeworfen, konnten nur ausreichen für geringe Zeit, der bitterste Mangel war im Anzuge. Sonst hätte das dem armen Giglio große Sorge und Angst verursacht; jetzt dachte er nicht daran, da er in einem Himmel schwebte, wo man irdischer Dukaten nicht bedarf.

Was die gewöhnlichen Bedürfnisse des Lebens betrifft, eben nicht lecker, pflegte Giglio seinen Hunger im Vorübergehen bei irgendeinem der Fritterolis, die bekanntlich ihre Garküchen auf offner Straße halten, zu stillen. So begab es sich, daß er eines Tages ein gutes Gericht Makkaroni zu verzehren gedachte, das ihm aus der Bude entgegendampfte. Er trat hinan; als er aber, um den spärlichen Mittag zu bezahlen, den Beutel hervorzog, machte ihn· die Entdeckung nicht wenig bestürzt, daß darin auch kein einziger Bajock enthalten. In dem Augenblick wurde aber auch das leibliche Prinzip, von welchem das geistige, mag es auch noch so stolz tun, hier auf Erden in schnöder Sklaverei gehalten wird, recht rege und mächtig. Giglio fühlte, wie es sonst nie geschehen, wenn er, von den sublimsten Gedanken erfüllt, wirklich eine tüchtige Schüssel Makkaroni verzehrt, daß es ihn ungemein hungre und er versicherte dem Garküchler, daß er zwar zufällig kein Geld bei sich trage, das Gericht, das er zu verzehren gedenke, aber ganz gewiß andern Tages bezahlen werde. Der Garküchler lachte ihm indessen ins Gesicht und meinte: habe er auch kein Geld, so könne er doch seinen Appetit stillen; er dürfe ja nur das schöne Paar Handschuhe, das er trage, oder den Hut, oder das Mäntelchen zurücklassen.

Nun erst trat dem armen Giglio die schlimme Lage, in der er sich befand, recht lebhaft vor Augen. Er sah sich bald, ein zerlumpter Bettler, die Suppe vor den Klöstern einlöffeln. Doch tiefer schnitt es ihm ins Herz, als er, aus dem Traum erwacht, nun erst den Celionati gewahrte, der auf seinem gewöhnlichen Platz vor der Kirche S. Carlo das Volk mit seinen Fratzen unterhielt und ihm, als er hinschaute, einen Blick zuwarf, in dem er die ärgste Verhöhnung zu lesen glaubte. – Zerronnen in nichts war das holde Traumbild, untergegangen jede süße Ahnung; es war ihm gewiß, daß der verruchte Celionati ihn durch allerlei teuflische Zauberkünste verlockt, ihn, seine törichte Eitelkeit in höhnischer Schadenfreude nützend, mit der Prinzessin Brambilla auf unwürdige Weise gefoppt habe.

Wild rannte er von dannen; ihn hungerte nicht mehr, er dachte nur daran, wie er sich an dem alten Hexenmeister rächen könne.

Selbst wußte er nicht, welches seltsame Gefühl durch allen Zorn, durch alle Wut im Innern durchdrang und ihn stillzustehen nötigte, als banne ihn plötzlich ein unbekannter Zauber fest. – „Giacinta!" rief es aus ihm heraus. Er stand vor dem Hause, in dem das Mädchen wohnte und dessen steile Treppe er so oft in heimlicher Dämmerung erstiegen. Da dachte er, wie das trügerische Traumbild zuerst des holden Mädchens Unmut erregt, wie er sie dann verlassen, nicht mehr wiedergesehen, nicht mehr an sie gedacht, wie er die Geliebte verloren, sich in Not und Elend gestürzt habe, Celionatis toller unseliger Fopperei halber. Ganz aufgelöst in Wehmut und Schmerz, konnte er nicht zu sich selbst kommen, bis endlich der Entschluß durchbrach, auf der Stelle hinaufzugehen und, koste es was es wolle, Giacintas Gunst wiederzugewinnen. – Gedacht, getan! – Als er nun aber an Giacintas Türe klopfte, blieb drinnen alles mäuschenstill. – Er legte das Ohr an, kein Atemzug ließ sich vernehmen. Da rief er ganz kläglich Giacintas Namen mehrmals; und als nun auch keine Antwort erfolgte, begann er die rührendsten Bekenntnisse seiner Torheit; er versicherte, daß der Teufel selbst in der Gestalt des verdammten Quacksalbers Celionati ihn verlockt und geriet dann in die hochgestelltesten Beteurungen seiner tiefen Reue und inbrünstigen Liebe.

Da erschallte eine Stimme von unten herauf: „Ich möchte nur wissen, welcher Esel hier in meinem Hause seine Lamentationen abächzt und heult vor der Zeit, da es noch lange hin ist bis zum Aschermittwoch!" – Es war Signor Pasquale, der dicke Hauswirt, der mühsam die Treppe hinaufstieg und, als er den Giglio erblickte, ihm zurief: „Ah! – seid Ihr es, Signor Giglio? – Sagt mir nur, welcher böse Geist Euch treibt, hier eine O- und Achs-Rolle irgendeines läppischen Trauerspiels ins leere Zimmer hineinzuwinseln?" – „Leeres Zimmer!" – schrie Giglio auf, „leeres Zimmer? Um aller Heiligen willen, Signor Pasquale, sagt, wo ist Giacinta? – wo ist sie, mein Leben, mein Alles?" – Signor Pasquale sah dem Giglio starr ins Gesicht und sprach dann ruhig: „Signor Giglio, ich weiß, wie es mit Euch steht; ganz Rom hat erfahren, wie Ihr von der Bühne abtreten müssen, weil es Euch im Kopfe rappelt – Geht zum Arzt, geht zum Arzt, laßt Euch ein paar Pfund Blut abzapfen, steckt den Kopf ins kalte Wasser!" „Bin ich!" rief Giglio heftig, „bin ich noch nicht wahnsinnig, so werde ich es, wenn Ihr mir nicht augenblicklich sagt, wo Giacinta geblieben." „Macht mir", fuhr Signor Pasquale ruhig fort, „macht mir doch nicht weis, Signor Giglio, daß Ihr nicht davon unterrichtet sein solltet, auf welche Weise schon vor acht Tagen Giacinta aus meinem Hause kam und die alte Beatrice ihr dann folgte." –

Als nun aber Giglio in voller Wut schrie: „Wo ist Giacinta?" und dabei den dicken Hauswirt hart anpackte, brüllte dieser dermaßen: „Hülfe! Hülfe! Mörder!" daß das ganze Haus rege wurde. Ein vierschrötiger Lümmel von Hausknecht sprang herbei, faßte den armen Giglio, fuhr mit ihm die Treppe herab und warf ihn mit einer Behendigkeit zum Hause heraus, als habe er ein Wickelpüppchen in den Fäusten.

Des harten Falls nicht achtend, raffte sich Giglio auf und rannte, nun in der Tat von halbem Wahnsinn getrieben, durch die Straßen von Rom. Ein gewisser Instinkt, erzeugt von der Gewohnheit, brachte ihn, als gerade die Stunde schlug, in der er sonst in das Theater eilen mußte, eben dahin und in die Garderobe der Schauspieler. Da erst besann er sich wo er war, um in die tiefste Verwunderung zu geraten, als er an dem Ort, wo sonst tragische Helden, aufgestutzt in Silber und Gold, in voller Gravität einherschreitend, die hochtrabenden Verse repetierten, mit denen sie das Publikum in Staunen, in *Furore* zu setzen gedachten, sich von Pantalon und Arlecchino, von Truffaldino und Colombine, kurz von allen Masken der italienischen Komödie und Pantomime umschwärmt sah. Er stand da festgepflöckt in den Boden und schaute umher mit weit aufgerissenen Augen, wie einer, der plötzlich aus dem Schlafe erwacht und sich umringt sieht von fremder, ihm unbekannter toller Gesellschaft.

Giglios wirres, gramverstörtes Ansehen mochte in dem Innern des Impresario so etwas von Gewissensbissen rege machen, das ihn plötzlich umsetzte in einen sehr herzlichen weichmütigen Mann.

„Ihr wundert", sprach er den Jüngling an, „Ihr wundert Euch wohl, Signor Fava, daß Ihr hier alles so ganz anders findet, als damals, da Ihr mich verließet? Gestehen muß ich Euch, daß all die pathetischen Aktionen, mit denen sich sonst mein Theater brüstete, dem Publikum viel Langeweile zu machen begannen, und daß diese Langeweile um so mehr auch mich ergriff, da mein Beutel darüber in den miserablen Zustand wahrer Auszehrung verfiel. Nun hab ich all das tragische Zeug fahrenlassen und mein Theater dem freien Scherz, der anmutigen Neckerei unserer Masken hingegeben und befinde mich wohl dabei."

„Ha!" rief Giglio mit brennenden Wangen, „ha, Signor Impresario, gesteht es nur, mein Verlust zerstörte Euer Trauerspiel – Mit dem Fall des Helden fiel auch die Masse, die sein Atem belebte, in ein totes Nichts zusammen?"

„Wir wollen", erwiderte der Impresario lächelnd, „wir wollen das nicht so genau untersuchen! doch Ihr scheint in übler Laune, drum bitte ich Euch, geht hinab und schaut meine Pantomime! Vielleicht heitert Euch das auf, oder Ihr ändert vielleicht Eure Gesinnung und werdet wieder mein, wiewohl auf ganz andere Weise; denn möglich wär es ja, daß – doch geht nur, geht! – Hier habt Ihr eine Marke, besucht mein Theater, sooft es Euch gefällt!"

Giglio tat, wie ihm geheißen, mehr aus dumpfer Gleichgültigkeit gegen alles, was ihn umgab, als aus Lust, die Pantomime wirklich zu schauen.

Unfern von ihm standen zwei Masken in eifrigem Gespräch begriffen. Giglio hörte öfters seinen Namen nennen; das weckte ihn aus seiner Betäubung, er schlich näher heran, indem er den Mantel bis an die Augen übers Gesicht schlug, um unerkannt alles zu erlauschen.

„Ihr habt recht", sprach der eine, „Ihr habt recht: der Fava ist schuld daran, daß wir auf diesem Theater keine Trauerspiele mehr sehen. Diese Schuld möchte ich aber keineswegs, wie Ihr, in seinem Abtreten von der Bühne, sondern vielmehr in

seinem Auftreten suchen und finden." „Wie meint Ihr das?"
fragte der andere. „Nun", fuhr der erste fort, „ich für mein
Teil habe diesen Fava, unerachtet es ihm nur zu oft gelang,
Furore zu erregen, immer für den erbärmlichsten Schauspieler
gehalten, den es jemals gab. Machen ein paar blitzende Augen,
wohlgestaltete Beine, ein zierlicher Anzug, bunte Federn auf der
Mütze und tüchtige Bänder auf den Schuhen denn den jungen
tragischen Helden? In der Tat, wenn der Fava so mit abgemes-
senen Tänzerschritten vorkam aus dem Grunde des Theaters,
wenn er, keinen Mitspieler beachtend, nach den Logen schielte
und, in seltsam gezierter Stellung verharrend, den Schönsten
Raum gab, ihn zu bewundern, wahrhaftig, dann kam er mir
vor, wie ein junger, närrisch bunter Haushahn, der in der
Sonne stolz und sich gütlich tut. Und wenn er dann mit ver-
drehten Augen, mit den Händen die Lüfte durchsägend, bald
sich auf den Fußspitzen erhebend, bald wie ein Taschenmesser
zusammenklappend, mit hohler Stimme die Verse holpricht
und schlecht hertragierte, sagt, welches vernünftigen Menschen
Brust konnte dadurch wahrhaft erregt werden? – Aber wir Italiener sind nun einmal so; wir wollen das Übertriebene, das uns
einen Moment gewaltsam erschüttere und das wir verachten,
sobald wir innewerden, daß das, was wir für Fleisch und Bein
hielten, nur eine leblose Puppe ist, die an künstlichen Drähten
von außen her gezogen, uns mit ihren seltsamen Bewegungen
täuschte. So wär's auch mit dem Fava gegangen; nach und nach
wär er elendiglich dahingestorben, hätt er nicht selbst seinen
frühern Tod beschleunigt." „Mich dünkt", nahm der andere
das Wort, „mich dünkt, Ihr beurteilt den armen Fava viel zu
hart. Wenn Ihr ihn eitel, geziert scheltet, wenn Ihr behauptet,
daß er niemals seine Rolle, sondern nur sich selbst spielte, daß
er auf eben nicht lobenswerte Weise nach Beifall haschte, so
möget Ihr allerdings recht haben; doch war er ein ganz artiges
Talent zu nennen, und, daß er zuletzt in tollen Wahnsinn verfiel, das nimmt doch wohl unser Mitleid in Anspruch und zwar
um so mehr, als die Anstrengung des Spiels doch wohl die Ursache seines Wahnsinns ist." „Glaubt das", erwiderte der erste
lachend, „glaubt doch das ja nicht! Möget Ihr es Euch wohl
vorstellen, daß Fava wahnsinnig wurde aus purer Liebeseitel-
keit? – Er glaubt, daß eine Prinzessin in ihn verliebt ist, der er
jetzt nachläuft auf Stegen und Wegen. – Und dabei ist er aus
purer Taugenichtserei verarmt, so daß er heute bei den Fritterolis Handschuhe und Hut zurücklassen mußte, für ein

Gericht zäher Makkaroni." „Was sagt Ihr?" rief der andere, „ist es möglich, daß es solche Tollheiten gibt? – Aber man sollte dem armen Giglio, der uns doch manchen Abend vergnügt hat, etwas zufließen lassen, auf diese und jene Weise. Der Hund von Impresario, dem er manchen Dukaten in die Tasche gespielt, sollte sich seiner annehmen und ihn wenigstens nicht darben lassen." „Ist nicht nötig", sprach der erste; „denn die Prinzessin Brambilla, die seinen Wahnsinn und seine Not kennt, hat, wie nun Weiber jede Liebestorheit nicht allein verzeihlich, sondern gar hübsch finden und dem Mitleid sich dann nur zu gern hingeben, ihm soeben einen kleinen, mit Dukaten gefüllten Beutel zustecken lassen." – Mechanisch, willenlos, faßte Giglio, als der Fremde diese Worte sprach, nach der Tasche und fühlte in der Tat den kleinen mit klimpernden Golde gefüllten Beutel, den er von der träumerischen Prinzessin Brambilla empfangen haben sollte. Wie ein elektrischer Schlag fuhr es ihm durch alle Glieder. Nicht der Freude über das willkommene Wunder, das ihn auf einmal aus seiner trostlosen Lage rettete, konnte er Raum geben, da das Entsetzen ihn eiskalt anwehte. Er sah sich unbekannten Mächten zum Spielwerk hingegeben, er wollte losstürzen auf die fremde Maske, bemerkte aber auch in demselben Augenblick, daß die beiden Masken, die das verhängnisvolle Gespräch führten, spurlos verschwunden.

Den Beutel aus der Tasche zu ziehen und sich noch triftiger von seiner Existenz zu überzeugen, das wagte Giglio gar nicht, fürchtend, das Blendwerk würde in seinen Händen zerfließen in nichts. Indem er sich nun aber ganz seinen Gedanken überließ und nach und nach ruhiger wurde, dachte er daran, daß alles das, was er für den Spuk neckhafter Zaubermächte zu halten geneigt, auf ein Possenspiel hinauslaufen könne, das am Ende der abenteuerliche, launische Celionati aus dem tiefen dunklen Hintergrunde heraus an *ihm* nur unsichtbaren Faden leite. Er dachte daran, daß der Fremde ja selbst ihm sehr gut im Gewühl der Menschenmasse das Beutelchen habe zustecken können, und daß alles, was er von der Prinzessin Brambilla gesagt, eben die Fortsetzung der Neckerei sei, welche Celionati begonnen. Indem sich nun aber in seinem Innern der ganze Zauber ganz natürlich zum Gemeinen wenden und darin auflösen wollte, kam ihm auch der ganze Schmerz der Wunden wieder, die der scharfe Kritiker ihm schonungslos geschlagen. Die Hölle der Schauspieler kann keine entsetzlichern Qualen

haben, als recht ins Herz hineingeführte Angriffe auf ihre Eitelkeit. Und selbst das Angreifbare dieses Punkts, das Gefühl der
Blöße, mehrt im gesteigerten Unmut den Schmerz der Streiche,
der es dem Getroffenen, sucht er ihn auch zu verbeißen, oder
ihn durch schickliche Mittel zu beschwichtigen, eben recht
fühlbar macht, daß er wirklich getroffen wurde. – So konnte
Giglio das fatale Bild von dem jungen, närrisch bunten Haushahn, der sich wohlgefällig in der Sonne spreizt, nicht loswer-
den und ärgerte und grämte sich darüber ganz gewaltig eben
deshalb, weil er im Innern, ohne es zu wollen, vielleicht an-
erkennen mußte, daß die Karikatur wirklich dem Urbilde ent-
nommen.

Gar nicht fehlen konnt es, daß Giglio in dieser gereizten
Stimmung kaum auf das Theater sah und der Pantomime nicht
achtete, wenn auch der Saal oft von dem Lachen, von dem Beifall, von dem Freudengeschrei der Zuschauer erdröhnte.

Die Pantomime stellte nichts anderes dar, als die in hundert
und abermal hundert Variationen wiederholten Liebesabenteuer des vortrefflichen Arlecchino, mit der süßen, neckisch
holden Colombina. Schon hatte des alten reichen Pantalons
reizende Tochter die Hand des blanken geputzten Ritters, des
weisen Dottores ausgeschlagen und rundweg erklärt, sie werde
nun durchaus keinen andern lieben und heiraten, als den kleinen, gewandten Mann mit schwarzem Gesicht und im aus
hundert Lappen zusammengeflickten Wams; schon hatte Arlecchino mit seinem treuen Mädchen die Flucht ergriffen und war,
von einem mächtigen Zauber beschirmt, den Verfolgungen
Pantalons, Truffaldins, des Dottore, des Ritters glücklich entronnen. Es stand an dem, daß doch endlich Arlecchino mit
seiner Trauten kosend von den Sbirren ertappt und samt ihr
ins Gefängnis geschleppt werden sollte. Das geschah nun auch
wirklich; aber in dem Augenblick, da Pantalon mit seinem Anhang das arme Paar recht verhöhnen wollte, da Colombina,
ganz Schmerz, unter tausend Tränen auf den Knien um ihren
Arlecchino flehte, schwang dieser die Pritsche und es kamen
von allen Seiten, aus der Erde, aus den Lüften, sehr schmucke
blanke Leute, von dem schönsten Ansehen, bückten sich tief vor
Arlecchino und führten ihn samt der Colombina im Triumph
davon. Pantalon, starr vor Erstaunen, läßt sich nun ganz erschöpft auf eine steinerne Bank nieder, die im Gefängnisse befindlich, ladet den Ritter und den Dottore ein, ebenfalls Platz zu
nehmen; alle drei beratschlagen, was nun zu tun noch möglich.

Truffaldin stellt sich hinter sie, steckt neugierig den Kopf dazwischen, will nicht weichen, unerachtet es reichliche Ohrfeigen regnet von allen Seiten. Nun wollen sie aufstehen, sind aber festgezaubert an die Bank, der augenblicklich ein Paar mächtige Flügel wachsen. Auf einem ungeheuern Geier fährt unter lautem Hülfsgeschrei die ganze Gesellschaft fort, durch die Lüfte. – Nun verwandelt sich das Gefängnis in einen offnen, mit Blumenkränzen geschmückten Säulensaal, in dessen Mitte ein hoher, reichverzierter Thron errichtet. Man hört eine anmutige Musik von Trommeln, Pfeifen und Zimbeln. Es naht sich ein glänzender Zug; Arlecchino wird auf einem Palankin von Mohren getragen, ihm folgt Colombina auf einem prächtigen Triumphwagen. Beide werden von reichgekleideten Ministern auf den Thron geführt, Arlecchino erhebt die Pritsche als Szepter, alles huldigt ihm kniend, auch Pantalon mit seinem Anhange erblickt man unter dem huldigenden Volke auf den Knien. Arlecchino herrscht, gewaltiger Kaiser, mit seiner Colombina über ein schönes, herrliches, glänzendes Reich! –

Sowie der Zug auf das Theater kam, warf Giglio einen Blick hinauf und konnte nun ganz Verwunderung und Erstaunen den Blick nicht mehr abwenden, als er alle Personen aus dem Aufzuge der Prinzessin Brambilla wahrnahm, die Einhörner, die Mohren, die Filet machenden Damen auf Maultieren u. s. Auch fehlte nicht der ehrwürdige Gelehrte und Staatsmann in der goldgleißenden Tulpe, der vorüberfahrend aufsah von dem Buch und dem Giglio freundlich zuzunicken schien. Nur statt der verschlossenen Spiegelkutsche der Prinzessin, fuhr Colombina daher auf dem offnen Triumphwagen! –

Aus Giglios Innersten heraus wollte sich eine dunkle Ahnung gestalten, daß auch diese Pantomime mit allem dem Wunderlichen, das ihm geschehen, wohl im geheimnisvollen Zusammenhang stehen möge; aber so wie der Träumende vergebens strebt die Bilder festzuhalten, die aus seinem eignen Ich aufsteigen, so konnte auch Giglio zu keinen deutlichen Gedanken kommen, auf welche Weise jener Zusammenhang möglich. –

Im nächsten Caffè überzeugte Giglio sich, daß die Dukaten der Prinzessin Brambilla kein Blendwerk, vielmehr von gutem Klange und Gepräge waren. – „Hm!" dachte er, „Celionati hat mir das Beutelchen zugesteckt aus großer Gnade und Barmherzigkeit, und ich will ihm die Schuld abtragen, sobald ich auf der Argentina glänzen werde, was mir wohl nicht fehlen kann, da nur der grimmigste Neid, die schonungsloseste Kabale, mich für einen schlechten Schauspieler ausschreien darf!" – Die Vermutung, daß das Geld wohl von Celionati herrühre, hatte ihren richtigen Grund; denn in der Tat hatte der Alte ihm schon manchmal aus großer Not geholfen. Sonderbar wollt es ihm indessen doch gemuten, als er auf dem zierlichen Beutel die Worte gestickt fand: Gedenke deines Traumbilds! – Gedankenvoll betrachtete er die Inschrift, als ihm einer ins Ohr schrie: "Endlich treffe ich dich, du Verräter, du Treuloser, du Ungeheuer von Falschheit und Undank!" – Ein unförmlicher Dottore hatte ihn gefaßt, nahm nun ohne Umstände neben ihm Platz und fuhr fort in allerlei Verwünschungen. "Was wollt Ihr von mir? seid Ihr toll, rasend?" So rief Giglio; doch nun nahm der Dottore die häßliche Larve vom Gesicht und Giglio erkannte die alte Beatrice. "Um aller Heiligen willen", rief Giglio ganz außer sich! "seid Ihr es, Beatrice? – wo ist Giacinta? wo ist das holde, süße Kind? – mein Herz bricht in Liebe und Sehnsucht! wo ist Giacinta?" – "Fragt nur", erwiderte die Alte mürrisch, "fragt nur, unseliger, verruchter Mensch! Im Gefängnis sitzt die arme Giacinta und verschmachtet ihr junges Leben und Ihr seid an allem schuld. Denn, hatte sie nicht das Köpfchen voll von Euch, konnte sie die Abendstunde erwarten, so stach sie sich nicht, als sie den Besatz an dem Kleide der Prinzessin Brambilla nähte, in den Finger, so kam der garstige Fleck nicht hinein, so konnte der würdige Meister Bescapi, den die Hölle verschlingen möge, nicht den Ersatz des Schadens von ihr verlangen, konnte sie nicht, da wir das viele Geld, das er verlangte, nicht aufzubringen vermochten, ins Gefängnis stecken lassen. – Ihr hättet Hülfe schaffen können – aber da zog der Herr Schauspieler Taugenichts die Nase zurück –" "Halt!" unterbrach Giglio die geschwätzige Alte, "deine Schuld ist es, daß du nicht zu mir ranntest, mir alles sagtest. Mein Leben für die Holde! – Wär es nicht Mitternacht, ich liefe hin zu dem abscheulichen Bescapi – diese Dukaten – mein Mädchen wäre frei in der nächsten Stunde; doch, was Mitternacht? Fort, fort, sie zu retten!" – Und damit stürmte Giglio fort. Die Alte lachte ihm höhnisch nach. –

Wie es sich aber wohl begibt, daß wir in gar zu großem Eifer, etwas zu tun, gerade die Hauptsache vergessen, so fiel es auch dem Giglio erst dann ein, als er durch die Straßen von Rom sich atemlos gerannt, daß er sich nach Bescapis Wohnung bei der Alten hätte erkundigen sollen, da dieselbe ihm durchaus unbekannt war. Das Schicksal, oder der Zufall wollte es jedoch, daß er, endlich auf den spanischen Platz geraten, gerade vor Bescapis Hause stand, als er laut ausrief: „Wo nur der Teufel, der Bescapi wohnen mag!" – Denn sogleich nahm ihn ein Unbekannter unter den Arm und führte ihn ins Haus, indem er ihm sagte, daß Meister Bescapi eben dort wohne und er noch sehr gut die vielleicht bestellte Maske erhalten könne. Ins Zimmer hineingetreten bat ihn der Mann, da Meister Bescapi nicht zu Hause, selbst den Anzug zu bezeichnen, den er für sich bestimmt; vielleicht wär's ein simpler Tabarro oder sonst – Giglio fuhr aber dem Mann, der nichts anders war, als ein sehr würdiger Schneidergeselle, über den Hals und sprach so viel durcheinander von Blutfleck und Gefängnis und Bezahlen und augenblicklicher Befreiung, daß der Geselle ganz starr und verblüfft ihm in die Augen sah, ohne ihm eine Silbe erwidern zu können. „Verdammter! du willst mich nicht verstehen; schaff mir deinen Herrn, den teuflischen Hund zur Stelle!" So schrie Giglio, und packte den Gesellen. Da ging es ihm aber gerade wie in Signor Pasqualis Hause. Der Geselle brüllte dermaßen, daß von allen Seiten die Leute herbeiströmten. Bescapi selbst stürzte hinein; sowie aber *der* den Giglio erblickte, rief er: „Um aller Heiligen willen, es ist der wahnsinnige Schauspieler, der arme Signor Fava. Packt an, Leute, packt an!" – Nun fiel alles über ihn her, man überwältigte ihn leicht, band ihm Hände und Füße und legte ihn auf ein Bett. Bescapi trat zu ihm; *den* sprudelte er an mit tausend bittern Vorwürfen über seinen Geiz, über seine Grausamkeit und sprach vom Kleide der Prinzessin Brambilla, vom Blutfleck, vom Bezahlen u. s. „Beruhigt Euch doch nur", sprach Bescapi sanft, „beruhigt Euch doch nur, bester Signor Giglio, laßt die Gespenster fahren, die Euch quälen! In wenigen Augenblicken wird Euch alles ganz anders vorkommen." –

Was Bescapi damit gemeint, zeigte sich bald; denn ein Chirurgus trat hinein und schlug dem armen Giglio, alles Sträubens unerachtet, eine Ader. – Erschöpft von allen Begebnissen des Tages, von dem Blutverlust sank der arme Giglio in tiefen ohnmachtähnlichen Schlaf.

Als er erwachte, war es tiefe Nacht um ihn her; nur mit Mühe vermochte er sich darauf zu besinnen, was zuletzt mit ihm vorgegangen, er fühlte, daß man ihn losgebunden, vor Mattigkeit konnte er sich aber doch nicht viel regen und bewegen. Durch eine Ritze, die wahrscheinlich in einer Türe befindlich, fiel endlich ein schwacher Strahl ins Zimmer und es war ihm, als vernehme er ein tiefes Atmen, dann aber ein leises Flüstern, das endlich zu verständlichen Worten wurde: – „Seid Ihr es wirklich, mein teurer Prinz? – und in diesem Zustande? so klein, so klein, daß ich glaube, Ihr hättet Platz in meinem Konfektschächtelchen! – Aber glaubt etwa nicht, daß ich Euch deshalb weniger schätze und achte; weiß ich denn nicht, daß Ihr ein stattlicher liebenswürdiger Herr seid, und, daß ich das alles jetzt nur träume? – Habt doch nur die Güte, Euch morgen mir zu zeigen, geschieht es auch nur als Stimme! – Warft Ihr Eure Augen auf mich arme Magd, so mußte es ja eben geschehen, da sonst –“ Hier gingen die Worte wieder unter in undeutlichem Flüstern! – Die Stimme hatte ungemein was Süßes, Holdes; Giglio fühlte sich von heimlichen Schauern durchbebt; indem er aber recht scharf aufzuhorchen sich bemühte, wiegte ihn das Flüstern, das beinahe dem Plätschern einer nahen Quelle zu vergleichen, wiederum in tiefen Schlaf. – Die Sonne schien hell ins Zimmer, als ein sanftes Rütteln den Giglio aus dem Schlafe weckte. Meister Bescapi stand vor ihm und sprach, indem er seine Hand faßte, mit gutmütigem Lächeln: „Nicht wahr, Ihr befindet Euch besser, liebster Signor? – Ja, den Heiligen Dank! Ihr seht zwar ein wenig blaß, aber Euer Puls geht ruhig. Der Himmel führte Euch in Euerm bösen Paroxysmus in mein Haus und erlaubte mir, Euch, den ich für den herrlichsten Schauspieler in Rom halte und dessen Verlust uns alle in die tiefste Trauer versetzt hat, einen kleinen Dienst erweisen zu können.“ Bescapis letzte Worte waren freilich kräftiger Balsam für die geschlagenen Wunden; indessen begann Giglio doch ernst und finster genug: „Signor Bescapi, ich war weder krank, noch wahnsinnig, als ich Euer Haus betrat. Ihr waret hartherzig genug, meine holde Braut, die arme Giacinta Soardi, ins Gefängnis stecken zu lassen, weil sie Euch ein schönes Kleid, das sie verdorben, nein das sie geheiligt, indem sie aus der Nähnadelstichwunde des zartesten Fingers rosigen Ichor darüber verspritzte, nicht bezahlen konnte. Sagt mir augenblicklich, was Ihr für das Kleid verlangt; ich bezahle die Summe und dann gehen wir hin auf der Stelle und befreien das holde, süße Kind aus dem Gefängnis, in dem sie Eures Geizes halber schmachtet.“ – Damit erhob sich Giglio so rasch, als er es nur vermochte, aus dem Bette und zog den Beutel mit Dukaten aus der Tasche, den er, sollt es darauf ankommen, ganz und gar zu leeren entschlossen war. Doch Bescapi starrte ihn an mit großen Augen und sprach: „Wie möget Ihr Euch doch nur solch tolles

Zeug einbilden, Signor Giglio? Ich weiß kein Wort von einem Kleide, das mir Giacinta verdorben haben sollte, kein Wort vom Blutfleck, von ins Gefängnis Stecken!" – Als nun aber Giglio nochmals alles erzählte, wie er es von Beatricen vernommen und insbesondere sehr genau das Kleid beschrieb, welches er selbst bei Giacinta gesehen, da meinte Meister Bescapi, es sei nur zu gewiß, daß ihn die Alte genarrt habe; denn an der ganzen saubern Geschichte sei, wie er hoch beteuern könne, ganz und gar nichts, und habe er auch niemals ein solches Kleid, wie Giglio es geschaut haben wolle, bei Giacinta in Arbeit gegeben. Giglio konnte in Bescapis Worte kein Mißtrauen setzen, da es nicht zu begreifen gewesen, warum er das ihm dargebotene Gold nicht habe annehmen sollen und er überzeugte sich, daß auch hier der tolle Spuk wirke, in dem er nun einmal befangen. Was blieb übrig, als Meister Bescapi zu verlassen und auf das gute Glück zu warten, das ihm vielleicht die holde Giacinta, für die er nun wieder recht in Liebe entbrannt, in die Arme führen werde.

Vor Bescapis Türe stand eine Person, die er tausend Meilen fortgewünscht hätte, nämlich der alte Celionati. „Ei!" rief er den Giglio lachend an, „ei, Ihr seid doch in der Tat eine recht gute Seele, daß Ihr die Dukaten, die Euch die Gunst des Schicksals zugeworfen, hingeben wolltet für Euer Liebchen, das ja nicht mehr Euer Liebchen ist." „Ihr seid", erwiderte Giglio, „Ihr seid ein fürchterlicher graulicher Mensch! – Was dringt Ihr ein in mein Leben? was wollt Ihr Euch meines Seins bemächtigen? – Ihr prahlt mit einer Allwissenheit, die Euch vielleicht wenig Mühe kostet – Ihr umringt mich mit Spionen, die jeden meiner Schritte und Tritte belauern – Ihr hetzt alles wider mich auf – Euch verdank ich den Verlust Giacintens, meiner Stelle – mit tausend Künsten –" „Das", rief Celionati laut lachend, „das verlohnte sich der Mühe, die hochwichtige Person des Herrn Exschauspielers Giglio Fava dermaßen einzuhegen! – Doch, mein Sohn Giglio, du bedarfst in der Tat eines Vormundes, der dich auf den rechten Weg leitet, welcher zum Ziele führt" – „Ich bin mündig", sprach Giglio, „und bitte Euch, mein Herr Ciarlatano, mich getrost mir selbst zu überlassen." „Hoho", erwiderte Celionati, „nur nicht so trotzig! Wie? wenn ich das Gute, Beste mit dir vorhätte, wenn ich dein höchstes Erdenglück wollte, wenn ich als Mittler stünde zwischen dir und der Prinzessin Brambilla?" – „O Giacinta, Giacinta, o ich Unglückseliger habe sie verloren! Gab es einen

Tag, der mir schwärzeres Unheil brachte, als der gestrige?"
So rief Giglio ganz außer sich. „Nun nun", sprach Celionati
beruhigend, „so ganz unheilbringend war denn doch der Tag
nicht. Schon die guten Lehren, die Ihr im Theater erhieltet,
konnten Euch sehr heilsam sein, nachdem Ihr darüber beruhigt,
daß Ihr wirklich noch nicht Handschuhe, Hut und Mantel im
Stich gelassen, um ein Gericht zäher Makkaroni; dann saht Ihr
die herrlichste Darstellung, die schon darum die erste in der
Welt zu nennen, weil sie das Tiefste ausspricht, ohne der Worte
zu bedürfen; dann fandet Ihr die Dukaten in der Tasche, die
Euch fehlten –" „Von Euch, von Euch, ich weiß es", unterbrach ihn Giglio. „Wenn das auch wirklich wäre", fuhr Celionati fort, „so ändert das in der Sache nichts; genug, Ihr erhieltet
das Gold, stelltet Euch mit Euerm Magen wieder auf guten
Fuß, traft glücklich in Bescapis Haus ein, wurdet mit einem
Euch sehr nötigen und nützlichen Aderlaß bedient und schlieft
endlich mit Eurer Geliebten unter einem Dache!" „Was sagt
Ihr?" rief Giglio, „was sagt Ihr? mit meiner Geliebten? mit
meiner Geliebten unter einem Dache?" „Es ist dem so", erwiderte Celionati, „schaut nur herauf!"

Giglio tat es und hundert Blitze fuhren durch seine Brust,
als er seine holde Giacinta auf dem Balkon erblickte, zierlich
geputzt, hübscher, reizender, als er sie jemals gesehen, hinter
ihr die alte Beatrice. „Giacinta, meine Giacinta, mein süßes
Leben!" rief er sehnsuchtsvoll herauf. Doch Giacinta warf ihm
einen verächtlichen Blick herab und verließ den Balkon,
Beatrice folgte ihr auf dem Fuße.

„Sie beharrt noch in ihrer verdammten Smorfiosität", sprach
Giglio unmutig; „doch das wird sich geben." „Schwerlich!"
nahm Celionati das Wort; „denn, mein guter Giglio, Ihr wißt
wohl nicht, daß zu derselben Zeit, als Ihr der Prinzessin Brambilla nachtrachtetet auf kühne Manier, sich ein hübscher stattlicher Prinz um Eure Donna bewarb und wie es scheint –"
„Alle Teufel der Hölle", schrie Giglio, „der alte Satan, die
Beatrice, hat die Arme verkuppelt; aber mit Rattenpulver ver-
gifte ich das heillose Weib, einen Dolch ins Herz stoß ich dem
verfluchten Prinzen –" „Unterlaßt das alles!" unterbrach ihn
Celionati, „unterlaßt das alles, guter Giglio, geht fein ruhig
nach Hause und laßt noch ein wenig Blut, wenn Euch böse
Gedanken kommen! Gott geleite Euch. Im Korso sehen
wir uns wohl wieder." – Damit eilte Celionati fort über die
Straße.

Giglio blieb wie eingewurzelt stehen, warf wütende Blicke nach dem Balkon, biß die Zähne zusammen, murmelte die gräßlichsten Verwünschungen. Als nun aber Meister Bescapi den Kopf zum Fenster hinaussteckte und ihn höflich bat, doch hineinzutreten und die neue Krisis, die sich zu nahen schien, abzuwarten, warf er ihm, den er auch wider sich verschworen, im Komplott mit der Alten glaubte, ein „verdammter Kuppler!" an den Hals und rannte wild von dannen.

Am Korso traf er auf einige vormalige Kameraden, mit denen er in ein nahgelegenes Weinhaus trat, um allen seinen Unmut, allen seinen Liebesschmerz, all seine Trostlosigkeit untergehen zu lassen in der Glut feurigen Syrakusers. Sonst ist solch ein Entschluß eben nicht der ratsamste; denn dieselbe Glut, welche den Unmut verschlingt, pflegt unbezähmbar auflodernd alles im Innern zu entzünden, das man sonst gern vor der Flamme wahrt; doch mit Giglio ging es ganz gut. Im muntern gemütlichen Gespräch mit den Schauspielern, in allerlei Erinnerungen und lustigen Abenteuern vom Theater her schwelgend, vergaß er wirklich alles Unheil, das ihm begegnet. Man verabredete beim Abschiede, abends auf dem Korso in den tollsten Masken zu erscheinen, die nur ersinnlich. Der Anzug den er schon einmal angelegt, schien dem Giglio hinlänglich fratzenhaft; nur verschmähte er diesmal auch nicht das lange seltsame Beinkleid, und trug außerdem noch den Mantel hinterwärts auf einen Stock gespießt, so daß es beinahe anzusehen war, als wüchse ihm eine Fahne aus dem Rücken. So angeputzt durchschwärmte er die Straßen und überließ sich ausgelassener Lustigkeit, weder seines Traumbilds, noch des verlornen Liebchens zu gedenken.

Doch festgewurzelt an den Boden blieb er stehen, als unweit des Palastes Pistoja ihm plötzlich eine hohe edle Gestalt entgegentrat, in jenen prächtigen Kleidern, in denen ihn einst Giacinta überrascht hatte, oder besser, als er sein Traumbild im hellen wahrhaften Leben vor sich erblickte. Wie ein Blitz fuhr es ihm durch alle Glieder; aber selbst wußte er nicht, wie es geschah, daß die Beklommenheit, die Angst der Liebessehnsucht, die sonst den Sinn zu lähmen pflegt, wenn das holde Bild der Geliebten plötzlich dasteht, unterging in dem fröhlichen Mut solcher Lust, wie er sie noch nie im Innern gefühlt. Den rechten Fuß vor, Brust heraus, Schultern eingezogen, setzte er sich sofort in die zierlichste Positur, in der er jemals die außerordentlichsten Reden tragiert, zog das Barett mit den langen spitzen Hahnenfedern von der steifen Perücke und begann, den schnarrenden Ton beibehaltend, der zu seiner Vermummung paßte, und, die Prinzessin Brambilla, (daß sie es war, litt keinen Zweifel) durch die große Brille starr anblikkend: „Die holdeste der Feen, die hehrste der Göttinnen wandelt auf der Erde; ein neidisches Wachs verbirgt die siegende Schönheit ihres Antlitzes, aber aus dem Glanz, von dem sie umflossen, schießen tausend Blitze und fahren in die Brust des Alters, der Jugend und alles huldigt der Himmlischen, aufgeflammt in Liebe und Entzücken.‟

„Aus welchem‟, erwiderte die Prinzessin, „aus welchem hochtrabenden Schauspiele habt Ihr diese schöne Redensart her, mein Herr Pantalon Capitano, oder wer Ihr sonst sein wollen möget? – Sagt mir lieber, auf welche Siege die Trophäen deuten, die Ihr so stolz auf dem Rücken traget?‟ „Keine Trophäe‟, rief Giglio, „denn noch kämpfe ich um den Sieg! – Es ist die Fahne der Hoffnung, des sehnsüchtigsten Verlangens, zu der ich geschworen, das Notzeichen der Ergebung auf Gnad und Ungnade, das ich aufgesteckt, das: ‚Erbarmt Euch mein‘, das Euch die Lüfte aus diesen Falten zuwehen sollen. Nehmt mich zu Euerm Ritter an, Prinzessin! dann will ich kämpfen, siegen und Trophäen tragen, Eurer Huld und Schönheit zum Ruhm.‟ „Wollt Ihr mein Ritter sein‟, sprach die Prinzessin, „so wappnet Euch, wie es sich ziemt! Bedeckt Euer Haupt mit der drohenden Sturmhaube, ergreift das breite gute Schwert! Dann werd ich an Euch glauben.‟ „Wollt Ihr meine Dame sein‟, erwiderte Giglio, „Rinaldos Armida, so seid es ganz! Legt diesen prunkenden Schmuck ab, der mich betört, befängt, wie gefährliche Zauberei. Dieser gleißende Blutfleck –‟ „Ihr seid von Sinnen!‟ rief die Prinzessin lebhaft und ließ den Giglio stehen, indem sie sich schnell entfernte.

Dem Giglio war es, als sei er es gar nicht gewesen der mit der Prinzessin gesprochen, als habe er ganz willenlos das herausgesagt, was er selbst nun nicht einmal verstand; er war nahe daran zu glauben, Signor Pasquale und Meister Bescapi hätten recht, ihn für was weniges verrückt zu halten. Da sich nun aber ein Zug Masken nahte, die in den tollsten Fratzen die mißgeschaffensten Ausgeburten der Fantasie darstellten und er augenblicklich seine Kameraden erkannte, so kam ihm die ausgelassene Lustigkeit wieder. Er mischte sich in die springenden und tanzenden Haufen, indem er laut rief: „Rühre dich, rühre dich, toller Spuk! regt euch, mächtige, schälkische Geister des frechsten Spottes! ich bin nun ganz euer und ihr möget mich ansehen für euresgleichen!"

Giglio glaubte, unter seinen Kameraden auch den Alten zu bemerken, aus dessen Flasche Brambillas Gestalt gestiegen. Ehe er sich's versah, wurde er von ihm erfaßt, im Kreise herumgedreht und dazu kreischte ihm der Alte in die Ohren: „Brüderchen, ich habe dich, Brüderchen, ich habe dich!" –

DRITTES KAPITEL

Von Blondköpfen, die sich erkühnen, den Pulcinell langweilig zu finden und abgeschmackt. – Deutscher und italienischer Spaß. – Wie Celionati im Caffè greco sitzend, behauptete, er säße nicht im Caffè greco, sondern fabriziere an dem Ufer des Ganges Pariser Rappé. – Wunderbare Geschichte von dem König Ophioch, der im Lande Urdargarten herrschte und der Königin Liris. – Wie König Cophetua ein Bettelmädchen heiratete, eine vornehme Prinzessin einem schlechten Komödianten nachlief, und Giglio ein hölzernes Schwert ansteckte, dann aber hundert Masken im Korso umrannte, bis er endlich stehenblieb, weil sein Ich zu tanzen begonnen.

„Ihr Blondköpfe! – Ihr Blauaugen! Ihr jungen stolzen Leute, vor deren ,Guten Abend, mein schönstes Kind!' im dröhnenden Baß gesprochen, die keckste Dirne erschrickt, kann denn euer im ewigen Winterfrost erstarrtes Blut wohl auftauen in dem wilden Wehen der Tramontana, oder in der Glut eines Liebesliedes? Was prahlt ihr mit eurer gewaltigen Lebenslust, mit euerm frischen Lebensmut, da ihr doch keinen Sinn in euch traget für den tollsten, spaßhaftesten Spaß alles Spaßes, wie ihn unser gesegnetes Karneval in der reichsten Fülle darbietet? – Da ihr es sogar wagt, unsern wackern Pulcinell manchmal langweilig, abgeschmackt zu finden und die ergetzlichsten Mißgeburten, die der lachende Hohn gebar, Erzeugnisse nennt eines wirren Geistes!" – So sprach Celionati in dem Caffè greco, wo er sich, wie es seine Gewohnheit war, zur Abendzeit hinbegeben und mitten unter den teutschen Künstlern Platz genommen, die zur selben Stunde dies in der Strada Condotti gelegene Haus zu besuchen pflegten und soeben über die Fratzen des Karnevals eine scharfe Kritik ergehen lassen.

„Wie", nahm der teutsche Maler, Franz Reinhold, das Wort, „wie möget Ihr doch nur so sprechen Meister Celionati! Das stimmt schlecht mit dem überein, was Ihr sonst zugunsten des deutschen Sinns und Wesens behauptet. Wahr ist es, immer habt Ihr uns Deutschen vorgeworfen, daß wir von jedem

Scherz verlangten, er solle noch etwas anderes bedeuten, als eben den Scherz selbst und ich will Euch recht geben, wiewohl in ganz anderm Sinn, als Ihr es wohl meinen möget. Gott tröste Euch, wenn Ihr uns etwa die Dummheit zutrauen solltet, die Ironie nur allegorisch gelten zu lassen! Ihr wäret dann in großem Irrtum. Recht gut sehen wir ein, daß bei euch Italienern der reine Scherz, als solcher, viel mehr zu Hause scheint, als bei uns; vermöcht ich aber nur Euch recht deutlich zu erklären, welchen Unterschied ich zwischen euerm und unserm Scherz, oder besser gesagt, zwischen eurer und unserer Ironie finde. – Nun, wir sprechen eben von den tollen fratzenhaften Gestalten, wie sie sich auf dem Korso umhertreiben; da kann ich wenigstens so ungefähr ein Gleichnis anknüpfen. – Seh ich solch einen tollen Kerl durch greuliche Grimassen das Volk zum Lachen reizen, so kommt es mir vor, als spräche ein ihm sichtbar gewordenes Urbild zu ihm, aber er verstände die Worte nicht und ahme, wie es im Leben zu geschehen pflegt, wenn man sich müht, den Sinn fremder, unverständlicher Rede zu fassen, unwillkürlich die Gesten jenes sprechenden Urbildes nach, wiewohl auf übertriebene Weise, der Mühe halber, die es kostet. Unser Scherz ist die Sprache jenes Urbildes selbst, die aus unserm Innern heraustönt und den Gestus notwendig bedingt durch jenes im Innern liegende Prinzip der Ironie, so wie das in der Tiefe liegende Felsstück den darüber fortströmenden Bach zwingt, auf der Oberfläche kräuselnde Wellen zu schlagen. – Glaubt ja nicht, Meister Celionati, daß ich keinen Sinn habe für das Possenhafte, das eben nur in der äußern Erscheinung liegt und seine Motive nur von außen her erhält, und, daß ich Euerm Volk nicht eine überwiegende Kraft einräume, eben dies Possenhafte ins Leben treten zu lassen. Aber verzeiht, Celionati, wenn ich auch dem Possenhaften, soll es geduldet werden, einen Zusatz von Gemütlichkeit für notwendig erkläre, den ich bei euern komischen Personen vermisse. Das Gemütliche, was unsern Scherz rein erhält, geht unter in dem Prinzip der Obszönität, das eure Pulcinelle und hundert andere Masken der Art in Bewegung setzt, und dann blickt mitten durch alle Fratzen und Possen jene grauenhafte, entsetzliche Furie der Wut, des Hasses, der Verzweiflung hervor, die euch zum Wahnsinn, zum Morde treibt. Wenn an jenem Tage des Karnevals, an dem jeder ein Licht trägt und jeder versucht dem andern das Licht auszublasen, wenn dann im tollsten ausgelassensten Jubel, im schallendsten Gelächter der ganze Korso erbebt von dem wilden Geschrei: ‚*Ammazzato sia, chi non porta moccolo*‘, glaubt nur, Celionati, daß mich dann in demselben Augenblick, da ich ganz hingerissen von der wahnsinnigen Lust des Volks ärger, als jeder andere, um mich her blase und schreie: ‚*Ammazzato sia!*‘ unheimliche Schauer erfassen, vor denen jene Gemütlichkeit, die nun einmal unserm deutschen Sinn eigen, ja gar nicht aufkommen kann."

„Gemütlichkeit", sprach Celionati lächelnd, „Gemütlichkeit! – Sagt mir nur, mein gemütlicher Herr Deutscher, was Ihr von unsern Masken des Theaters haltet? – von unserm Pantalon, Brighella, Tartaglia?"

„Ei", erwiderte Reinhold, „ich meine, daß diese Masken eine Fundgrube öffnen des ergetzlichsten Spottes, der treffendsten Ironie, der freiesten, beinahe möcht ich sagen, der frechsten Laune, wiewohl ich denke, daß sie mehr die verschiedenen äußern Erscheinungen in der menschlichen Natur, als die menschliche Natur selbst, oder kürzer und besser, mehr *die* Menschen, als *den* Menschen in Anspruch nehmen. – Übrigens bitte ich Euch, Celionati, mich nicht für toll zu halten, daß ich etwa daran zweifelte, in Eurer Nation von dem tiefsten Humor begabte Männer zu finden. Die unsichtbare Kirche kennt keinen Unterschied der Nation; sie hat ihre Glieder überall. – Und, Meister Celionati, daß ich es Euch nur sage, mit Euerm ganzen Wesen und Treiben seid Ihr uns schon seit langer Zeit gar absonderlich vorgekommen. Wie Ihr Euch vor dem Volk als der abenteuerlichste Ciarlatano gebärdet, wie Ihr dann Euch wieder in unsrer Gesellschaft gefallt, alles Italische vergessend und ergetzend mit wunderbaren Geschichten, die uns recht tief ins Gemüt dringen und dann wieder faselnd und fabelnd doch zu verstricken und festzuhalten wißt, in seltsamen Zauberbanden. In der Tat, das Volk hat recht, wenn es Euch für einen Hexenmeister ausschreit; ich meinesteils denke bloß, daß Ihr der unsichtbaren Kirche angehört, die sehr wunderliche Glieder zählt, unerachtet alle aus einem Rumpf gewachsen."

„Was könnt", rief Celionati heftig, „was könnt Ihr von mir denken, mein Herr Maler, was könnt Ihr von mir meinen, vermuten, ahnen? – Wißt ihr alle denn so gewiß, daß ich hier unter euch sitze und unnützerweise unnützig Zeug schwatze über Dinge, von denen ihr alle gar nichts versteht, wenn ihr nicht in den hellen Wasserspiegel der Quelle Urdar geschaut, wenn Liris euch nicht angelächelt?"

„Hoho!" riefen alle durcheinander, „nun kommt er auf seine alten Sprünge, auf seine alten Sprünge – Vorwärts, Herr Hexenmeister! – Vorwärts."

„Ist wohl Verstand in dem Volke?" rief Celionati dazwischen, indem er mit der Faust heftig auf den Tisch schlug, so daß plötzlich alles schwieg.

„Ist wohl Verstand in dem Volke?" fuhr er dann ruhiger fort. „Was Sprünge? was Tänze? Ich frage nur, woher ihr so überzeugt seid, daß ich wirklich hier unter euch sitze und allerlei Gespräche führe, die ihr alle mit leiblichen Ohren zu vernehmen vermeint, unerachtet euch vielleicht nur ein schälkischer Luftgeist neckt? Wer steht euch dafür, daß *der* Celionati, dem ihr weismachen wollt, die Italiener verstünden sich nicht auf die Ironie, nicht eben jetzt am Ganges spazierengeht und duftige Blumen pflückt, um Pariser Rappé daraus zu bereiten für die Nase irgendeines mystischen Idols? – Oder, daß er die finstern schauerlichen Gräber zu Memphis durchwandelt, um den ältesten der Könige anzusprechen um die kleine Zehe seines linken Fußes zum offizinellen Gebrauch der stolzesten Prinzessin auf der Argentina? – Oder, daß er mit seinem intimsten Freunde, dem Zauberer Ruffiamonte, im tiefen Gespräch sitzt an der Quelle Urdar? – Doch halt, ich will wirklich so tun, als säße Celionati hier im Caffè greco und euch erzählen von dem Könige Ophioch, der Königin Liris und von dem Wasserspiegel der Quelle Urdar, wenn ihr dergleichen hören wollt."

„Erzählt", sprach einer der jungen Künstler, „erzählt nur, Celionati; ich merke schon, das wird eine von Euern Geschichten sein, die hinlänglich toll und abenteuerlich, doch ganz angenehm zu hören sind."

„Daß", begann Celionati, „daß nur niemand von euch glaubt, ich wolle unsinnige Märchen auftischen und daran zweifelt, daß sich alles so begeben, wie ich es erzählen werde! Jeder Zweifel wird gehoben sein, wenn ich versichere, daß ich alles aus dem Munde meines Freundes Ruffiamonte habe, der selbst in gewisser Art die Hauptperson der Geschichte ist. Kaum sind es ein paar hundert Jahre her, als wir gerade die Feuer von Island durchwandelnd und, einem von Flut und Glut gebornen Talisman nachforschend, viel von der Quelle Urdar sprachen. Also, Ohren auf, Sinn auf!" –

– Hier mußt du, sehr geneigter Leser! es dir also gefallen lassen, eine Geschichte zu hören, die ganz aus dem Gebiet derjenigen Begebenheiten zu liegen scheint, die ich dir zu erzählen unternommen, mithin als verwerfliche Episode dasteht. Wie es manchmal aber zu geschehen pflegt, daß man den Weg, der scheinbar irreleitete, rüstig verfolgend plötzlich zum Ziel gelangt, das man aus den Augen verlor, so möcht es vielleicht auch sein, daß diese Episode, nur scheinbarer Irrweg, recht hineinleitet in den Kern der Hauptgeschichte. Vernimm also, o mein Leser, die wunderbare

Geschichte von dem Könige Ophioch und der Königin Liris

Vor gar langer, langer Zeit, man möchte sagen, in einer Zeit, die so genau auf die Urzeit folgte, wie Aschermittwoch auf Fastnachtsdienstag – herrschte über das Land Urdargarten der junge König Ophioch. – Ich weiß nicht, ob der deutsche Büsching das Land Urdargarten mit einiger geographischer Genauigkeit beschrieben; doch so viel ist gewiß, daß, wie der Zauberer Ruffiamonte mir tausendmal versichert hat, es zu den gesegnetsten Ländern gehörte, die es jemals gab und geben wird. Es hatte so üppigen Wieswachs und Kleebau, daß das leckerste Vieh sich nicht wegsehnte aus dem lieben Vaterlande, ansehnliche Forsten mit Bäumen, Pflanzen, herrlichem Wilde und solch süßen Düften, daß die Morgen- und Abendwinde gar nicht satt wurden, darin herumzutosen. Wein gab es und Öl und Früchte jeder Art in Hülle und Fülle. Silberhelle Wässer durchströmten das ganze Land, Gold und Silber spendeten Berge, die, wie wahrhaft reiche Männer, sich ganz einfach kleideten in ein fahles Dunkelgrau, und wer sich nur ein wenig Mühe gab, scharrte aus dem Sande die schönsten Edelsteine, die er, wollt er's, verbrauchen konnte zu zierlichen Hemd- oder Westenknöpfen. Fehlte es außer der von Marmor und Alabaster erbauten Residenz an gehörigen Städten von Backstein, so lag dies an dem Mangel der Kultur, der damals die Menschen noch nicht einsehen ließ, daß es doch besser sei, von tüchtigen Mauern geschützt, im Lehnstuhl zu sitzen, als am murmelnden Bach, umgeben von rauschendem Gebüsch in niedriger Hütte zu wohnen und sich der Gefahr auszusetzen, daß dieser oder jener unverschämte Baum sein Laub hineinhänge in die Fenster, und, ungebetener Gast, zu allem sein Wörtlein mitrede, oder gar Wein und Efeu den Tapezierer spielte. Kam nun noch hinzu, daß die Bewohner des Landes Urdargarten die vorzüglichsten Patrioten waren, den König, auch wenn er nicht gerade ihnen zu Gesicht kam, ungemein liebten und auch an andern Tagen, als an seinem Geburtstage riefen: „Er lebe!" so mußte wohl König Ophioch, der glücklichste Monarch unter der Sonne sein. – Das hätte er auch wirklich sein können, wenn nicht allein er, sondern gar viele im Lande, die man zu den Weisesten rechnen durfte, von einer gewissen seltsamen Traurigkeit befallen worden wären, die mitten in aller Herrlichkeit keine Lust aufkommen ließ. König Ophioch war ein verständiger Jüngling von guten Einsichten, von hellem Verstande und hatte sogar poetischen Sinn. Dies müßte ganz unglaublich scheinen und unzulässig, würd es nicht denkbar und entschuldigt der Zeit halber, in der er lebte.

Es mochten wohl noch Anklänge aus jener wunderbaren Vorzeit der höchsten Lust, als die Natur dem Menschen, ihn als ihr liebstes Schoßkind hegend und pflegend, die unmittelbare Anschauung alles Seins und mit derselben das Verständnis des höchsten Ideals, der reinsten Harmonie verstattete, in König Ophiochs Seele widerhallen. Denn oft war es ihm, als sprächen holde Stimmen zu ihm in geheimnisvollem Rauschen des Waldes, im Geflüster der Büsche, der Quellen, als langten aus den goldnen Wolken schimmernde Arme herab, ihn zu erfassen, und ihm schwoll die Brust vor glühender Sehnsucht. Aber dann ging alles unter in wirren wüsten Trümmern, mit eisigen Fittigen wehte ihn der finstre furchtbare Dämon an, der ihn mit der Mutter entzweit und er sah sich von ihr im Zorn hülflos verlassen. Die Stimme des Waldes, der fernen Berge, die sonst die Sehnsucht weckten und süßes Ahnen vergangener Lust, verklangen im Hohn jenes finstern Dämons. Aber der brennende Gluthauch dieses Hohns entzündete in König Ophiochs Innerm den Wahn, daß des Dämons Stimme die Stimme der zürnenden Mutter sei, die nun feindlich das eigne entartete Kind zu vernichten trachte. –

Wie gesagt, manche im Lande begriffen die Melancholie des Königs Ophioch und wurden, sie begreifend, selbst davon erfaßt. Die mehrsten begriffen jene Melancholie aber nicht und vorzüglich nicht im allermindesten der ganze Staatsrat, der zum Wohl des Königreichs gesund blieb.

In diesem gesunden Zustande glaubte der Staatsrat einzusehen, daß den König Ophioch nichts anderes von seinem Tiefsinn retten könne, als wenn ihm ein hübsches durchaus munteres, vergnügtes Gemahl zuteil würde. Man warf die Augen auf die Prinzessin Liris, die Tochter eines benachbarten Königs.

- Prinzessin Liris war in der Tat so schön, als man sich nur irgendeine Königstochter denken mag. Unerachtet alles was sie umgab, alles was sie sah, erfuhr, spurlos an ihrem Geiste vorüberging, so lachte sie doch beständig und da man im Lande Hirdargarten, (so war das Land ihres Vaters geheißen) ebensowenig einen Grund dieser Lustigkeit anzugeben wußte, als im Lande Urdargarten den Grund von König Ophiochs Traurigkeit, so schienen schon deshalb beide königliche Seelen füreinander geschaffen. Übrigens war der Prinzessin einzige Lust, die sich wirklich als Lust gestaltete, Filet zu machen von ihren Hofdamen umgeben, die gleichfalls Filet machen mußten, so wie König Ophioch nur daran Vergnügen zu finden schien, in tiefer Einsamkeit den Tieren des Waldes nachzustellen. – König Ophioch hatte wider die ihm zugedachte Gemahlin nicht das mindeste einzuwenden; ihm erschien die ganze Heirat als ein gleichgültiges Staatsgeschäft, dessen Besorgung er den Ministern überließ, die sich so eifrig darum bemüht.

Das Beilager wurde bald mit aller nur möglichen Pracht vollzogen. Alles ging sehr herrlich und glücklich vonstatten, bis auf den kleinen Unfall, daß der Hofpoet, welchem König Ophioch das Hochzeitskarmen, das er ihm überreichen wollte, an den Kopf warf, vor Schreck und Zorn auf der Stelle in unglücklichen Wahnsinn verfiel und sich einbildete, er sei ein poetisches Gemüt, welches ihn denn verhinderte, forthin zu dichten und untauglich machte zum ferneren Dienst als Hofpoet.

Wochen und Monde vergingen; doch keine Spur geänderter Seelenstimmung zeigte sich bei König Ophioch. Die Minister, denen die lachende Königin ungemein wohlgefiel, trösteten aber immer noch das Volk und sich selbst und sprachen: „Es wird schon kommen!"

Es kam aber nicht; denn König Ophioch wurde mit jedem Tage noch ernster und trauriger, als er gewesen und, was das ärgste war, ein tiefer Widerwille gegen die lachende Königin keimte auf in seinem Innern; welches diese indessen gar nicht zu bemerken schien, wie denn überhaupt niemals zu ergründen war, ob sie noch irgend etwas in der Welt bemerkte, außer den Maschen des Filets.

Es begab sich, daß König Ophioch eines Tages auf der Jagd in den rauhen verwilderten Teil des Waldes geriet, wo ein Turm von schwarzem Gestein, uralt wie die Schöpfung, als sei er emporgewachsen aus dem Felsen, hoch emporragte in die

Luft. Ein dumpfes Brausen ging durch die Gipfel der Bäume und aus dem tiefen Steingeklüft antworteten heulende Stimmen des herzzerschneidenden Jammers. König Ophiochs Brust wurde an diesem schauerlichen Ort bewegt auf wunderbare Weise. Es war ihm aber, als leuchte in jenen entsetzlichen Lauten des tiefsten Wehs ein Hoffnungsschimmer der Versöhnung auf und nicht mehr den höhnenden Zorn, nein! nur die rührende Klage der Mutter um das verlorne entartete Kind vernehme er und diese Klage bringe ihm den Trost, daß die Mutter nicht ewig zürnen werde.

Als König Ophioch nun so ganz in sich verloren dastand, brauste ein Adler auf und schwebte über der Zinne des Turms. Unwillkürlich ergriff König Ophioch sein Geschoß und drückte den Pfeil ab nach dem Adler; statt aber diesen zu treffen blieb der Pfeil stecken in der Brust eines alten ehrwürdigen Mannes, den nun erst König Ophioch auf der Zinne des Turms gewahrte. Entsetzen faßte den König Ophioch, als er sich besann, daß der Turm die Sternwarte sei, welche, wie die Sage ging, sonst die alten Könige des Landes in geheimnisvollen Nächten bestiegen und, geweihte Mittler zwischen dem Volk und der Herrscherin alles Seins, den Willen, die Sprüche der Mächtigen dem Volk verkündet hatten. Er wurde inne, daß er sich an dem Orte befand, den jeder sorglich mied, weil es hieß, der alte Magus Hermod stehe, in tausendjährigem Schlaf versunken, auf der Zinne des Turms und, würde er geweckt aus dem Schlafe, so gäre der Zorn der Elemente auf, sie träten kämpfend gegeneinander und alles müsse untergehen in diesem Kampf.

Ganz betrübt wollte König Ophioch niedersinken; da fühlte er sich sanft berührt, der Magus Hermod stand vor ihm, mit dem Pfeil in der Hand, der seine Brust getroffen und sprach, indem ein mildes Lächeln die ernsten ehrwürdigen Züge seines Antlitzes erheiterte: „Du hast mich aus einem langen Seherschlaf geweckt, König Ophioch! Habe Dank dafür! denn es geschah zur rechten Stunde. Es ist nun an der Zeit, daß ich nach Atlantis wandle und aus der Hand der hohen mächtigen Königin das Geschenk empfange, das sie zum Zeichen der Versöhnung mir versprach und das dem Schmerz, der deine Brust, o König Ophioch, zerreißt, den vernichtenden Stachel rauben wird. – Der Gedanke zerstörte die Anschauung, aber dem Prisma des Kristalls, zu dem die feurige Flut im Vermählungskampf mit dem feindlichen Gift gerann, entstrahlt die Anschauung neugeboren, selbst Fötus des Gedankens! – Lebe wohl,

König Ophioch! in dreizehnmal dreizehn Monden siehst du mich wieder, ich bringe dir die schönste Gabe der versöhnten Mutter, die deinen Schmerz auflöst in höchste Lust, vor der der Eiskerker zerschmilzt, in dem dein Gemahl, die Königin Liris, der feindlichste aller Dämonen so lange gefangenhielt. – Lebe wohl, König Ophioch!" –

Mit diesen geheimnisvollen Worten verließ der alte Magus den jungen König, in der Tiefe des Waldes verschwindend.

War König Ophioch vorher traurig und tiefsinnig gewesen, so wurde er es jetzt noch viel mehr. Fest in seiner Seele waren die Worte des alten Hermod geblieben; er wiederholte sie dem Hofastrologen, der den ihm unverständlichen Sinn deuten sollte. Der Hofastrolog erklärte indessen, es sei gar kein Sinn darin enthalten; denn es gäbe gar kein Prisma und auch kein Kristall, wenigstens könne solches, wie jeder Apotheker wisse, nicht aus feuriger Flut und feindlichem Gift entstehen und was ferner von Gedanke und neugeborner Anschauung in Hermods wirrer Rede vorkomme, müsse schon deshalb unverständlich bleiben, weil kein Astrolog, oder Philosoph von einiger honetter Bildung, sich auf die bedeutungslose Sprache des rohen Zeitalters einlassen könne, dem der Magus Hermod angehöre. König Ophioch war mit dieser Ausrede nicht allein ganz und gar nicht zufrieden, sondern fuhr den Astrolog überdies im großen Zorn gar hart an und es war gut, daß er gerade nichts zur Hand hatte, um es, wie jenes Karmen dem Hofdichter, dem unglücklichen Hofastrologen an den Kopf zu werfen. Ruffiamonte behauptet, daß, stehe auch in der Chronik nichts davon, es doch nach der Volkssage in Urdargarten gewiß sei, daß König Ophioch bei dieser Gelegenheit den Hofastrologen einen – Esel geheißen. – Da nun dem jungen tiefsinnigen Könige jene mystischen Worte des Magus Hermod gar nicht aus der Seele kamen, so beschloß er endlich, koste es was es wolle, die Bedeutung davon selbst aufzufinden. Auf eine schwarze Marmortafel ließ er daher mit goldnen Buchstaben die Worte setzen: „der Gedanke zerstörte die Anschauung" – und wie der Magus weitergesprochen, und die Tafel in die Mauer eines entlegenen düstern Saals in seinem Palast einfügen. Vor diese Tafel setzte er sich dann hin auf ein weichgepolstertes Ruhbett, stützte den Kopf in die Hand und überließ sich, die Inschrift betrachtend, tiefem Nachdenken.

Es geschah, daß die Königin Liris ganz zufällig in den Saal geriet, in dem sich König Ophioch befand nebst der Inschrift.

Unerachtet sie aber ihrer Gewohnheit gemäß so laut lachte, daß die Wände dröhnten, so schien der König die teure muntre Gemahlin doch ganz und gar nicht zu bemerken. Er wandte den starren Blick nicht ab von der schwarzen Marmortafel. Endlich richtete Königin Liris auch ihren Blick dahin. Kaum hatte sie indessen die geheimnisvollen Worte gelesen, als ihre Lache verstummte und sie schweigend neben dem Könige hinsank auf die Polster. Nachdem beide, König Ophioch und Königin Liris, eine geraume Zeit hindurch die Inschrift angestarrt hatten, begannen sie stark und immer stärker zu gähnen, schlossen die Augen und sanken in einen solchen festen Todesschlaf, daß keine menschliche Kunst sie daraus zu erwecken vermochte. Man hätte sie für tot gehalten und mit den im Lande Urdargarten üblichen Zeremonien in die königliche Gruft gebracht, wären nicht leise Atemzüge, der schlagende Puls, die Farbe des Gesichts untrügliche Kennzeichen des fortdauernden Lebens gewesen. Da es nun überdies an Nachkommenschaft zur Zeit noch fehlte, so beschloß der Staatsrat zu regieren statt des schlummernden Königs Ophioch und wußte dies so geschickt anzufangen, daß niemand die Lethargie des Monarchen auch nur ahnte. – Dreizehnmal dreizehn Monden waren verflossen nach dem Tage, als König Ophioch die wichtige Unterredung mit dem Magus Hermod gehabt hatte; da ging den Einwohnern des Landes Urdargarten ein Schauspiel auf, so herrlich, als sie noch niemals eins gesehen.

Der große Magus Hermod zog herbei auf einer feurigen Wolke umgeben von Elementargeistern jedes Geschlechts und ließ sich, während in den Lüften aller Wohllaut der ganzen Natur in geheimnisvollen Akkorden ertönte, herab auf den buntgewirkten Teppich einer schönen duftigen Wiese. Über seinem Haupte schien ein leuchtendes Gestirn zu schweben, dessen Feuerglanz das Auge nicht zu ertragen vermochte. Das war aber ein Prisma von schimmerndem Kristall, welches nun, da es der Magus hoch in die Lüfte erhob, in blitzenden Tropfen zerfloß in die Erde hinein, um augenblicklich als die herrlichste Silberquelle in fröhlichem Rauschen emporzusprudeln.

Nun rührte sich alles um den Magus her. Während die Erdgeister in die Tiefe fuhren und blinkende Metallblumen emporwarfen, wogten die Feuer- und Wassergeister in mächtigen Strahlen ihrer Elemente, sausten und brausten die Luftgeister durcheinander, wie in lustigem Turnier kämpfend und ringend. Der Magus stieg wieder auf und breitete seinen weiten Mantel aus; da verhüllte alles ein dichter aufsteigender Duft, und als der zerflossen, hatte sich auf dem Kampfplatz der Geister ein herrlicher himmelsklarer Wasserspiegel gebildet, den blinkendes Gestein, wunderbare Kräuter und Blumen einschlossen und in dessen Mitte die Quelle fröhlich sprudelte und wie in schalkhafter Neckerei die kräuselnden Wellen ringsumher forttrieb.

In demselben Augenblick, als das geheimnisvolle Prisma des Magus Hermod zur Quelle zerfloß, war das Königspaar aus seinem langen Zauberschlafe erwacht. Beide, König Ophioch und Königin Liris, eilten von unwiderstehlicher Begier getrieben schnell herbei. Sie waren die ersten, die hineinschauten in das Wasser. Als sie nun aber in der unendlichen Tiefe den blauen glänzenden Himmel, die Büsche, die Bäume, die Blumen, die ganze Natur, ihr eignes Ich in verkehrter Abspiegelung erschauten, da war es, als rollten dunkle Schleier auf, eine neue herrliche Welt voll Leben und Lust wurde klar vor ihren Augen und mit der Erkenntnis dieser Welt entzündete sich ein Entzücken in ihrem Innern, das sie nie gekannt, nie geahnet. Lange hatten sie hineingeschaut, dann erhoben sie sich, sahen einander an und – lachten, muß man nämlich den physischen Ausdruck des innigsten Wohlbehagens nicht sowohl, als der Freude über den Sieg innerer geistiger Kraft Lachen nennen. – Hätte nicht schon die Verklärung, die auf dem Antlitz der Königin Liris lag und den schönen Zügen desselben erst wahres Leben, wahrhaften Himmelsreiz verlieh, von ihrer gänzlichen Sinnesänderung gezeugt, so hätte das jeder schon aus der Art abnehmen müssen, wie sie lachte. Denn so himmelweit war dieses Lachen von dem Gelächter verschieden, womit sie sonst den König quälte, daß viele gescheute Leute behaupteten, sie sei es gar nicht, die da lache, sondern ein anderes in ihrem Innern verstecktes wunderbares Wesen. Mit König Ophiochs Lachen hatte es dieselbe Bewandtnis. Als beide nun auf solch eigne Weise gelacht, riefen sie beinahe zu gleicher Zeit: „Oh! – wir lagen in öder unwirtbarer Fremde in schweren Träumen und sind erwacht in der Heimat – nun erkennen wir uns in uns selbst und sind nicht mehr verwaiste Kinder!" – dann aber fielen sie sich mit dem Ausdruck der innigsten Liebe an die Brust. – Während dieser Umarmung schauten alle, die sich nur hinandrängen konnten, in das Wasser; die, welche von des Königs Traurigkeit angesteckt worden waren und in den Wasserspiegel schauten, spürten dieselben Wirkungen, wie das königliche Paar; diejenigen, die schon sonst lustig gewesen, blieben aber ganz in vorigem Zustande. Viele Ärzte fanden das Wasser gemein, ohne mineralischen Zusatz, so wie manche Philosophen das Hineinschauen in den Wasserspiegel gänzlich widerrieten, weil der Mensch wenn er sich und die Welt verkehrt erblicke, leicht schwindlicht werde. Es gab sogar einige von der gebildetsten Klasse des Reichs, welche behaupteten, es gäbe gar keine Urdarquelle – – Urdarquelle wurde nämlich von König und Volk sogleich das herrliche Wasser genannt, das aus Hermods geheimnisvollem Prisma entstanden. – Der König Ophioch und die Königin Liris, beide sanken dem großen Magus Hermod, der ihnen Glück und Heil gebracht, zu Füßen und dankten ihm in den schönsten Worten und Redensarten, die sie nur eben zur Hand hatten. Der Magus Hermod hob sie mit sittigem Anstand auf, drückte erst die Königin, hierauf den König an seine Brust und versprach, da ihm das Wohl des Landes Urdargarten sehr am Herzen liege, sich zuweilen in vorkommenden kritischen Fällen auf der Sternwarte blicken zu lassen. König Ophioch wollte ihm durchaus die würdige Hand küssen; das litt er aber durchaus nicht, sondern erhob sich augenblicklich in die Lüfte. Von oben herab rief er noch mit einer Stimme, welche erklang wie stark angeschlagene Metallglocken, die Worte herab:

„Der Gedanke zerstört die Anschauung und losgerissen von der Mutter Brust wankt in irrem Wahn, in blinder Betäubtheit der Mensch heimatlos umher, bis des Gedankens eignes Spiegelbild dem Gedanken selbst die Erkenntnis schafft, daß er *ist* und daß er in dem tiefsten reichsten Schacht, den ihm die mütterliche Königin geöffnet, als Herrscher gebietet, muß er auch als Vasall gehorchen."

Ende der Geschichte von dem Könige Ophioch und der Königin Liris

Celionati schwieg und die Jünglinge blieben auch im Schweigen der Betrachtung versunken, zu der sie das Märlein des alten Ciarlatano, das sie sich ganz anders gedacht hatten, aufgeregt.

„Meister Celionati", unterbrach endlich Franz Reinhold die Stille, „Meister Celionati, Euer Märlein schmeckt nach der Edda, nach der Voluspa, nach der Somskritt und was weiß ich, nach welchen andern alten mythischen Büchern; aber, hab ich

Euch recht verstanden, so ist die Urdarquelle, womit die Bewohner des Landes Urdargarten beglückt wurden, nichts anders, als was wir Deutschen Humor nennen, die wunderbare, aus der tiefsten Anschauung der Natur geborne Kraft des Gedankens, seinen eignen ironischen Doppeltgänger zu machen, an dessen seltsamlichen Faxen er die seinigen und – ich will das freche Wort beibehalten – die Faxen des ganzen Seins hienieden erkennt und sich daran ergetzt – Doch in der Tat, Meister Celionati, durch Euern Mythos habt Ihr gezeigt, daß Ihr Euch noch auf andern Spaß versteht, als auf den Eures Karnevals; ich rechne Euch von nun an zur unsichtbaren Kirche und beuge meine Knie vor Euch, wie König Ophioch vor dem großen Magus Hermod; denn auch Ihr seid ein gewaltiger Hexenmeister."

„Was", rief Celionati, „was sprecht Ihr denn von Märchen, von Mythos? Hab ich Euch denn was anderes erzählt, was anderes erzählen wollen, als eine hübsche Geschichte aus dem Leben meines Freundes Ruffiamonte? – Ihr müßt wissen, daß dieser, mein Intimus, eben der große Magus Hermod ist, der den König Ophioch von seiner Traurigkeit herstellte. Wollt Ihr mir nichts glauben, so könnt Ihr ihn selbst fragen nach allem; denn er befindet sich hier und wohnt im Palast Pistoja."
– Kaum hatte Celionati den Palast Pistoja genannt, als alle sich des abenteuerlichsten aller Maskenzüge, der vor wenigen Tagen in jenen Palast eingezogen, erinnerten, und den seltsamlichen Ciarlatano mit hundert Fragen bestürmten, was es damit für eine Bewandtnis habe, indem sie voraussetzten, daß er, selbst ein Abenteuer, von dem Abenteuerlichen, wie es sich in dem Zuge gestaltet, besser unterrichtet sein müsse, als jeder andere.

„Ganz gewiß", rief Reinhold lachend, „ganz gewiß war der hübsche Alte, der in der Tulpe den Wissenschaften oblag, Euer Intimus, der große Magus Hermod, oder der Schwarzkünstler Ruffiamonte?"

„Es ist", erwiderte Celionati gelassen, „es ist dem so, mein guter Sohn! Übrigens mag es aber noch nicht an der Zeit sein, viel von dem zu sprechen, was in dem Palast Pistoja hauset – Nun! – wenn König Cophetua ein Bettlermädchen heiratete, so kann ja auch wohl die große mächtige Prinzessin Brambilla einem schlechten Komödianten nachlaufen" – Damit verließ Celionati das Kaffeehaus und niemand wußte, oder ahnte, was er mit den letzten Worten hatte sagen wollen; da dies aber sehr oft mit den Reden Celionatis der Fall war, so gab sich auch keiner sonderliche Mühe darüber weiter nachzudenken. –

Während sich dies auf dem Caffè greco begab, schwärmte Giglio in seiner tollen Maske den Korso auf und ab. Er hatte nicht unterlassen, so wie es Prinzessin Brambilla verlangt, einen Hut aufzusetzen, der mit hoch emporragender Krempe einer sonderbaren Sturmhaube glich, und sich mit einem breiten hölzernen Schwert zu bewaffnen. Sein ganzes Innres war erfüllt von der Dame seines Herzens; aber selbst wußte er nicht, wie es geschehen konnte, daß es nun ihm gar nicht als etwas Besonderes, als ein träumerisches Glück vorkam, die Liebe der Prinzessin zu gewinnen, daß er im frechen Übermut an die Notwendigkeit glaubte, daß sie sein werden müsse, weil sie gar nicht anders könne. Und dieser Gedanke entzündete in ihm eine tolle Lustigkeit, die sich Luft machte in den übertriebensten Grimassen und vor der ihm selbst im Innersten graute.

Prinzessin Brambilla ließ sich nirgends sehen; aber Giglio schrie ganz außer sich: „Prinzessin – Täubchen – Herzkind – ich finde dich doch, ich finde dich doch!" und rannte wie wahnsinnig hundert Masken um und um, bis ein tanzendes Paar ihm in die Augen fiel und seine ganze Aufmerksamkeit fesselte.

Ein possierlicher Kerl, bis auf die geringste Kleinigkeit gekleidet, wie Giglio, ja was Größe, Stellung u. s. betrifft, sein zweites Ich, tanzte nämlich, Chitarre spielend, mit einem sehr zierlich gekleideten Frauenzimmer welche Kastagnetten schlug. Versteinerte den Giglio der Anblick seines tanzenden Ichs, so glühte ihm wieder die Brust auf, wenn er das Mädchen betrachtete. Er glaubte nie so viel Anmut und Schönheit gesehen zu haben; jede ihrer Bewegungen verriet die Begeisterung einer ganz besonderen Lust und eben diese Begeisterung war es, die selbst der wilden Ausgelassenheit des Tanzes einen unnennbaren Reiz verlieh.

Nicht zu leugnen war es, daß sich eben durch den tollen Kontrast des tanzenden Paars eine Skurrilität erzeugte, die jeden mitten in anbetender Bewunderung des holden Mädchens zum Lachen reizen mußte; aber eben dies aus den widersprechendsten Elementen gemischte Gefühl war es, in dem jene Begeisterung einer fremden unnennbaren Lust, von der die Tänzerin und auch der possierliche Kerl ergriffen, auflebte im eignen Innern. Dem Giglio wollte eine Ahnung aufsteigen, wer die Tänzerin sein könne, als eine Maske neben ihm sprach: „Das ist die Prinzessin Brambilla, welche mit ihrem Geliebten, dem assyrischen Prinzen, Cornelio Chiapperi, tanzt!" –

VIERTES KAPITEL

Von der nützlichen Erfindung des Schlafs und des Traums, und was Sancho Pansa
darüber denkt. – Wie ein württembergischer Beamter die Treppe hinabfiel und Giglio
sein Ich nicht durchschauen konnte. Rhetorische Ofenschirme, doppelter Galimathias
und der weiße Mohr. – Wie der alte Fürst Bastianelli di Pistoja Apfelsinenkerne
in dem Korso aussäete und die Masken in Schutz nahm. Der beau jour häßlicher
Mädchen. – Nachrichten von der berühmten Schwarzkünstlerin Circe, welche Band-
schleifen nestelt, so wie von dem artigen Schlangenkraut, das im blühenden Arkadien
wächst. – Wie sich Giglio aus purer Verzweifung erdolchte, hierauf an den Tisch
setzte, ohne Zwang zugriff, dann aber der Prinzessin eine gute Nacht wünschte.

Es darf dir, vielgeliebter Leser, nicht befremdlich erscheinen,
wenn in einem Ding, das sich zwar Capriccio nennt, das aber
einem Märchen so auf ein Haar gleicht, als sei es selbst eins, viel
vorkommt von seltsamem Spuk, von träumerischem Wahn,
wie ihn der menschliche Geist wohl hegt und pflegt, oder besser, wenn der Schauplatz manchmal in das eigne Innere der auf-
tretenden Gestalten verlegt wird. – Möchte das aber nicht eben
der rechte Schauplatz sein? – Vielleicht bist du, o mein Leser!
auch so wie ich, des Sinnes, daß der menschliche Geist selbst
das allerwunderbarste Märchen ist, das es nur geben kann. –
Welch eine herrliche Welt liegt in unserer Brust verschlossen!
Kein Sonnenkreis engt sie ein, der ganzen sichtbaren Schöpfung unerforschlichen Reichtum überwiegen ihre Schätze! –
Wie so tot, so bettelarm, so maulwurfsblind, wär unser Leben,
hätte der Weltgeist uns Söldlinge der Natur nicht ausgestattet
mit jener unversieglichen Diamantgrube in unserm Innern, aus
der uns in Schimmer und Glanz das wunderbare Reich aufstrahlt, das unser Eigentum geworden! Hochbegabt die, die
sich dieses Eigentums recht bewußt! Noch hochbegabter und
selig zu preisen die, die ihres innern Perus Edelsteine nicht
allein zu erschauen, sondern auch heraufzubringen, zu schleifen
und ihnen prächtigeres Feuer zu entlocken verstehen. – Nun! –
Sancho meinte, Gott solle den ehren, der den Schlaf erfunden,
es müsse ein gescheuter Kerl gewesen sein; noch mehr mag
aber wohl der geehrt werden, der den Traum erfand. Nicht *den*
Traum, der aus unserm Innern nur dann aufsteigt, wenn wir
unter des Schlafes weicher Decke liegen – nein! *den* Traum, den
wir durch das ganze Leben fort träumen, der oft die drückende
Last des Irdischen auf seine Schwingen nimmt, vor dem jeder
bittre Schmerz, jede trostlose Klage getäuschter Hoffnung verstummt, da er selbst, Strahl des Himmels in unserer Brust entglom-
men, mit der unendlichen Sehnsucht die Erfüllung verheißt. –

Diese Gedanken kamen dem, der es unternommen, für dich, sehr geliebter Leser! das seltsame Capriccio von der Prinzessin Brambilla aufzustellen, in dem Augenblick zu Sinn, als er darangehen wollte, den merkwürdigen Gemütszustand zu beschreiben, in den der verkappte Giglio Fava geriet, als ihm die Worte zugeflüstert wurden: „Das ist die Prinzessin Brambilla, die mit ihrem Geliebten, dem assyrischen Prinzen, Cornelio Chiapperi, tanzt!" – Selten vermögen Autoren es über sich, dem Leser zu verschweigen, was sie bei diesem oder jenem Stadium, in das ihre Helden treten, denken; sie machen gar zu gern den Chorus ihres eignen Buchs und nennen Reflektion alles das, was zwar nicht zur Geschichte nötig, aber doch als ein angenehmer Schnörkel dastehen kann. Als angenehmer Schnörkel mögen daher auch die Gedanken gelten, womit dieses Kapitel begann; denn in der Tat, sie waren zur Geschichte ebensowenig nötig, als zur Schilderung von Giglios Gemütszustand, der gar nicht so seltsam und ungewöhnlich war, als man es nach dem Anlauf, den der Autor genommen, wohl denken sollte. – Kurz! – es geschah dem Giglio Fava, als er jene Worte vernahm, nichts weiter, als daß er sich augenblicklich selbst für den assyrischen Cornelio Chiapperi hielt, der mit der Prinzessin Brambilla tanze. Jeder tüchtige Philosoph von einiger faustgerechter Erfahrung wird dies so leicht ganz und gar erklären können, daß Quintaner das Experiment des innern Geistes verstehen müssen. Besagter Psycholog wird nämlich nichts Besseres tun, als aus Mauchardts Repertorium der empirischen Psychologie den württembergischen Beamten anführen können, der in der Trunkenheit die Treppe hinabstürzte und dann seinen Schreiber, der ihn geleitete, sehr bedauerte, daß er so hart gefallen. „Nach allem", fährt der Psycholog dann fort, „was wir bis jetzt von dem Giglio Fava vernommen, leidet derselbe an einem Zustande, der dem des Rausches völlig zu vergleichen, gewissermaßen an einer geistigen Trunkenheit, erzeugt durch die nervenreizende Kraft gewisser exzentrischer Vorstellungen von seinem Ich, und da nun vorzüglich Schauspieler sehr geneigt sind, sich auf diese Art zu berauschen, so –" u. s w.

Also für den assyrischen Prinzen, Cornelio Chiapperi, hielt sich Giglio; und war dies eben auch nichts Besonderes, so möchte doch schwerer zu erklären sein, woher die seltene, nie empfundene Lust kam, die mit flammender Glut sein ganzes Inneres durchdrang. Stärker und stärker schlug er die Saiten der

Chitarre, toller und ausgelassener wurden die Grimassen, die Sprünge des wilden Tanzes. Aber sein Ich stand ihm gegenüber und führte, ebenso tanzend und springend, ebensolche Fratzen schneidend, als er, mit dem breiten hölzernen Schwert Streiche nach ihm durch die Luft. – Brambilla war verschwunden! – „Hoho", dachte Giglio, „nur mein Ich ist schuld daran, daß ich meine Braut, die Prinzessin, nicht sehe; ich kann mein Ich nicht durchschauen und mein verdammtes Ich will mir zu Leibe mit gefährlicher Waffe, aber ich spiele und tanze es zu Tod und dann bin ich erst ich, und die Prinzessin ist mein!" –

Während dieser etwas konfuser Gedanken wurden Giglios Sprünge immer unerhörter, aber in dem Augenblick traf des Ichs hölzernes Schwert die Chitarre so hart, daß sie in tausend Stücke zersprang und Giglio rücklings über sehr unsanft zu Boden fiel. Das brüllende Gelächter des Volks, das die Tanzenden umringt hatte, weckte den Giglio aus seiner Träumerei. Bei dem Sturz war ihm Brille und Maske entfallen, man erkannte ihn und hundert Stimmen riefen: *„Bravo, bravissimo, Signor Giglio!"* – Giglio raffte sich auf und eilte, da ihm plötzlich es einkam, daß es für einen tragischen Schauspieler höchst unschicklich, dem Volk ein groteskes Schauspiel gegeben zu haben, schnell von dannen. In seiner Wohnung angekommen warf er die tolle Maske ab, hüllte sich in einen Tabarro und kehrte zurück nach dem Korso.

Im Hin- und Herwandern geriet er endlich vor den Palast Pistoja und hier fühlte er sich plötzlich von hinten umfaßt und eine Stimme flüsterte ihm zu: „Täuscht mich nicht Gang und Stellung, so seid Ihr es, mein werter Signor Giglio Fava?"

Giglio erkannte den Abbate Antonio Chiari. Bei des Abbates Anblick ging ihm plötzlich die ganze schöne frühere Zeit auf, als er noch tragische Helden spielte und dann, nachdem er sich des Kothurns entledigt, die enge Treppe hinaufschlich zur lieblichen Giacinta. Der Abbate Chiari (vielleicht ein Vorfahr des berühmten Chiari, der in Fehde trat mit dem Grafen Gozzi und die Waffen strecken mußte) hatte von Jugend auf mit nicht geringer Mühe Geist und Finger dazu abgerichtet, Trauerspiele zu verfertigen, die, was die Erfindung, enorm, was die Ausführung betrifft, aber höchst angenehm und lieblich waren. Er vermied sorglich irgendeine entsetzliche Begebenheit anders, als unter mild vermittelnden Umständen vor den Augen der Zuschauer sich wirklich zutragen zu lassen und alle Schauer irgendeiner gräßlichen Tat wickelte er in den zähen Kleister so vieler schönen Worte und Redensarten ein, daß die Zuhörer ohne Schauer die süße Pappe zu sich nahmen und den bittern Kern nicht herausschmeckten. Selbst die Flammen der Hölle wußte er nützlich anzuwenden zum freundlichen Transparent, indem er den ölgetränkten Ofenschirm seiner Rhetorik davorstellte und in die rauchenden Wellen des Acheron goß er das Rosenwasser seiner martellianischen Verse, damit der Höllenfluß sanft und fein flute und ein Dichterfluß werde. – So was gefällt vielen und kein Wunder daher, daß der Abbate Antonio Chiari ein beliebter Dichter zu nennen war. Hatte er nun noch dazu ein besonderes Geschick, sogenannte dankbare Rollen zu schreiben, so konnt es gar nicht fehlen, daß der dichterische Abbate auch der Abgott der Schauspieler wurde. – Irgendein geistreicher französischer Dichter sagt, es gäbe zwei Arten von Galimathias, einen solchen, den Leser und Zuhörer nicht verständen, einen zweiten höhern, den der Schöpfer (Dichter oder Schriftsteller) selbst nicht verstände. Von dieser letztern sublimern Art ist der dramatische Galimathias, aus dem mehrenteils die sogenannten dankbaren Rollen im Trauerspiel bestehen. – Reden voll hochtönender Worte, die weder der Zuhörer, noch der Schauspieler versteht und die der Dichter selbst nicht verstanden hat, werden am mehrsten beklatscht. Solchen Galimathias zu machen, darauf verstand sich der Abbate Chiari vortrefflich, so wie Giglio Fava eine besondere Stärke besaß ihn zu sprechen, und dabei solche Gesichter zu schneiden und solch fürchterlich verrückte Stellungen anzunehmen, daß die Zuschauer schon deshalb aufschrien in tragischem Entzücken. Beide, Giglio und Chiari, standen hiernach in höchst angenehmer Wechselwirkung, und ehrten sich über alle Maßen – es konnte gar nicht anders sein.

„Gut", sprach der Abbate, „gut, daß ich Euch endlich treffe, Signor Giglio! Nun kann ich von Euch selbst alles erfahren, was man mir hin und wieder von Euerm Tun und Treiben zugebröckelt hat und das hinlänglich toll und albern ist. – Sagt, man hat Euch übel mitgespielt, nicht wahr? Der Esel von Impresario jagte Euch vom Theater weg, weil er die Begeisterung, in die Euch meine Trauerspiele setzten, für Wahnsinn hielt, weil Ihr nichts anders mehr sprechen wolltet, als meine Verse? – Es ist arg! – Ihr wißt es, der Unsinnige hat das Trauerspiel ganz aufgegeben und läßt nichts anders auf seiner Bühne darstellen, als die albernen Masken-Pantomimen, die mir in den Tod zuwider sind. – Keines meiner Trauerspiele mag daher der einfältigste aller Impresarios mehr annehmen, unerachtet ich Euch, Signor Giglio, als ehrlicher Mann versichern darf, daß es mir in meinen beiden Arbeiten gelungen ist, den Italienern zu zeigen, was eigentlich ein Trauerspiel heißt. Was die alten Tragiker betrifft, ich meine den Äschylos, Sophokles u. a., Ihr werdet von ihnen gehört haben, so versteht es sich von selbst, daß ihr schroffes, hartes Wesen völlig unästhetisch ist und sich nur durch die damalige Kindheit der Kunst entschuldigen läßt, für uns aber völlig unverdaulich bleibt. Von Trissinos Sophonisbe, Speronis Canace, den aus Unverstand als hohe Meisterwerke ausgeschrienen Produkten unserer älteren Dichterperiode, wird aber auch wohl nicht mehr die Rede sein, wenn meine Stücke das Volk über die Stärke, die hinreißende Kraft des wahrhaft Tragischen, das durch den Ausdruck erzeugt wird, belehrt haben werden. – Es ist nur in dem Augenblick fatal, daß kein einziges Theater meine Stücke aufführen will, seitdem Euer vormaliger Impresario, der Bösewicht, umgesattelt hat. – Aber wartet, *il trotto d'asino dura poco*. Bald wird Euer Impresario auf die Nase fallen samt seinem Arlecchino und Pantalon und Brighella und wie die schnöden Ausgeburten eines niederträchtigen Wahnwitzes alle heißen mögen und dann – Fürwahr, Signor Giglio, Euer Abgang vom Theater hat mir einen Dolchstoß ins Herz gegeben; denn kein Schauspieler auf Erden hat es im Auffassen meiner ganz originellen unerhörten Gedanken so weit gebracht, als Ihr – Doch laßt uns fort aus diesem wüsten Gedränge, das mich betäubt! Kommt mit mir in meine Wohnung! Dort les ich Euch mein neuestes Trauerspiel vor, das Euch in das größte Erstaunen setzen wird, das Ihr jemals empfunden. – Ich hab es *Il moro bianco* betitelt. Stoßt Euch nicht an die Seltsamkeit des Namens! Er entspricht dem Außerordentlichen, dem Unerhörten des Stücks ganz und gar." –

Mit jedem Worte des geschwätzigen Abbate fühlte sich Giglio mehr aus dem gespannten Zustande gerissen, in dem er sich befunden. Sein ganzes Herz ging auf in Freude, wenn er sich wieder dachte als tragischen Helden, die unvergleichlichen Verse des Herrn Abbate Antonio Chiari deklamierend. Er fragte den Dichter sehr angelegentlich, ob in dem *moro bianco* auch eine recht schöne dankbare Rolle enthalten, die er spielen könne. „Hab ich", erwiderte der Abbate in voller Hitze, „hab ich jemals in irgendeinem Trauerspiel andere Rollen gedichtet, als dankbare? – Es ist ein Unglück, daß meine Stücke nicht bis auf die kleinste Rolle von lauter Meistern dargestellt werden können. In dem *moro bianco* kommt ein Sklave vor, und zwar erst bei dem Beginn der Katastrophe, der die Verse spricht:

,Ah! giorno di dolori! crudel inganno!
Ah signore infelice, la tua morte
mi fa piangere e subito partire!' –

dann aber wirklich schnell abgeht und nicht wieder erscheint. Die Rolle ist von geringerm Umfang, ich gestehe es; aber Ihr könnt es mir glauben, Signor Giglio, beinahe ein Menschenalter gehört für den besten Schauspieler dazu, jene Verse in dem Geist vorzutragen, wie ich sie empfangen, wie ich sie gedichtet, wie sie das Volk bezaubern, hinreißen müssen zum wahnsinnigen Entzücken."

Unter diesen Gesprächen waren beide, der Abbate und Giglio, in die Straße del Babuino gelangt, wo der Abbate wohnte. Die Treppe, die sie erstiegen, war so hühnersteigartig, daß Giglio zum zweitenmal recht lebhaft an Giacinta dachte und im Innern wünschte, doch lieber das holde Ding anzutreffen, als des Abbate weißen Mohren.

Der Abbate zündete zwei Kerzen an, rückte dem Giglio einen Lehnstuhl vor den Tisch, holte ein ziemlich dickleibiges Manuskript hervor, setzte sich dem Giglio gegenüber und begann sehr feierlich: „*Il moro bianco, tragedia etc.*"

Die erste Szene begann mit einem langen Monolog irgendeiner wichtigen Person des Stücks, die erst über das Wetter, über die zu hoffende Ergiebigkeit der bevorstehenden Weinlese sprach, dann aber Betrachtungen über das Unzulässige eines Brudermords anstellte.

Giglio wußte selbst nicht, wie es kam, daß ihm des Abbate Verse, die er sonst für hochherrlich gehalten, heute so läppisch, so albern, so langweilig vorkamen. Ja! – unerachtet der Abbate alles mit der dröhnenden gewaltigen Stimme des übertriebensten Pathos vortrug, so daß die Wände erbebten, so geriet doch Giglio in einen träumerischen Zustand, in dem ihm alles seltsam zu Sinn kam, was ihm seit dem Tage begegnet, als der Palast Pistoja den abenteuerlichsten aller Maskenzüge in sich aufnahm. Sich ganz diesen Gedanken überlassend drückte er sich tief in die Lehne des Sessels, schlug die Ärme übereinander und ließ den Kopf tiefer und tiefer sinken auf die Brust.

Ein starker Schlag auf die Schulter riß ihn aus den träumerischen Gedanken. „Was?" schrie der Abbate, der aufgesprungen war und ihm jenen Schlag versetzt hatte, ganz erbost,

„was? – ich glaube gar, Ihr schlaft? – Ihr wollt meinen *moro bianco* nicht hören? – Ha, nun verstehe ich alles. Euer Impresario hatte recht, Euch fortzujagen; denn Ihr seid ein miserabler Bursche worden ohne Sinn und Verstand für das Höchste der Poesie. – Wißt Ihr, daß nun Euer Schicksal entschieden ist, daß Ihr niemals mehr Euch erheben könnt aus dem Schlamm, in den Ihr versunken? – Ihr seid über meinem *moro bianco* eingeschlafen; das ist ein nie zu sühnendes Verbrechen, eine Sünde wider den heiligen Geist. Schert Euch zum Teufel!"

Giglio war sehr erschrocken über des Abbate ausgelassenen Zorn. Er stellte ihm de- und wehmütig vor, daß ein starkes festes Gemüt dazu gehöre, seine Trauerspiele aufzufassen, daß aber, was ihn (den Giglio) betreffe, sein ganzes Innere zermalmt und zerknirscht sei von den zum Teil seltsamen spukhaften, zum Teil unglückseligen Begebenheiten, in die er seit den letzten Tagen verwickelt.

„Glaubt es mir", sprach Giglio, „glaubt es mir, Signor Abbate, ein geheimnisvolles Verhängnis hat mich erfaßt. Ich gleiche einer zerschlagenen Zither, die keinen Wohllaut in sich aufzunehmen, keinen Wohllaut aus sich heraus ertönen zu lassen vermag. Wähntet Ihr, daß ich während Eurer herrlichen Verse eingeschlafen, so ist so viel gewiß, daß eine krankhafte, unbezwingliche Schlaftrunkenheit dermaßen mich übernahm, daß selbst die kräftigsten Reden Eures unübertrefflichen weißen Mohren mir matt und langweilig vorkamen." – „Seid Ihr rasend?" schrie der Abbate. – „Geratet doch nur nicht in solchen Zorn!" fuhr Giglio fort. „Ich ehre Euch ja als den höchsten Meister, dem ich meine ganze Kunst zu verdanken und suche bei Euch Rat und Hülfe. Erlaubt, daß ich Euch alles erzähle, wie es sich mit mir begeben, und steht mir bei in höchster Not! Schafft, daß ich mich in den Sonnenglanz des Ruhms, in dem Euer weiße Mohr aufstrahlen wird, stelle und von dem bösesten aller Fieber genese!"

Der Abbate ward durch diese Rede Giglios besänftigt und ließ sich alles erzählen, von dem verrückten Celionati, von der Prinzessin Brambilla u. s. w.

Als Giglio geendet, begann der Abbate, nachdem er einige Augenblicke sich tiefem Nachdenken überlassen, mit ernster feierlicher Stimme: „Aus allem, was du mir erzählt, mein Sohn Giglio, entnehme ich mit Recht, daß du völlig unschuldig bist. Ich verzeihe dir, und damit du gewahrest, daß meine Großmut, meine Herzensgüte grenzenlos ist, so werde dir durch mich das höchste Glück, das dir auf deiner irdischen Laufbahn begegnen kann! – Nimm hin die Rolle des *moro bianco* und die glühendste Sehnsucht deines Innern nach dem Höchsten werde gestillt, wenn du ihn spielest! – Doch, o mein Sohn Giglio, du liegst in den Schlingen des Teufels. Eine höllische Kabale gegen das Höchste der Dichtkunst, gegen meine Trauerspiele, gegen mich, will dich nützen als tötendes Werkzeug. – Hast du nie sprechen gehört von dem alten Fürsten Bastianello di Pistoja, der in jenem alten Palast, wo die maskierten Hasenfüße hineingezogen, hauste und der, schon mehrere Jahre sind es her, aus Rom spurlos verschwand? – Nun, dieser alte Fürst Bastianello war ein gar närrischer Kauz und auf alberne Art seltsam in allem, was er sprach und begann. So behauptete er aus dem Königsstamm eines fernen unbekannten Landes entsprossen und drei- bis vierhundert Jahre alt zu sein, unerachtet ich den Priester selbst kannte, der ihn hier in Rom getauft. Oft sprach er von Besuchen, die er von seiner Familie auf geheimnisvolle Weise erhalte und in der Tat sah man oft plötzlich die abenteuerlichsten Gestalten in seinem Hause, die dann ebenso plötzlich verschwanden, wie sie gekommen. – Gibt es etwas Leichteres, als Bedienten und Mägde seltsam zu kleiden? – denn andere waren doch nicht jene Gestalten, die das dumme Volk voll Erstaunen angaffte und den Fürsten für etwas ganz Besonderes hielt, wohl gar für einen Zauberer. Närrisches Zeug machte er genug, und so viel ist gewiß, daß er einmal zur Karnevalszeit mitten im Korso Pomeranzenkerne ausstreute, woraus sogleich kleine nette Pulcinells emporschossen zum Jubel der Menge und er meinte, das wären die süßesten Früchte der Römer. – Was soll ich Euch indessen mit dem verrückten Unsinn des Fürsten langweilen und nicht lieber gleich das sagen, was ihn als den gefährlichsten Menschen darstellt? Könnt Ihr es Euch wohl denken, daß der verwünschte Alte es darauf abgesehen hatte, allen guten Geschmack in der Literatur und Kunst zu untergraben? – Könnt Ihr es Euch denken, daß er, was vorzüglich das Theater betrifft, die Masken in Schutz nahm und nur das alte Trauerspiel gelten lassen wollte, dann aber von einer Gattung des Trauerspiels sprach, die nur ein verbranntes Gehirn ausbrüten kann? Eigentlich hab ich niemals recht verstanden, was er wollte; aber es kam beinahe so heraus, als behaupte er, daß die höchste Tragik durch eine besondere Art des Spaßes hervorgebracht werden müsse. Und – nein es ist unglaublich, es ist beinahe unmöglich zu sagen – meine Trauerspiele – – versteht Ihr wohl? – *meine* Trauerspiele, meinte er, wären ungemein spaßhaft, wiewohl auf andere Weise, indem das tragische Pathos sich darin unwillkürlich selbst parodiere. – Was vermögen alberne Gedanken und Meinungen? Hätte der Fürst sich nur damit begnügt; aber in Tat – in grause Tat ging sein Haß über gegen mich und meine Trauerspiele! – Noch ehe Ihr nach Rom gekommen, geschah mir das Entsetzliche. – Das herrlichste meiner Trauerspiele (ich nehme den *moro bianco* aus) *Lo spettro fraterno vendicato*, wurde gegeben. Die Schauspieler übertrafen sich selbst; nie hatten sie so den innern Sinn meiner Worte aufgefaßt, nie waren sie in Bewegung und Stellung so wahrhaft tragisch gewesen – Laßt es Euch bei dieser Gelegenheit sagen, Signor Giglio, daß, was Eure Gebärden, vorzüglich aber Eure Stellungen betrifft, Ihr noch etwas zurück seid. Signor Zechielli, mein damaliger Tragiker, vermochte mit voneinandergespreizten Beinen, Füße in den Boden gewurzelt feststehend, Arme in die Lüfte erhoben, den Leib so nach und nach herumzudrehen, daß er mit dem Gesicht über den Rücken hinwegschaute und so in Gebärde und Mienenspiel den Zuschauern ein doppelt wirkender Janus erschien. – So was ist vielfältig von der frappantesten Wirkung, muß aber jedesmal angebracht werden, wenn ich vorschreibe: Er beginnt zu verzweifeln! – Schreibt Euch das hinter die Ohren, mein guter Sohn, und gebt Euch Mühe zu verzweifeln, wie Signor Zechielli! Nun! ich komme auf mein *spettro fraterno* zurück. – Die Vorstellung war die vortrefflichste, die ich jemals sah, und doch brach das Publikum bei jeder Rede meines Helden aus in ein unmäßiges Gelächter. Da ich den Fürsten Pistoja in der Loge erblickte, der dieses Lachen jedesmal intonierte, so hatte es gar keinen Zweifel, daß er es allein war, der, Gott weiß durch welche höllische Ränke und Schwänke, mir diesen fürchterlichen Tort über den Hals zog. Wie froh war ich, als der Fürst aus Rom verschwunden! Aber sein Geist lebt fort in dem alten verfluchten Ciarlatano, in dem verrückten Celionati, der, wiewohl vergeblich, schon auf Marionettentheatern meine Trauerspiele lächerlich zu machen versucht hat. Es ist nur zu gewiß, daß auch Fürst Bastianello wieder in Rom spukt, denn darauf deutet die tolle Maskerade, die in seinen Palast gezogen. – Euch stellt Celionati nach, um mir zu schaden. Schon gelang es ihm, Euch von den Brettern zu bringen und das Trauerspiel Eures Impresario zu zerstören. Nun sollt Ihr der Kunst ganz und gar abwendig gemacht werden, dadurch, daß man Euch allerlei tolles Zeug, Fantasmata von Prinzessinnen, grotesken Gespenstern u. dgl. in den Kopf setzt. Folgt meinem Rat, Signor Giglio, bleibt fein zu Hause, trinkt mehr Wasser als Wein und studiert mit dem sorglichsten Fleiß meinen *moro bianco*, den ich Euch mitgeben will! Nur in dem *moro bianco* ist Trost, ist Ruhe und dann Glück, Ehre und Ruhm für Euch zu suchen und zu finden. – Gehabt Euch wohl, Signor Giglio!" –

Den andern Morgen wollte Giglio tun, wie ihm der Abbate geheißen, nämlich die vortreffliche Tragödia von dem *moro bianco* studieren. Er konnte es aber deshalb nicht dahin bringen, weil alle Buchstaben auf jedem Blatte vor seinen Augen zerflossen in das Bild der holden, lieblichen Giacinta Soardi. „Nein", rief Giglio endlich voll Ungeduld, „nein, ich ertrag es nicht länger, ich muß hin zu ihr, zu der Holden. Ich weiß es, sie liebt mich noch, sie muß mich lieben, und aller Smorfia zum Trotz wird sie es mir nicht verhehlen können, wenn sie mich wiedersieht. Dann werd ich wohl das Fieber los, das der verwünschte Kerl, der Celionati, mir an den Hals gehext, und aus dem tollen Wirrwarr aller Träume und Einbildungen erstehe ich neugeboren, als *moro bianco*, wie der Phönix aus der Asche! – Gesegneter Abbate Chiari, du hast mich auf den rechten Weg zurückgeleitet."

Giglio putzte sich sofort auf das schönste heraus, um sich nach Meister Bescapis Wohnung zu begeben, wo sein Mädchen, wie er glaubte, jetzt anzutreffen. Schon im Begriff aus der Türe herauszutreten, spürte er plötzlich die Wirkungen des *moro bianco*, den er lesen wollen. Es überfiel ihn, wie ein starker Fieberschauer, das tragische Pathos! „Wie", rief er, indem er, den rechten Fuß weit vorschleudernd, mit dem Oberleib zurückfuhr und beide Ärme vorstreckte, die Finger voneinanderspreizte, wie ein Gespenst abwehrend. „Wie? – wenn sie mich nicht mehr liebte? wenn sie, verlockt von den zauberischen Truggestalten des Orkus vornehmer Welt, berauscht von dem Lethetrank des Vergessens im Aufhören des Gedankens an mich, mich wirklich vergessen? – Wenn ein Nebenbuhler – Entsetzlicher Gedanke, den der schwarze Tartarus gebar aus todesschwangren Klüften! – Ha Verzweiflung – Mord und Tod! – Her mit dir, du lieblicher Freund, der in blutigen Rosengluten alle Schmach sühnend, Ruhe gibt und Trost – und *Rache*." – Die letzten Worte brüllte Giglio dermaßen, daß das ganze Haus widerhallte. Zugleich griff er nach dem blanken Dolch, der auf dem Tische lag und steckte ihn ein. Es war aber nur ein Theaterdolch.

Meister Bescapi schien nicht wenig verwundert, als Giglio nach Giacinta fragte. Er wollte durchaus nichts davon wissen, daß sie jemals in seinem Hause gewohnt und alle Versicherungen Giglios, daß er sie ja vor wenigen Tagen auf dem Balkon gesehen und mit ihr gesprochen, halfen nicht das allermindeste; Bescapi brach vielmehr das Gespräch ganz ab und erkundigte sich lächelnd, wie dem Giglio der neuerliche Aderlaß bekommen. – Sowie Giglio des Aderlasses erwähnen hörte, rannte er über Hals und Kopf von dannen. Als er über den spanischen Platz kam, sah er ein altes Weib vor sich herschreiten, die mühsam einen bedeckten Korb forttrug und die er für die alte Beatrice erkannte. „Ha", murmelte er, „du sollst mein Leitstern sein, dir will ich folgen!" – Nicht wenig verwundert war er, als die Alte nach der Straße mehr schlich, als ging, wo sonst Giacinta wohnte, als sie vor Signor Pasquales Haustür stillstand und den schweren Korb absetzte. In dem Augenblick fiel ihr Giglio, der ihr auf dem Fuße gefolgt, in die Augen. „Ha!" rief sie laut, „ha, mein süßer Herr Taugenichts, laßt Ihr Euch endlich wieder einmal blicken? – Nun, Ihr seid mir ein schöner treuer Liebhaber, der sich herumtreibt an allen Ecken und Orten, wo er nicht hingehört, und sein Mädchen vergißt in der schönen lustigen Zeit des Karnevals! – Nun, helft mir nur jetzt den schweren Korb herauftragen und dann möget Ihr zusehen, ob Giacintchen noch einige Ohrfeigen für Euch aufbewahrt hat, die Euch den wackligen Kopf zurechtsetzen." – Giglio überhäufte die Alte mit den bittersten Vorwürfen, daß sie ihn mit der albernen Lüge, wie Giacinta im Gefängnis sitze, gefoppt; die Alte wollte dagegen nicht das mindeste davon wissen, sondern behauptete, daß Giglio sich das alles nur eingebildet, nie habe Giacinta die Stübchen in Signor Pasquales Hause verlassen, und sei in diesem Karneval fleißiger gewesen, als jemals. Giglio rieb sich die Stirne, zupfte sich an der Nase, als wolle er sich selbst erwecken aus dem Schlafe. „Es ist nur zu gewiß", sprach er, „entweder liege ich jetzt im Traum, oder ich habe die ganze Zeit über den verwirrtesten Traum geträumt –" „Seid", unterbrach ihn die Alte, „seid nur so gut und packt an! Ihr werdet dann an der Last, die Euern Rücken drückt, am besten merken können, ob Ihr träumt, oder nicht." Giglio lud nun ohne weiteres den Korb auf, und stieg, die wunderbarsten Empfindungen in der Brust, die schmale Treppe hinan. „Was in aller Welt habt Ihr aber in dem Korbe?" fragte er die Alte, die vor ihm hinaufschritt. „Dumme Frage!" erwiderte diese, „Ihr habt es wohl noch gar nicht erlebt, daß ich auf den Markt gegangen bin um einzukaufen für mein Giacint-chen? und zudem erwarten wir heute Gäste" – „Gäste?" fragte Giglio mit langgedehntem Tone. In dem Augenblick waren sie aber oben, die Alte hieß dem Giglio den Korb niedersetzen und hineingehen in das Stübchen, wo er Giacinta antreffen würde.

Das Herz pochte dem Giglio vor banger Erwartung, vor süßer Angst. Er klopfte leise an, öffnete die Türe. Da saß Giacinta, wie sonst, emsig arbeitend an dem Tisch, der vollgepackt war mit Blumen, Bändern, allerlei Zeugen u. s w. „Ei", rief Giacinta, indem sie Giglio mit leuchtenden Augen anblickte, „ei Signor Giglio, wo kommt Ihr auf einmal wieder her? Ich glaubte, Ihr hättet Rom längst verlassen?" – Giglio fand sein Mädchen so über alle Maßen hübsch, daß er ganz verdutzt, keines Wortes mächtig, in der Türe stehenblieb. Wirklich schien auch ein ganz besonderer Zauber der Anmut über ihr ganzes Wesen ausgegossen; höheres Inkarnat glühte auf ihren Wangen und die Augen, ja eben die Augen leuchteten, wie gesagt, dem Giglio recht ins Herz hinein. – Es wäre nur zu sagen gewesen, Giacinta hatte ihren *beau jour*; da dieses französische Wort aber jetzt nicht mehr zu dulden, so mag nur beiläufig bemerkt werden, daß es mit dem *beau jour* nicht nur seine Richtigkeit, sondern auch seine eigene Bewandtnis hat. Jedes artige Fräulein von weniger Schönheit, oder auch passabler Häßlichkeit, darf nur, sei es von außen, oder von innen dazu aufgeregt, lebendiger als sonst denken: „Ich bin doch ein bildschönes Mädchen!" und überzeugt sein, daß mit diesem herrlichen Gedanken, mit dem sublimen Wohlbehagen im Innern sich auch der *beau jour* von selbst einstellt. –

Endlich stürzte Giglio ganz außer sich hin zu seinem Mädchen, warf sich auf die Knie und ergriff mit einem tragischen: „Meine Giacinta, mein süßes Leben!" ihre Hände. Plötzlich fühlte er aber einen tiefen Nadelstich seinen Finger durchbohren, so daß er vor Schmerz in die Höhe fuhr und sich genötigt fühlte unter dem Ausruf: „Teufel! Teufel!" – einige Sprünge zu verführen. Giacinta schlug ein helles Gelächter auf, dann sprach sie sehr ruhig und gelassen: „Seht, lieber Signor Giglio, das war etwas für Euer unartiges, ungestümes Betragen. Sonst ist es recht hübsch von Euch, daß Ihr mich besucht; denn bald werdet Ihr mich vielleicht nicht so ohne alle Zeremonie sehen können. Ich erlaube Euch bei mir zu verweilen. Setzt Euch dort auf den Stuhl mir gegenüber und erzählt mir, wie es Euch so lange gegangen, was Ihr für neue schöne Rollen spielt und dergleichen! Ihr wißt, ich höre das gern und wenn Ihr nicht in Euer verdammtes weinerliches Pathos, das Euch der Signor Abbate Chiari – Gott möge ihm dafür nicht die ewige Seligkeit entziehen! – angehext hat, verfallt, so hört es sich Euch ganz leidlich zu." "Meine Giacinta", sprach Giglio im Schmerz der Liebe und des Nadelstichs, "meine Giacinta, laß uns alle Qual der Trennung vergessen! – Sie sind wieder-gekommen, die süßen seligen Stunden des Glücks, der Liebe –" "Ich weiß nicht", unterbrach ihn Giacinta, "ich weiß nicht, was Ihr für albernes Zeug schwatzt. Ihr sprecht von Qual der Tren-nung und ich kann Euch versichern, daß ich meinesteils, glaubt ich nämlich in der Tat, daß Ihr Euch von mir trenntet, gar nichts und am wenigsten einige Qual dabei empfunden. Nennt Ihr selige Stunden die, in denen Ihr Euch bemühet mich zu langweilen, so glaube ich nicht, daß sie jemals wiederkehren werden. Doch im Vertrauen, Signor Giglio, Ihr habt manches, was mir gefällt, Ihr seid mir manchmal gar nicht unlieb ge-wesen und so will ich Euch gern verstatten, daß Ihr mich künftig, soviel es geschehen darf, sehet, wiewohl die Verhält-nisse, die jede Zutraulichkeit hemmend, Entfernung zwischen uns gebieten, Euch einigen Zwang auflegen werden." "Gia-cinta!" – rief Giglio, "welche sonderbare Reden?" "Nichts Sonderbares", erwiderte Giacinta, "ist hier im Spiel. Setzt Euch nur ruhig hin, guter Giglio! es ist ja doch vielleicht das letzte-mal, daß wir so traulich miteinander sind – Aber auf meine Gnade könnt Ihr immer rechnen; denn, wie gesagt, ich werde Euch nie das Wohlwollen, das ich für Euch gehegt, entziehen." – Beatrice trat hinein, ein paar Teller in den Händen, worauf die köstlichsten Früchte lagen, auch hatte sie eine ganz ansehn-liche Phiole unter dem Arm gekniffen. Der Inhalt des Korbes schien sich aufgetan zu haben. Durch die offene Türe sah Giglio ein muntres Feuer auf dem Herde knistern, und von allerlei Leckerbissen war der Küchentisch ganz voll und schwer. "Giacintchen", sprach Beatrice schmunzelnd, "soll unser klei-nes Mahl den Gast recht ehren, so ist mir noch etwas Geld von-nöten." "Nimm, Alte, so viel du bedarfst", erwiderte Giacinta, indem sie der Alten einen kleinen Beutel hinreichte, aus dessen Gewebe schöne Dukaten hervorblinkten. Giglio erstarrte, als er in dem Beutel den Zwillingsbruder des Beutels erkannte, den ihm, wie er nicht anders glauben konnte, Celionati zugesteckt und dessen Dukaten bereits auf der Neige waren. "Ist es ein

Blendwerk der Hölle?" schrie er auf, riß schnell den Beutel der Alten aus der Hand und hielt ihn dicht vor die Augen. Ganz erschöpft sank er aber in den Stuhl, als er auf dem Beutel die Inschrift las: Gedenke deines Traumbildes! – „Hoho", knurrte ihn die Alte an, indem sie den Beutel, den Giglio ihr mit weit vorgestrecktem Arm hinhielt, zurücknahm. „Hoho, Signor Habenichts! Euch setzt wohl solch schöner Anblick ganz in Erstaunen und Verwunderung? – Hört doch die liebliche Musik und ergötzt Euch dran!" Damit schüttelte sie den Beutel, daß das Gold darin erklang, und verließ das Zimmer. „Giacinta", sprach Giglio, ganz aufgelöst in Trostlosigkeit und Schmerz, „Giacinta! welch gräßliches entsetzliches Geheimnis – Sprecht es aus! – sprecht aus meinen Tod!" „Ihr seid", erwiderte Giacinta, indem sie die feine Nähnadel zwischen den spitzen Fingern gegen das Fenster hielt und geschickt den Silberfaden durch das Öhr stieß, „Ihr seid und bleibt der alte. Euch ist es so geläufig geworden über alles in Ekstase zu geraten, daß Ihr umherwandelt, ein stetes langweiliges Trauerspiel mit noch langweiligerem Oh, Ach und Weh! – Es ist hier gar nicht die Rede von gräßlichen, entsetzlichen Dingen; ist es Euch aber möglich, artig zu sein und Euch nicht zu gebärden, wie ein halbverrückter Mensch, so möcht ich wohl mancherlei erzählen." „Sprecht, gebt mir den Tod!" murmelte Giglio mit halb erstickter Stimme vor sich hin. – „Erinnert", begann Giacinta, „erinnert Ihr Euch wohl, Signor Giglio, was Ihr, es ist gar nicht lange her, mir einmal über das Wunder eines jungen Schauspielers sagtet? Ihr nanntet solch einen vortrefflichen Helden ein wandelndes Liebesabenteuer, einen lebendigen Roman auf zwei Beinen und was weiß ich wie sonst noch. Nun will ich behaupten, daß eine junge Putzmacherin, der der gütige Himmel eine hübsche Gestalt, ein artiges Gesicht und vorzüglich jene innere magische Gewalt verlieh, vermöge der ein Mädchen sich erst eigentlich als wahrhaftes Mädchen gestaltet, noch ein viel größeres Wunder zu nennen. Solch ein Nestkind der gütigen Natur ist erst recht ein in den Lüften schwebendes liebliches Abenteuer und die schmale Stiege zu ihr herauf, ist die Himmelsleiter, die in das Reich kindisch kecker Liebesträume führt. Sie ist selbst das zarte Geheimnis des weiblichen Putzes, das bald im schimmernden Glanz üppiger Farbenpracht, bald im milden Schein weißer Mondesstrahlen, rosiger Nebel, blauer Abenddüfte lieblichen Zauber übt über euch Männer. Verlockt von Sehnsucht und Verlangen naht ihr euch dem wunderbaren Geheimnis, ihr schaut die mächtige Fee mitten unter ihrem Zaubergerät; aber da wird, von ihren kleinen weißen Fingern berührt, jede Spitze zum Liebesnetz, jedes Band, das sie nestelt, zur Schlinge, in der ihr euch verfangt. Und in ihren Augen spiegelt sich alle entzückende Liebestorheit und erkennt sich selbst und hat an sich selbst herzinnigliche Freude. Ihr hört eure Seufzer aus der innersten Brust der Holden widertönen, aber leise und lieblich, wie die sehnsüchtige Echo den Geliebten ruft aus den fernen magischen Bergen. Da gilt nicht Rang, nicht Stand; dem reichen Prinzen, dem armen Schauspieler ist das kleine Gemach der anmutigen Circe das blumige blühende Arkadien in der unwirtbaren Wüste seines Lebens, in das er sich hineinrettet. Und wächst auch unter den schönen Blumen dieses Arkadiens etwas Schlangenkraut, was tut's? es gehört zu der verführerischen Gattung, die herrlich blüht und noch schöner duftet –" "O ja", unterbrach Giglio Giacinten, "o ja, und aus der Blüte selbst fährt das Tierlein, dessen Namen das schön blühende und duftende Kraut trägt und sticht plötzlich mit der Zunge, wie mit spitzer Nähnadel" – "Jedesmal", nahm Giacinta wieder das Wort, "wenn irgendein fremder Mann, der nicht hineingehört in das Arkadien, tölpisch mit der Nase zufährt." "Schön gesagt", fuhr Giglio ganz Ärger und Ingrimm fort, "schön gesagt, meine holde Giacinta! Ich muß überhaupt gestehen, daß du in der Zeit, während der ich dich nicht sah, auf wunderbare Art klug geworden bist. Du philosophierst über dich selbst auf eine Weise, die mich in Erstaunen setzt. Wahrscheinlich gefällst du dir ganz ungemein als zauberische Circe in dem reizenden Arkadien deines Dachstübchens, das der Schneidermeister Bescapi mit nötiger Zaubergerätschaft zu versehen nicht unterläßt." "Es mag", sprach Giacinta sehr gelassen weiter, "es mag mir ganz so gehen, wie dir. Auch ich habe allerlei hübsche Träume gehabt. – Doch, mein guter Giglio, alles was ich da von dem Wesen einer hübschen Putzmacherin gesprochen, nimm es wenigstens halb und halb für Scherz, für schälkische Neckerei und beziehe es um so weniger auf mich selbst, als dies hier vielleicht meine letzte Putzarbeit ist. – Erschrick nicht, mein guter Giglio! aber sehr leicht ist es möglich, daß ich am letzten Tage des Karnevals dies dürftige Kleid mit einem Purpurmantel, diesen kleinen Schemel mit einem Thron vertausche!" – "Himmel und Hölle", schrie Giglio, indem er heftig aufsprang, die geballte Faust an der Stirn, "Himmel und Hölle! Tod und Verderben! So ist es

wahr, was jener heuchlerische Bösewicht mir ins Ohr raunte? –
Ha! öffne dich, flammenspeiender Abgrund des Orkus! Steigt
herauf, schwarzgefiederte Geister des Acheron! – Genug!" –
Giglio verfiel in den gräßlichen Verzweiflungsmonolog irgendeines Trauerspiels des Abbate Chiari. Giacinta hatte diesen
Monolog, den ihr Giglio sonst hundertfältig vordeklamiert,
bis auf den kleinsten Vers im Gedächtnis und soufflierte, ohne
von der Arbeit aufzusehen, dem verzweifelnden Geliebten jedes
Wort, wenn er hie und da ins Stocken geraten wollte. Zuletzt
zog er den Dolch, stieß ihn sich in die Brust, sank hin, daß das
Zimmer dröhnte, stand wieder auf, klopfte sich den Staub ab,
wischte sich den Schweiß von der Stirne, fragte lächelnd:
„Nicht wahr, Giacinta, das bewährt den Meister?" „Allerdings", erwiderte Giacinta, ohne sich zu rühren, „allerdings.
Du hast vortrefflich tragiert, guter Giglio; aber nun wollen wir,
dächt ich, uns zu Tische setzen."

Die alte Beatrice hatte indessen den Tisch gedeckt, ein paar
herrlich duftende Schüsseln aufgetragen und die geheimnisvolle Phiole aufgesetzt nebst blinkenden Kristallgläsern. Sowie
Giglio das erblickte, schien er ganz außer sich: „Ha, der Gast –
der Prinz – Wie ist mir? Gott! – ich habe ja nicht Komödie
gespielt, ich bin ja wirklich in Verzweiflung geraten – ja in
helle tolle Verzweiflung hast du mich gestürzt, treulose Ver-
räterin, Schlange, Basilisk – Krokodil! Aber Rache – Rache!"
Damit schwang er den Theaterdolch, den er von der Erde auf-
gerafft, in den Lüften. Aber Giacinta, die ihre Arbeit auf den
Nähtisch geworfen und aufgestanden, nahm ihn beim Arm und
sprach: „Sei kein Hase, guter Giglio! gib dein Mordinstrument
der alten Beatrice, damit sie Zahnstocher daraus schneide und
setze dich mit mir zu Tisch; denn am Ende bist du der einzige
Gast, den ich erwartet habe." Giglio ließ sich plötzlich, besänftigt, die Geduld selbst, zu Tische führen und tat, was das Zu-
langen betrifft, sich dann weiter keinen Zwang an.

Giacinta fuhr fort ganz ruhig und gemütlich von dem ihr
bevorstehenden Glück zu erzählen, und versicherte dem Giglio
ein Mal über das andere, daß sie durchaus nicht in übermäßigen
Stolz verfallen und Giglios Gesicht ganz und gar vergessen,
vielmehr, solle er sich ihr von ferne zeigen, sich ganz gewiß
seiner erinnern und ihm manchen Dukaten zufließen lassen
werde, so daß es ihm nie an rosmarinfarbnen Strümpfen und
parfümierten Handschuhen mangeln dürfe. Giglio, dem, als er
einige Gläser Wein getrunken, die ganze wunderbare Fabel von

der Prinzessin Brambilla wieder in den Kopf gekommen, versicherte dagegen freundlich, daß er Giacintas gute herzliche Gesinnungen hoch zu schätzen wisse; was aber den Stolz und die Dukaten betreffe, so werde er von beiden keinen Gebrauch machen können, da er, Giglio, selbst im Begriff stehe, mit beiden Füßen hineinzuspringen ins Prinzentum. Er erzählte nun, wie ihn bereits die vornehmste und reichste Prinzessin der Welt zu ihrem Ritter erkoren, und, daß er hoffe, noch bei dem Schluß des Karnevals als der Gemahl seiner fürstlichen Dame, dem armseligen Leben, das er bis jetzt geführt, auf immer Valet sagen zu können. Giacinta schien über Giglios Glück höchlich erfreut und beide schwatzten nun ganz vergnüglich von der künftigen schönen Zeit der Freude und des Reichtumes. „Ich möchte nur", sprach Giglio endlich, „daß die Reiche, die wir künftig beherrschen werden, fein aneinandergrenzten, damit wir gute Nachbarschaft halten könnten; aber, irr ich nicht, so liegt das Fürstentum meiner angebeteten Prinzessin über Indien weg, gleich linker Hand um die Erde nach Persien zu." – „Das ist schlimm", erwiderte Giacinta, „auch ich werde wohl weit fort müssen; denn das Reich meines fürstlichen Gemahls soll dicht bei Bergamo liegen. Doch wird sich das wohl machen lassen, daß wir künftig Nachbarn werden und bleiben" – Beide, Giacinta und Giglio, kamen dahin überein, daß ihre künftigen Reiche durchaus in die Gegend von Frascati verlegt werden müßten. – „Gute Nacht, teure Prinzessin!" sprach Giglio; „wohl zu ruhen, teurer Prinz!" erwiderte Giacinta, und so schieden sie, als der Abend einbrach, friedlich und freundlich auseinander.

FÜNFTES KAPITEL

Wie Giglio in der Zeit gänzlicher Trockenheit des menschlichen Geistes zu einem weisen Entschluß gelangte, den Fortunatussäckel einsteckte und dem demütigsten aller Schneider einen stolzen Blick zuwarf. – Der Palast Pistoja und seine Wunder. – Vorlesung des weisen Mannes aus der Tulpe. – König Salomo der Geisterfürst und Prinzessin Mystilis. – Wie ein alter Magus einen schwarzen Schlafrock umwarf, eine Zobelmütze aufsetzte und mit ungekämmtem Bart Prophezeiungen vernehmen ließ in schlechten Versen. – Unglückliches Schicksal eines Gelbschnabels. – Wie der geneigte Leser in diesem Kapitel nicht erfährt, was sich bei Giglios Tanz mit der unbekannten Schönen weiter begeben.

Jeder, der mit einiger Fantasie begabt, soll, wie es in irgendeinem lebensklugheitschweren Buche geschrieben steht, an

einer Verrücktheit leiden, die immer steigt und schwindet, wie
Ebbe und Flut. Die Zeit der letzteren, wenn immer höher und
stärker die Wellen daherbrausen, ist die einbrechende Nacht,
so wie die Morgenstunden gleich nach dem Erwachen, bei der
Tasse Kaffee, für den höchsten Punkt der Ebbe gelten. Daher
gibt jenes Buch auch den vernünftigen Rat, diese Zeit als den
Moment der herrlichsten klärsten Nüchternheit zu benutzen,
zu den wichtigsten Angelegenheiten des Lebens. Nur des Mor-
gens soll man z. B. sich verheiraten, tadelnde Rezensionen lesen,
testieren, den Bedienten prügeln u. s. w.

In dieser schönen Zeit der Ebbe, in der sich der menschliche Geist gänzlicher Trockenheit erfreuen darf, war es, als
Giglio Fava über seine Torheit erschrak und selbst gar nicht
wußte, wie er das nicht längst habe tun können, wozu die Auf-
forderung ihm doch, so zu sagen, dicht vor die Nase geschoben
war. – „Es ist nur zu gewiß", so dachte er im frohen Bewußt-
sein des vollen Verstandes, „es ist nur zu gewiß, daß der alte
Celionati halb wahnsinnig zu nennen, daß er sich in diesem
Wahnsinn nicht nur ungemein gefällt, sondern auch recht
eigentlich darauf ausgeht, andere ganz verständige Leute darin
zu verstricken. Ebenso gewiß ist es aber, daß die schönste,
reichste aller Prinzessinnen, die göttliche Brambilla, eingezogen
ist in den Palast Pistoja und – o Himmel und Erde! kann diese
Hoffnung durch Ahnungen, Träume, ja durch den Rosenmund
der reizendsten aller Masken bestätigt, wohl täuschen – daß sie
ihrer himmlischen Augen süßen Liebesstrahl gerichtet hat auf
mich Glücklichen? – Unerkannt, verschleiert, hinter dem verschlossenen Gitter einer Loge, erblickte sie mich, als ich irgend-
einen Prinzen spielte und ihr Herz war mein! – Kann sie denn
wohl mir nahen auf geradem Wege? Bedarf das holde Wesen
nicht Mittelspersonen, Vertrauter, die den Faden anspinnen,
der sich zuletzt verschlingt zum süßesten Bande? – Mag es sich
nun begeben haben, wie es will, unbezweifelt ist Celionati der-
jenige, der mich der Prinzessin in die Arme führen soll – Aber
statt fein ordentlich den geraden Weg zu gehen, stürzt er mich
kopfüber in ein ganzes Meer von Tollheit und Fopperei, will
mir einreden, in eine Fratze vermummt müsse ich die schönste
der Prinzessinnen aufsuchen im Korso, erzählt mir von assyrischen Prinzen, von Zauberern – Fort – fort mit allem tollen
Zeuge, fort mit dem wahnsinnigen Celionati! – Was hält mich
denn ab, mich sauber anzuputzen, gerade hineinzutreten in
den Palast Pistoja, mich der Durchlauchtigsten zu Füßen zu

werfen? O Gott, warum tat ich das nicht schon gestern – vorgestern?" –

Es war dem Giglio unangenehm, daß, als er nun eiligst seine beste Garderobe musterte, er nicht umhinkonnte, selbst zu gestehen, daß das Federbarett auf ein Haar einem gerupften Haushahn glich, daß das dreimal gefärbte Wams in allen möglichen Regenbogenfarben schillerte, daß der Mantel die Kunst des Schneiders, der durch die kühnsten Nähte der fressenden Zeit getrotzt, zu sehr verriet, daß das wohlbekannte blauseidne Beinkleid, die Rosastrümpfe sich herbstlich entfärbt. Wehmütig griff er nach dem Beutel, den er beinahe geleert glaubte und – in schönster Fülle strotzend vorfand. – „Göttliche Brambilla", rief er entzückt aus, „göttliche Brambilla, ja ich gedenke deiner, ich gedenke des holden Traumbildes!"

Man kann sich vorstellen, daß Giglio, den angenehmen Beutel, der eine Art Fortunatussäckel schien, in der Tasche, sofort alle Läden der Trödler und Schneider durchrannte, um sich einen Anzug so schön, als ihn jemals ein Theaterprinz angelegt, zu verschaffen. Alles was man ihm zeigte, war ihm nicht reich, nicht prächtig genug. Endlich besann er sich, daß ihm wohl kein anderer Anzug genügen werde, als den Bescapis Meisterhand geschaffen, und begab sich sofort zu ihm hin. Als Meister Bescapi Giglios Anliegen vernommen, rief er ganz Sonne im Antlitz: „O mein bester Signor Giglio, damit kann ich aufwarten", und führte den kauflustigen Kunden in ein anderes Kabinett. Giglio war aber nicht wenig verwundert, als er hier keine andern Anzüge fand, als die vollständige italienische Komödie und außerdem noch die tollsten fratzenhaftesten Masken. Er glaubte von Meister Bescapi mißverstanden zu sein und beschrieb ziemlich heftig die vornehme reiche Tracht, in die er sich zu putzen wünsche. „Ach Gott!" rief Bescapi wehmütig, „ach Gott! was ist denn das wieder? Mein bester Signor, ich glaube doch nicht, daß wieder gewisse Anfälle –" „Wollt", unterbrach ihn Giglio ungeduldig, indem er den Beutel mit den Dukaten schüttelte, „wollt Ihr mir, Meister Schneider, einen Anzug verkaufen, wie ich ihn wünsche, so ist's gut; wo nicht, so laßt es bleiben" – „Nun, nun", sprach Meister Bescapi kleinlaut, „werdet nur nicht böse, Signor Giglio! – Ach, Ihr wißt nicht, wie gut ich es mit Euch meine, ach hättet Ihr nur ein wenig, ein ganz wenig Verstand!" – „Was untersteht Ihr Euch, Meister Schneider?" rief Giglio zornig. „Ei", fuhr Bescapi fort, „bin ich ein Meister Schneider, so wollt ich, ich könnte Euch das Kleid anmessen mit dem richtigen Maß, das Euch paßlich und dienlich. Ihr rennt in Euer Verderben, Signor Giglio, und mir tut es leid, daß ich Euch nicht alles wiedersagen kann, was der weise Celionati mir über Euch und Euer bevorstehendes Schicksal erzählt hat." „Hoho?" sprach Giglio, „der *weise* Signor Celionati, der saubre Herr Marktschreier, der mich verfolgt auf alle mögliche Weise, der mich um mein schönstes Glück betrügen will, weil er mein Talent, mich selbst haßt, weil er sich auflehnt gegen den Ernst höherer Naturen, weil er alles in die alberne Mummerei des hirnlosen Spaßes hineinfoppen möchte! – O mein guter Meister Bescapi, ich weiß alles, der würdige Abbate Chiari hat mir alle Hinterlist entdeckt. Der Abbate ist der herrlichste Mensch, die poetischste Natur die man finden kann; denn für *mich* hat er den weißen Mohren geschaffen und niemand auf der ganzen weiten Erde, sag ich, kann den weißen Mohren spielen, als ich." „Was sagt Ihr?" rief Meister Bescapi laut lachend, „hat der würdige Abbate, den der Himmel recht bald abrufen möge zur Versammlung höherer Naturen, hat er mit seinem Tränenwasser, das er so reichlich ausströmen läßt, einen Mohren weiß gewaschen?" – „Ich frage", sprach Giglio, mit Mühe seinen Zorn unterdrückend, „ich frage Euch noch einmal, Meister Bescapi, ob Ihr mir für meine vollwichtigen Dukaten einen Anzug, wie ich ihn wünsche, verkaufen wollt, oder nicht?" „Mit Vergnügen", erwiderte Bescapi ganz fröhlich, „mit Vergnügen, mein bester Signor Giglio!"

Darauf öffnete der Meister ein Kabinett, in dem die reichsten herrlichsten Anzüge hingen. Dem Giglio fiel sogleich ein vollständiges Kleid ins Auge, das in der Tat sehr reich, wiewohl, der seltsamen Buntheit halber, etwas fantastisch ins Auge fiel. Meister Bescapi meinte, dieses Kleid käme hoch zu stehen und würde dem Giglio wohl zu teuer sein. Als aber Giglio darauf bestand, das Kleid zu kaufen, den Beutel hervorzog und den Meister aufforderte, den Preis zu setzen, wie er wolle, da erklärte Bescapi, daß er den Anzug durchaus nicht fortgeben könne, da derselbe schon für einen fremden Prinzen bestimmt und zwar für den Prinzen Cornelio Chiapperi. – „Wie", rief Giglio, ganz Begeisterung, ganz Ekstase, „wie? – was sagt Ihr? – so ist das Kleid für mich gemacht und keinen andern. Glücklicher Bescapi! – Eben der Prinz Cornelio Chiapperi ist es, der vor Euch steht und bei Euch sein innerstes Wesen, sein Ich vorgefunden!" –

Sowie Giglio diese Worte sprach, riß Meister Bescapi den Anzug von der Wand, rief einen seiner Burschen herbei und befahl ihm, den Korb, in den er schnell alles eingepackt, dem durchlauchtigsten Prinzen nachzutragen.

„Behaltet", rief der Meister, als Giglio zahlen wollte, „behaltet Euer Geld, mein hochverehrtester Prinz! – Ihr werdet Eile haben. Euer untertänigster Diener wird schon zu seinen Gelde kommen; vielleicht berichtigt der weiße Mohr die kleine Auslage! – Gott beschütze Euch mein vortrefflicher Fürst!" –

Giglio warf dem Meister, der ein Mal übers andere in den zierlichsten Bücklingen niedertauchte, einen stolzen Blick zu, steckte das Fortunatussäckel ein und begab sich mit dem schönen Prinzenkleide von dannen.

Der Anzug paßte so vortrefflich, daß Giglio in der ausgelassensten Freude dem Schneiderjungen, der ihn auskleiden geholfen, einen blanken Dukaten in die Hand drückte. Der Schneiderjunge bat, ihm statt dessen ein paar gute Paolis zu geben, da er gehört, daß das Gold der Theaterprinzen nichts tauge und daß ihre Dukaten nur Knöpfe, oder Rechenpfennige wären. Giglio warf den superklugen Jungen aber zur Türe hinaus.

Nachdem Giglio genugsam die schönsten anmutigsten Gesten vor dem Spiegel probiert, nachdem er sich auf die fantastischen Redensarten liebekranker Helden besonnen und die volle Überzeugung gewonnen, daß er total unwiderstehlich sei, begab er sich, als schon die Abenddämmerung einzubrechen begann, getrost nach dem Palast Pistoja.

Die unverschlossene Türe wich dem Druck seiner Hand und er gelangte in eine geräumige Säulenflur, in der die Stille des Grabes herrschte. Als er verwundert ringsumher schaute, gingen aus dem tiefsten Hintergrunde seines Innern dunkle Bilder der Vergangenheit auf. Es war ihm, als sei er schon einmal hier gewesen und, da doch in seiner Seele sich durchaus nichts deutlich gestalten wollte, da alles Mühen, jene Bilder ins Auge zu fassen, vergebens blieb, da überfiel ihn ein Bangen, eine Beklommenheit, die ihm allen Mut benahm, sein Abenteuer weiter zu verfolgen.

Schon im Begriff, den Palast zu verlassen, wäre er vor Schreck beinahe zu Boden gesunken, als ihm plötzlich sein Ich, wie in Nebel gehüllt, entgegentrat. Bald gewahrte er indessen, daß das, was er für seinen Doppelgänger hielt, sein Bild war, das ihm ein dunkler Wandspiegel entgegenwarf.

Doch in dem Augenblick war es ihm aber auch, als flüsterten hundert süße Stimmchen: „O Signor Giglio, wie seid Ihr doch so hübsch, so wunderschön!" – Giglio warf sich vor dem Spiegel in die Brust, erhob das Haupt, stemmte den linken Arm in die Seite, und rief indem er die Rechte erhob, pathetisch: „Mut, Giglio, Mut! dein Glück ist dir gewiß, eile es zu erfassen!" – Damit begann er auf und ab zu schreiten mit schärferen und schärferen Tritten, sich zu räuspern, zu husten, aber grabesstill blieb es, kein lebendiges Wesen ließ sich vernehmen. Da versuchte er diese und jene Türe, die in die Gemächer führen mußte, zu öffnen; alle waren fest verschlossen.

Was blieb übrig, als die breite Marmortreppe zu ersteigen, die an beiden Seiten der Flur sich zierlich hinaufwand?

Auf dem obern Korridor, dessen Schmuck der einfachen Pracht des Ganzen entsprach, angekommen, war es dem Giglio, als vernähme er ganz aus der Ferne die Töne eines fremden seltsam klingenden Instruments – Behutsam schlich er weiter vor und bemerkte bald einen blendenden Strahl, der durch das Schlüsselloch der Türe ihm gegenüber in den Korridor fiel. Jetzt unterschied er auch, daß das, was er für den Ton eines unbekannten Instruments gehalten, die Stimme eines redenden Mannes war, die freilich gar verwunderlich klang, da es bald war, als würde eine Zimbel angeschlagen, bald als würde eine tiefe dumpfe Pfeife geblasen. Sowie Giglio sich an der Türe befand, öffnete sie sich leise – leise von selbst. Giglio trat hinein und blieb festgewurzelt stehen, im tiefsten Erstaunen –

Giglio befand sich in einem mächtigen Saal, dessen Wände mit purpurgesprenkeltem Marmor bekleidet waren und aus dessen hoher Kuppel sich eine Ampel hinabsenkte, deren strahlendes Feuer alles mit glühendem Gold übergoß. Im Hintergrunde bildete eine reiche Draperie von Goldstoff einen Thronhimmel, unter dem auf einer Erhöhung von fünf Stufen ein vergoldeter Armsessel mit bunten Teppichen stand. Auf demselben saß jener kleine alte Mann mit langem weißen Bart, in einen Talar von Silberstoff gekleidet, der bei dem Einzuge der Prinzessin Brambilla in der goldgleißenden Tulpe den Wissenschaften oblag. So wie damals, trug er einen silbernen Trichter auf dem ehrwürdigen Haupte; so wie damals, saß eine ungeheure Brille auf seiner Nase; so wie damals, las er, wiewohl jetzt mit lauter Stimme, die eben diejenige war, welche Giglio aus der Ferne vernommen, in einem großen Buche, das aufgeschlagen vor ihm auf dem Rücken eines knienden Mohren lag. An beiden Seiten standen die Strauße wie mächtige Trabanten und schlugen, einer um den andern, dem Alten, wenn er die Seite vollendet, mit den Schnäbeln das Blatt um.

Ringsumher im geschlossenen Halbkreis saßen wohl an hundert Damen so wunderbar schön, wie Feen und ebenso reich und herrlich gekleidet, wie diese bekanntlich einhergehen. Alle machten sehr emsig Filet. In der Mitte des Halbkreises, vor dem Alten, standen auf einem kleinen Altar von Porphyr, in der Stellung in tiefen Schlaf Versunkener, zwei kleine seltsame Püppchen mit Königskronen auf dem Haupte.

Als Giglio sich einigermaßen von seinem Erstaunen erholt, wollte er seine Gegenwart kundtun. Kaum hatte er aber auch nur den Gedanken gefaßt zu sprechen, als er einen derben Faustschlag auf den Rücken erhielt. Zu seinem nicht geringem Schrecken wurde er jetzt erst die Reihe mit langen Spießen und kurzen Säbeln bewaffneter Mohren gewahr, in deren Mitte er stand und die ihn mit funkelnden Augen anblitzten, mit elfenbeinernen Zähnen anfletschten. Giglio sah ein, daß Geduld üben hier das beste sei. –

Das was der Alte den Filet machenden Damen vorlas, lautete aber ungefähr, wie folgt:

„Das feurige Zeichen des Wassermanns steht über uns, der Delphin schwimmt auf brausenden Wellen gen Osten und spritzt aus seinen Nüstern das reine Kristall in die dunstige Flut! – Es ist an der Zeit, daß ich zu euch rede von den großen Geheimnissen, die sich begaben, von dem wunderbaren Rätsel, dessen Auflösung euch rettet von unseligem Verderben. – Auf der Zinne des Turms stand der Magus Hermod und beobachtete den Lauf der Gestirne. Da schritten vier alte Männer in Talare gehüllt, deren Farbe gefallnem Laube glich, durch den Wald auf den Turm los und erhoben, als sie an den Fuß des Turms gelangt, ein gewaltiges Wehklagen. ‚Höre uns! – Höre uns, großer Hermod! – Sei nicht taub für unser Flehen, erwache aus deinem tiefen Schlaf! – Hätten wir nur die Kraft, König Ophiochs Bogen zu spannen, so schössen wir dir einen Pfeil durch das Herz, wie er es getan und du müßtest herabkommen und dürftest da oben nicht im Sturmwinde stehen, wie ein unempfindlicher Klotz! – Aber würdigster Greis! wenn du nicht aufwachen willst, so halten wir einiges Wurfgeschütz in Bereitschaft und wollen an deine Brust anpochen mit einigen mäßigen Steinen, damit sich das menschliche Gefühl rege, das darin verschlossen! – Erwache, herrlicher Greis!‘ –

Der Magus Hermod schaute herab, lehnte sich übers Gelän-
der und sprach mit einer Stimme, die dem dumpfen Tosen des
Meeres, dem Heulen des nahenden Orkans glich: ‚Ihr Leute da
unten, seid keine Esel! Ich schlafe nicht und darf nicht geweckt
werden durch Pfeile und Felsenstücke. Beinahe weiß ich schon,
was ihr wollt, ihr lieben Menschen! Wartet ein wenig, ich
komme gleich herab. – Ihr könnt euch indessen einige Erd-
beeren pflücken, oder Haschemann spielen auf dem grasichten
Gestein – ich komme gleich.‘ –

Als Hermod herabgekommen und Platz genommen auf
einem großen Stein, den der weiche bunte Teppich des schönsten Mooses überzog, begann der von den Männern, der der
älteste schien, da sein weißer Bart ihm bis an den Gürtel herab-
reichte, also: ‚Großer Hermod, du weißt gewiß alles, was ich
dir sagen will, schon im voraus besser, als ich selbst; aber eben
damit du erfahren mögest, daß ich es auch weiß, muß ich es dir
sagen.‘ ‚Rede!‘ erwiderte Hermod, ‚rede, o Jüngling! Gern will
ich dich anhören; denn das, was du eben sagtest, verrät, daß dir
durchdringender Verstand beiwohnt, wo nicht tiefe Weisheit,
unerachtet du kaum die Kinderschuhe vertreten.‘ ‚Ihr wißt‘,
fuhr der Sprecher fort, ‚Ihr wißt es, großer Magus, daß König
Ophioch eines Tages im Rat, als eben die Rede davon war, daß
jeder Vasall gehalten sein solle, jährlich eine bestimmte Quanti-
tät Witz zum Hauptmagazin alles Spaßes im Königreich beizu-
steuern, woraus bei eintretender Hungers- oder Durstnot die
Armen verpflegt werden, plötzlich sprach: ›Der Moment, in
dem der Mensch umfällt, ist der erste, in dem sein wahrhaftes
Ich sich aufrichtet.‹ Ihr wißt es, daß König Ophioch, kaum
hatte er diese Worte gesprochen, wirklich umfiel und nicht
mehr aufstand, weil er gestorben war. Traf es sich nun, daß
Königin Liris auch in demselben Augenblick die Augen geschlossen, um sie nie wieder zu öffnen, so geriet der Staatsrat,
da es dem königlichen Paar an einiger Deszendenz gänzlich
fehlte, wegen der Thronfolge in nicht geringe Verlegenheit.
Der Hofastronom, ein sinnreicher Mann, fiel endlich auf ein
Mittel, die weise Regierung des Königs Ophioch dem Lande
noch auf lange Jahre zu erhalten. Er schlug nämlich vor, ebenso
zu verfahren, wie es mit einem bekannten Geisterfürsten (König Salomo) geschah, dem, als er schon längst gestorben, die
Geister noch lange gehorchten. Der Hoftischlermeister wurde,
diesem Vorschlag gemäß, in den Staatsrat gezogen; der ver-
fertigte ein zierliches Gestell von Buchsbaum, das wurde dem

König Ophioch, nachdem sein Körper gehörige Speisung der trefflichsten Spezereien erhalten, unter den Steiß geschoben, so daß er ganz staatlich dasaß; vermöge eines geheimen Zuges, dessen Ende wie eine Glockenschnur im Konferenzzimmer des großen Rats herabhing, wurde aber sein Arm regiert, so daß er das Szepter hin und her schwenkte. Niemand zweifelte, daß König Ophioch lebe und regiere. Wunderbares trug sich aber nun mit der Urdarquelle zu. Das Wasser des Sees, den sie gebildet, blieb hell und klar; doch statt daß sonst alle diejenigen, die hineinschauten, eine besondere Lust empfanden, gab es jetzt viele, welche, indem sie die ganze Natur und sich selbst darin erblickten, darüber in Unmut und Zorn gerieten, weil es aller Würde, ja allem Menschenverstande, aller mühsam erworbenen Weisheit entgegen sei, die Dinge und vorzüglich das eigne Ich verkehrt zu schauen. Und immer mehrere und mehrere wurden derer, die zuletzt behaupteten, daß die Dünste des hellen Sees den Sinn betörten und den schicklichen Ernst umwandelten in Narrheit. Im Ärger warfen sie nun allerlei garstiges Zeug in den See, so daß er seine Spiegelhelle verlor und immer trüber und trüber wurde, bis er zuletzt einem garstigen Sumpfe glich. Dies, o weiser Magus, hat viel Unheil über das Land gebracht; denn die vornehmsten Leute schlagen sich jetzt ins Gesicht und meinen denn, das sei die wahre Ironie der Weisen. Das größte Unheil ist aber gestern geschehen, da es dem guten König Ophioch ebenso ergangen, wie jenem Geisterfürsten. Der böse Holzwurm hatte unbemerkt das Gestell zernagt und plötzlich stürzte die Majestät im besten Regieren um, vor den Augen vieles Volks, das sich in den Thronsaal gedrängt, so daß nun sein Hinscheiden nicht länger zu verbergen. Ich selbst, großer Magus, zog gerade die Szepterschnure, welche, als die Majestät umstülpte, mir im Zerreißen dermaßen ins Gesicht schnellte, daß ich dergleichen Schnurziehen auf zeitlebens satt bekommen. – Du hast, o weiser Hermod! dich immer des Landes Urdargarten getreulich angenommen; sage, was fangen wir an, daß ein würdiger Thronfolger die Regierung übernehme und der Urdarsee wieder hell und klar werde?‘ – Der Magus Hermod versank in tiefes Nachdenken, dann aber sprach er: ‚Harret neunmal neun Nächte, dann entblüht aus dem Urdarsee die Königin des Landes! Unterdessen regiert aber das Land, so gut ihr es vermöget!‘ Und es geschah, daß feurige Strahlen aufgingen über dem Sumpf, der sonst die Urdarquelle gewesen. Das waren aber die Feuergeister, die mit glühenden Augen hineinblickten und aus der Tiefe wühlten sich die Erdgeister herauf. Aus dem trocken gewordenen Boden blühte aber eine schöne Lotusblume empor, in deren Kelch ein holdes schlummerndes Kind lag. Das war die Prinzessin Mystilis, die von jenen vier Ministern, die die Kunde von dem Magus Hermod geholt hatten, behutsam aus ihrer schönen Wiege herausgenommen und zur Regentin des Landes erhoben wurde. – Die gedachten vier Minister übernahmen die Vormundschaft über die Prinzessin und suchten das liebe Kind so zu hegen und zu pflegen, als es nur in ihrer Macht stand. In großen Kummer versanken sie aber, als die Prinzessin, da sie nun so alt geworden, um gehörig sprechen zu können, eine Sprache zu reden begann, die niemand verstand. Von weit und breit her wurden Sprachkundige verschrieben, um die Sprache der Prinzessin zu erforschen, aber das böse entsetzliche Verhängnis wollte, daß die Sprachkundigen, je gelehrter, je weiser sie waren, desto weniger die Reden des Kindes verstanden, die noch dazu ganz verständig und verständlich klangen. Die Lotusblume hatte indessen ihren Kelch wieder geschlossen; um sie her sprudelte aber in kleinen Quellchen das Kristall des reinsten Wassers empor. Darüber hatten die Minister große Freude; denn sie konnten nicht anders glauben, als daß statt des Sumpfs bald wieder der schöne Wasserspiegel der Urdarquelle aufleuchten werde. Wegen der Sprache der Prinzessin beschlossen die weisen Minister, sich, was sie schon längst hätten tun sollen, von dem Magus Hermod Rat zu holen. – Als sie in das schaurige Dunkel des geheimnisvollen Waldes getreten, als schon das Gestein des Turms durch das dichte Gesträuch blickte, stießen sie auf einen alten Mann, der, nachdenklich in einem großen Buche lesend, auf einem Felsstück saß und den sie für den Magus Hermod erkennen mußten. Der Kühle des Abends wegen, hatte Hermod einen schwarzen Schlafrock umgeworfen und eine Zobelmütze aufgesetzt, welches ihm zwar nicht übel kleidete, ihm aber doch ein fremdartiges, etwas finsteres Ansehen gab. Auch schien es den Ministern, als sei Hermods Bart etwas in Unordnung geraten; denn er glich struppigem Buschwerk. Als die Minister demütiglich ihr Anliegen vorgebracht hatten, erhob sich Hermod, blitzte sie mit solch einem entsetzlich funkelnden Blick an, daß sie beinahe stracks in die Knie gesunken wären, und schlug dann eine Lache auf, die durch den ganzen Wald dröhnte und gellte, so daß die Tiere verschüchtert, fliehend durch die Büsche rauschten und das

Geflügel, wie in Todesangst aufkreischend, emporbrauste aus dem Dickicht! Den Ministern, die den Magus Hermod in dieser etwas verwilderten Stimmung niemals gesehen und gesprochen, wurde nicht wohl zumute; indessen harrten sie in ehrfurchtsvollem Schweigen dessen, was der große Magus beginnen werde. Der Magus setzte sich aber wieder auf den großen Stein, schlug das Buch auf und las mit feierlicher Stimme:

,Es liegt ein schwarzer Stein in dunkler Halle,
    Wo einst das Königspaar, von Schlaf befangen
    Den stummen bleichen Tod auf Stirn und Wangen,
Geharrt der Zauberkunde mächtgem Schalle!

Und unter diesem Steine tief begraben
    Liegt, was zu aller Lebenslust erkoren
    Für Mystilis, aus Blüt und Blum geboren,
Aufstrahlt für sie, die köstlichste der Gaben.

Der bunte Vogel fängt sich dann in Netzen,
    Die Feenkunst mit zarter Hand gewoben.
    Verblendung weicht, die Nebel sind zerstoben
Und selbst der Feind muß sich zum Tod verletzen!

Zum bessern Hören spitzet dann die Ohren!
    Zum bessern Schauen nehmt die Brill vor Augen,
    Wollt ihr Minister sein, was Rechtes taugen!
Doch, bleibt ihr Esel, seid ihr rein verloren!'

Damit klappte der Magus das Buch mit solcher Gewalt zu, daß es erklang, wie ein starker Donnerschlag und sämtliche Minister rücklings überstürzten. Da sie sich erholt hatten, war der Magus verschwunden. Sie wurden darüber einig, daß man um des Vaterlandes Wohls willen viel leiden müsse; denn sonst sei es ganz unausstehlich, daß der grobe Kumpan von Sterndeuter und Zauberer die vortrefflichsten Stützen des Staats heute schon zum zweitenmal Esel genannt. Übrigens erstaunten sie selbst über die Weisheit, mit der sie das Rätsel des Magus durchschauten. In Urdargarten angekommen, gingen sie augenblicklich in die Halle, wo König Ophioch und Königin Liris dreizehnmal dreizehn Monden schlafend zugebracht, hoben den schwarzen Stein auf, der in der Mitte des Fußbodens eingefugt, und fanden in tiefer Erde ein kleines gar herrlich geschnitztes Kästchen von dem schönsten Elfenbein.

Das gaben sie der Prinzessin Mystilis in die Hände, die augenblicklich eine Feder andrückte, so daß der Deckel aufsprang
und sie das hübsche zierliche Filetzeug herausnehmen konnte,
das in dem Kästchen befindlich. Kaum hatte sie aber das Filetzeug in Händen, als sie laut auflachte vor Freuden und dann
ganz vernehmlich sprach: ‚Großmütterlein hatte es mir in die
Wiege gelegt; aber ihr Schelme habt mir das Kleinod gestohlen und hättet mir's nicht wiedergegeben, wärt ihr nicht auf die
Nase gefallen im Walde!‘ – Darauf begann die Prinzessin sogleich auf das emsigste Filet zu machen. Die Minister schickten
sich, ganz Entzücken, schon an, einen gemeinschaftlichen Freu-
densprung zu verführen, als die Prinzessin plötzlich erstarrte
und zusammenschrumpfte zum kleinen niedlichen Porzellanpüppchen. War erst die Freude der Minister groß gewesen, so
war es auch nun um desto mehr ihr Jammer. Sie weinten und
schluchzten so sehr, daß man es im ganzen Palast hören konnte,
bis einer von ihnen plötzlich, in Gedanken vertieft, einhielt,
sich mit den beiden Zipfeln seines Talars die Augen trocknete
und also sprach: ‚Ministers – Kollegen – Kameraden – beinahe
glaub ich, der große Magus hat recht und wir sind – nun mögen
wir sein, was wir wollen! – Ist denn das Rätsel aufgelöst? – ist
denn der bunte Vogel gefangen? – Der Filet, das ist das Netz
von zarter Hand gewoben, in dem er sich fangen muß.‘ Auf
Befehl der Minister wurden nun die schönsten Damen des
Reichs, wahre Feen an Reiz und Anmut, im Palast versammelt,
welche im prächtigsten Schmuck unablässig Filet machen mußten. – Doch was half es? Der bunte Vogel ließ sich nicht
blicken; die Prinzessin Mystilis blieb ein Porzellanpüppchen,
die sprudelnden Quellen des Urdarbrunnens trockneten immer
mehr ein und alle Vasallen des Reichs versanken in den bittersten Unmut. Da geschah es, daß die vier Minister, der Verzweiflung nahe, sich hinsetzten an den Sumpf, der sonst der
schöne spiegelhelle Urdarsee gewesen, in lautes Wehklagen
ausbrachen und in den rührendsten Redensarten den Magus
Hermod anflehten, sich ihrer und des armen Urdarlandes zu
erbarmen. Ein dumpfes Stöhnen stieg aus der Tiefe, die Lotosblume öffnete den Kelch und empor aus ihm erhob sich der
Magus Hermod, der mit zürnender Stimme also sprach: ‚Unglückliche! – Verblendete! – Nicht ich war es, mit dem ihr im
Walde sprachet; es war der böse Dämon, Typhon selbst war
es, der euch in schlimmem Zauberspiel geneckt, der das un-
selige Geheimnis des Filetkästchens hinaufbeschworen hat! –

Doch sich selbst zum Tort hat er mehr Wahrheit gesprochen, als er wollte. Mögen die zarten Hände feeischer Damen Filet machen, mag der bunte Vogel gefangen werden; aber vernehmt das eigentliche Rätsel, dessen Lösung auch die Verzauberung der Prinzessin löst.' '' –

So weit hatte der Alte gelesen, als er innehielt, sich von seinem Sitze erhob und zu den kleinen Püppchen, die auf dem Porphyr-Altar in der Mitte des Kreises standen, also sprach:

„Gutes vortreffliches Königspaar, teurer Ophioch, verehrteste Liris, verschmäht es nicht länger, uns zu folgen auf der Pilgerfahrt in dem bequemen Reiseanzug, den ich euch gegeben! – Ich, euer Freund Ruffiamonte, werde erfüllen, was ich versprach!"

Dann schaute Ruffiamonte im Kreise der Damen umher und sprach: „Es ist nun an der Zeit, daß ihr das Gespinst beiseite legt und den geheimnisvollen Spruch des großen Magus Hermod sprecht, wie er ihn gesprochen aus dem Kelch der wunderbaren Lotosblume heraus."

Während nun Ruffiamonte mit einem silbernen Stabe den Takt schlug mit heftigen Schlägen, die laut schallend auf das offne Buch niederfielen, sprachen die Damen, die ihre Sitze verlassen und einen dichteren Kreis um den Magus geschlossen, im Chor folgendes:

„Wo ist das Land, des blauer Sonnenhimmel
　　Der Erde Lust in reicher Blüt entzündet?
　Wo ist die Stadt, wo lustiges Getümmel
In schönster Zeit den Ernst vom Ernst entbindet?
　Wo gaukeln froh der Fantasei Gestalten,
　　In bunter Welt, die klein zum Ei geründet?
　Wo mag die Macht anmutgen Spukes walten?
　　Wer ist der Ich, der aus dem Ich gebären
　　Das Nicht-Ich kann, die eigne Brust zerspalten,
Und schmerzlos hoch Entzücken mag bewähren?

　Das Land, die Stadt, die Welt, das Ich, gefunden
　　Ist alles das, erschaut in voller Klarheit
　　Das Ich die Welt, der keck es sich entwunden,
Umwandelt des betörten Sinnes Narrheit,
　Trifft ihn der bleichen Unlust matter Tadel,
　　Der innre Geist in kräftge Lebenswahrheit,

Erschleußt das Reich die wunderbare Nadel
    Des Meisters, gibt in schelmisch tollem Necken,
    Dem, was nur niedrig schien, des Herrschers Adel
Der, der das Paar aus süßem Traum wird wecken.

Dann Heil dem schönen fernen Urdarlande!
    Gereinigt, spiegelhell erglänzt sein Bronnen,
    Zerrissen sind des Dämons Kettenbande,
Und aus der Tiefe steigen tausend Wonnen.
    Wie will sich jede Brust voll Inbrunst regen?
    In hohe Lust ist jede Qual zerronnen.
Was strahlt dort in des dunklen Waldes Wegen?
    Ha, welch ein Jauchzen aus der Fern ertönet!
    Die Königin, sie kommt! – auf ihr entgegen!
Sie fand das Ich! und Hermod ist versöhnet!" –

Jetzt erhoben die Strauße und die Mohren ein verwirrtes
Geschrei und dazwischen quiekten und piepten noch viele
andre seltsame Vogelstimmen. Stärker, als alle, schrie aber
Giglio, der, wie aus einer Betäubung erwacht, plötzlich alle
Fassung gewonnen und dem es nun war, als sei er in irgendeinem burlesken Schauspiel: „Um tausend Gotteswillen! was
ist denn das? Hört doch nur endlich auf mit dem tollen verrückten Zeuge! Seid doch vernünftig, sagt mir doch nur, wo
ich die durchlauchtige Prinzessin finde, die hochherrliche Brambilla! Ich bin Giglio Fava, der berühmteste Schauspieler auf der
Erde, den die Prinzessin Brambilla liebt und zu hohen Ehren
bringen wird – So hört mich doch nur! Damen, Mohren,
Strauße, laßt euch nicht albernes Zeug vorschwatzen! Ich weiß
das alles besser, als der Alte dort; denn ich bin der weiße Mohr
und kein andrer!"
Sowie die Damen endlich den Fava gewahr wurden, erhoben
sie ein langes durchdringendes Gelächter und fuhren auf ihn
los. Selbst wußte Giglio nicht, warum ihn auf einmal eine
schreckliche Angst überfiel und er mit aller Mühe suchte den
Damen auszuweichen. Unmöglich konnt ihm das gelingen,
wäre es ihm nicht geglückt, indem er den Mantel auseinander-
spreizte, emporzuflattern in die hohe Kuppel des Saals. Nun
scheuchten die Damen ihn hin und her und warfen mit großen
Tüchern nach ihm, bis er ermattet niedersank. Da warfen die
Damen ihm aber ein Filetnetz über den Kopf und die Strauße
brachten ein stattliches goldnes Bauer herbei, worein Giglio

ohne Gnade gesperrt wurde. In dem Augenblick verlosch die Ampel und alles war wie mit einem Zauberschlag verschwunden.

Da das Bauer an einem großen geöffneten Fenster stand, so konnte Giglio hinabschauen in die Straße, die aber, da das Volk eben nach den Schauspielhäusern und Osterien geströmt, ganz öde und menschenleer war, so daß der arme Giglio, hineingepreßt in das enge Behältnis, sich in trostloser Einsamkeit befand. „Ist das", so brach er wehklagend los, „ist das das geträumte Glück? Verhält es sich so mit dem zarten wunderbaren Geheimnis, das in dem Palast Pistoja verschlossen? – Ich habe sie gesehen, die Mohren, die Damen, den kleinen alten Tulpenkerl, die Strauße, wie sie hineingezogen sind durch das enge Tor; nur die Maulesel fehlten und die Federpagen! – Aber Brambilla war nicht unter ihnen – nein, es ist nicht hier, das holde Bild meines sehnsüchtigen Verlangens, meiner Liebesinbrunst! – O Brambilla! – Brambilla! – Und in diesem schnöden Kerker muß ich elendiglich verschmachten und werde nimmermehr den weißen Mohren spielen! – Oh! Oh! – Oh!"

„Wer lamentiert denn da oben so gewaltig?" – So rief es von der Straße herauf. Giglio erkannte augenblicklich die Stimme des alten Ciarlatano und ein Strahl der Hoffnung fiel in seine beängstete Brust.

„Celionati", sprach Giglio ganz beweglich herab, „teurer Signor Celionati, seid Ihr es, den ich dort im Mondschein erblicke? – Ich sitze hier im Bauer, in einem trostlosen Zustande. – Sie haben mich hier eingesperrt, wie einen Vogel! – O Gott! Signor Celionati, Ihr seid ein tugendhafter Mann, der den Nächsten nicht verläßt; Euch stehen wunderbare Kräfte zu Gebote, helft mir, ach helft mir aus meiner verfluchten peinlichen Lage! – O Freiheit, goldne Freiheit, wer schätzt dich mehr, als der, der im Käfig sitzt, sind seine Stäbe auch von Gold?" – Celionati lachte laut auf, dann aber sprach er: „Seht, Giglio, das habt Ihr alles Eurer verfluchten Narrheit, Euern tollen Einbildungen zu verdanken! – Wer heißt Euch in abgeschmackter Mummerei den Palast Pistoja betreten? Wie möget Ihr Euch einschleichen in eine Versammlung, zu der Ihr nicht geladen?" „Wie?" rief Giglio, „den schönsten aller Anzüge, den einzigen, in dem ich mich vor der angebeteten Prinzessin würdig zeigen konnte, den nennt Ihr abgeschmackte Mummerei?" – „Eben", erwiderte Celionati, „eben Euer schöner Anzug ist schuld daran, daß man Euch so behandelt hat."

„Aber bin ich denn ein Vogel?" rief Giglio voll Unmut und Zorn. „Allerdings", fuhr Celionati fort, „haben die Damen Euch für einen Vogel gehalten und zwar für einen solchen, auf dessen Besitz sie ganz versessen sind, nämlich für einen Gelbschnabel!" – „O Gott!" sprach Giglio ganz außer sich, „ich, der Giglio Fava, der berühmte tragische Held, der weiße Mohr! – ich ein Gelbschnabel!" „Nun, Signor Giglio", rief Celionati, „faßt nur Geduld, schlaft, wenn Ihr könnt, recht sanft und ruhig! Wer weiß, was der kommende Tag Euch Gutes bringt!" „Habt Barmherzigkeit", schrie Giglio, „habt Barmherzigkeit, Signor Celionati, befreit mich aus diesem verfluchten Kerker! Nimmermehr betret ich wieder den verwünschten Palast Pistoja." – „Eigentlich", erwiderte der Ciarlatano, „eigentlich habt Ihr es gar nicht um mich verdient, daß ich mich Eurer annehme, da Ihr alle meine guten Lehren verschmäht und Euch meinem Todfeinde, dem Abbate Chiari, in die Arme werfen wollt, der Euch, Ihr möget es nur wissen, durch schnöde Afterverse, die voll Lug und Trug sind, in dies Unglück gestürzt hat. Doch – Ihr seid eigentlich ein gutes Kind und ich bin ein ehrlicher weichmütiger Narr, das hab ich schon oft bewiesen; darum will ich Euch retten. Ich hoffe dagegen, daß Ihr mir morgen eine neue Brille und ein Exemplar des assyrischen Zahns abkaufen werdet." „Alles kaufe ich Euch ab, was Ihr wollt; nur Freiheit, Freiheit schafft mir! Ich bin schon beinahe erstickt!" – So sprach Giglio und auf einer unsichtbaren Leiter stieg der Ciarlatano zu ihm herauf, öffnete eine große Klappe des Käfichts; durch die Öffnung drängte mit Mühe sich der unglückselige Gelbschnabel.

Doch in dem Augenblick erhob sich im Palast ein verwirrtes Getöse und widerwärtige Stimmen quiekten und plärrten durcheinander. „Alle Geister!" rief Celionati, „man merkt Eure Flucht, Giglio, macht, daß Ihr fortkommt!" Mit der Kraft der Verzweiflung drängte sich Giglio vollends durch, warf sich rücksichtslos auf die Straße, raffte sich, da er durchaus nicht den mindesten Schaden genommen, auf, und rannte in voller Furie von dannen.

„Ja", rief er ganz außer sich, als er, in seinem Stübchen angekommen, den närrischen Anzug erblickte, in dem er mit seinem Ich gekämpft; „ja, der tolle Unhold, der dort körperlos liegt, das ist mein Ich und diese prinzlichen Kleider, die hat der finstre Dämon dem Gelbschnabel gestohlen und mir anvexiert, damit die schönsten Damen in unseliger Täuschung mich selbst für den Gelbschnabel halten sollen! – Ich rede Unsinn, ich weiß es; aber das ist recht, denn ich bin eigentlich toll geworden, weil der Ich keinen Körper hat – Ho ho! frisch darauf, frisch darauf, mein liebes holdes Ich!" – Damit riß er sich wütend die schönen Kleider vom Leibe, fuhr in den tollsten aller Maskenanzüge und lief nach dem Korso.

Alle Lust des Himmels durchströmte ihn aber, als eine anmutige Engelsgestalt von Mädchen, das Tambourin in der Hand, ihn zum Tanz aufforderte.

Die Kupfertafel, die diesem Kapitel beigeheftet, zeigt diesen Tanz des Giglio mit der unbekannten Schönen; was sich aber ferner dabei begab, wird der geneigte Leser im folgenden Kapitel erfahren.

SECHSTES KAPITEL

Wie einer tanzend zum Prinzen wurde, ohnmächtig einem Scharlatan in die Arme sank und dann beim Abendessen an den Talenten seines Kochs zweifelte. – Liquor anodynus und großer Lärm ohne Ursache. – Ritterlicher Zweikampf der in Lieb und Wehmut versunkenen Freunde und dessen tragischer Ausgang. – Nachteil und Unschicklichkeit des Tabakschnupfens. – Freimaurerei eines Mädchens und neu erfundener Flugapparat. Wie die alte Beatrice eine Brille aufsetzte und wieder herunternahm von der Nase.

Sie : Drehe dich, drehe dich stärker, wirble rastlos fort, lustiger toller Tanz! – Ha wie so blitzesschnell alles vorüberflieht! Keine Ruhe, kein Halt! – Mannigfache bunte Gestalten knistern auf, wie sprühende Funken eines Feuerwerks und verschwinden in die schwarze Nacht hinein. – Die Lust jagt nach der Lust und kann sie nicht erfassen, und darin besteht ja eben wieder die Lust. – Nichts ist langweiliger, als festgewurzelt in den Boden jedem Blick, jedem Wort Rede stehen zu müssen! Möcht deshalb keine Blume sein; viel lieber ein goldner Käfer, der dir um den Kopf schwirrt und sumset, daß du vor dem Getöse deinen eignen Verstand nicht zu vernehmen vermagst! Wo bleibt aber auch überhaupt der Verstand, wenn die Strudel wilder Lust ihn fortreißen? Bald zu schwer zerreißt er die Fäden und versinkt in den Abgrund; bald zu leicht fliegt er mit auf in den dunstgen Himmelskreis. Es ist nicht möglich, im Tanz einen recht verständigen Verstand zu behaupten; darum wollen wir ihn lieber, solange unsere Touren, unsere Pas fortdauern, ganz aufgeben. – Und darum mag ich dir auch gar nicht

Rede stehen, du schmucker, flinker Geselle! – Sieh, wie dich umkreisend ich dir entschlüpfe in dem Augenblick, da du mich zu erhaschen, mich festzuhalten gedachtest! – Und nun! – und nun wieder! –

Er : Und doch! – nein, verfehlt! – Aber es kommt nur darauf an, daß man im Tanz das rechte Gleichgewicht zu beobachten, zu behalten versteht. – Darum ist es nötig, daß jeder Tänzer etwas zur Hand nehme, als Äquilibrierstange; und darum will ich mein breites Schwert ziehen und es in den Lüften schwenken – So! – Was hältst du von diesem Sprunge, von dieser Stellung, bei der ich mein ganzes Ich dem Schwerpunkt meiner linken Fußspitze anvertraue? – Du nennst das närrischen Leichtsinn; aber das ist eben der Verstand, von dem du nichts hältst, unerachtet man ohne denselben nichts versteht und auch das Äquilibrium, das zu manchen Dingen nütze! – Aber wie? – von bunten Bändern umflattert, wie ich, auf der linken Fußspitze schwebend, das Tambourin hoch emporgehoben, verlangst du, ich solle mich begeben alles Verstandes, alles Äquilibriums? – Ich werfe dir meinen Mantelzipfel zu, damit du geblendet, strauchelnd mir in die Arme fällst! – Doch nein, nein! – sowie ich dich erfaßte, wärst du ja nicht mehr – schwändest hin in nichts! Wer bist du denn, geheimnisvolles Wesen, das aus Luft und Feuer geboren der Erde angehört und verlockend hinausschaut aus dem Gewässer! – Du kannst mir nicht entfliehen. Doch – du willst hinab, ich wähne dich festzuhalten, da schwebst du auf in die Lüfte. Bist du wirklich der wackre Elementargeist, der das Leben entzündet zum Leben? – Bist du die Wehmut, das brünstige Verlangen, das Entzücken, die Himmelslust des Seins? – Aber immer dieselben Pas – dieselben Touren! Und doch, Schönste, bleibt ewig nur dein Tanz und das ist gewiß das Wunderbarste an dir –

Das Tambourin : Wenn du, o Tänzer! mich so durcheinander klappern, klirren, klingen hörst, so meinst du entweder, ich wollte dir was weismachen mit allerlei dummem einfältigen Gewäsche, oder ich wäre ein tölpisch Ding, das Ton und Takt deiner Melodien nicht fassen könnte, und doch bin ich es allein, was dich in Ton und Takt hält. Darum horche – horche – horche auf mich!

Das Schwert : Du meinst o Tänzerin, daß hölzern, dumpf und stumpf, takt- und tonlos, ich dir nichts nützen kann. Aber wisse, daß es nur meine Schwingungen sind, denen der Ton, der Takt deines Tanzes entschwebt. – Ich bin Schwert und

Zither und darf die Luft verwunden mit Sang und Klang, Hieb und Stoß. – Und ich halte dich in Ton und Takt; darum horche – horche – horche auf mich! –

Sie : Wie immer höher der Einklang unseres Tanzes steigt! – Ei, welche Schritte, welche Sprünge! – Stets gewagter – stets gewagter und doch gelingt's, weil wir uns immer besser auf den Tanz verstehen!

Er : Ha! wie tausend funkelnde Feuerkreise uns umzingeln! Welche Lust! – Stattliches Feuerwerk, nimmer kannst du verpuffen; denn dein Material ist ewig, wie die Zeit – Doch – halt – halt; ich brenne – ich falle ins Feuer. –

Tambourin und Schwert : Haltet euch fest – haltet euch fest an uns, Tänzer!

Sie und Er : Weh mir – Schwindel – Strudel – Wirbel – erfaßt uns – hinab! –

– – So lautete Wort für Wort der wunderliche Tanz, den Giglio Fava mit der Schönsten, die doch niemand anders sein konnte, als die Prinzessin Brambilla selbst, auf die anmutigste Weise durchtanzte, bis ihm in dem Taumel der jauchzenden Lust die Sinne schwinden wollten. Das geschah aber nicht; vielmehr war es dem Giglio, da Tambourin und Schwert nochmals ermahnten, sich festzuhalten, als sänke er der Schönsten in die Arme. Und auch dieses geschah nicht; wem er an der Brust lag, war keinesweges die Prinzessin, sondern der alte Celionati.

„Ich weiß nicht", begann Celionati, „ich weiß nicht, mein bester Prinz (denn trotz Eurer absonderlichen Vermummung habe ich Euch auf den ersten Blick erkannt) wie Ihr dazu kommt, Euch auf solch grobe Weise täuschen zu lassen, da Ihr doch sonst ein gescheuter vernünftiger Herr seid. Gut nur, daß ich gerade hier stand und Euch in meinen Armen auffing, als die lose Dirne gerade im Begriff stand, Euch, Euern Schwindel benutzend, zu entführen."

„Ich danke Euch", erwiderte Giglio, „ich danke Euch recht sehr für Euren guten Willen, bester Signor Celionati; aber was Ihr da sprecht von grober Täuschung, verstehe ich ganz und gar nicht und es tut mir nur leid, daß der fatale Schwindel mich verhinderte, den Tanz mit der holdesten, schönsten aller Prinzessinnen, der mich ganz glücklich gemacht hätte, zu vollenden."

„Was sagt", fuhr Celionati fort, „was sagt Ihr? – Glaubt Ihr denn wohl, daß das wirklich die Prinzessin Brambilla war, die mit

Euch tanzte? – Nein! – Darin liegt eben der schnöde Betrug, daß die Prinzessin Euch eine Person gemeines Standes unterschob, um desto ungestörter anderm Liebeshandel nachhängen zu können." „Wäre es möglich", rief Giglio, „daß ich getäuscht werden konnte? –"

„Bedenkt", sprach Celionati weiter, „bedenkt, daß, wenn Eure Tänzerin wirklich die Prinzessin Brambilla gewesen wäre, wenn Ihr glücklich Euren Tanz beendigt hättet, in demselben Augenblick der große Magus Hermod erschienen sein müßte, um Euch mit Eurer hohen Braut einzuführen in Euer Reich."

„Das ist wahr", erwiderte Giglio; „aber sagt mir, wie alles sich begab, mit wem ich eigentlich tanzte!"

„Ihr sollt", sprach Celionati, „Ihr müßt alles erfahren. Doch, ist es Euch recht, so begleite ich Euch in Euern Palast, um dort ruhiger mit Euch, o fürstlicher Herr, reden zu können."

„Seid", sprach Giglio, „seid so gut, mich dorthin zu führen! denn gestehen muß ich Euch, daß mich der Tanz mit der vermeintlichen Prinzessin dermaßen angegriffen hat, daß ich wandle, wie im Traum, und in Wahrheit augenblicklich nicht weiß, wo hier in unserm Rom mein Palast gelegen." „Kommt nur mit mir, gnädigster Herr!" rief Celionati, indem er den Giglio beim Arm ergriff und mit ihm von dannen schritt.

Es ging schnurgerade los auf den Palast Pistoja. Schon auf den Marmorstufen des Portals stehend, schaute Giglio den Palast an von oben bis unten, und sprach darauf zu Celionati: „Ist das wirklich mein Palast, woran ich gar nicht zweifeln will, so sind mir wunderliche Wirtsleute über den Hals gekommen, die da oben in den schönsten Sälen tolle Wirtschaft treiben und sich gebärden, als gehöre ihnen das Haus und nicht mir. Kecke Frauenzimmer, die sich herausgeputzt mit fremdem Staat, halten vornehme verständige Leute – und, mögen mich die Heiligen schützen, ich glaube, mir selbst, dem Wirt des Hauses, ist es geschehen – für den seltenen Vogel, den sie fangen müssen in Netzen, die die Feenkunst mit zarter Hand gewoben und das verursacht denn große Unruhe und Störung. Mir ist es, als wär ich hier eingesperrt gewesen in ein schnödes Gebauer; darum möcht ich nicht gern wieder hinein. Wär's möglich, bester Celionati, daß für heute mein Palast anderswo liegen könnte, so würd es mir ganz angenehm sein."

„Euer Palast, gnädigster Herr!" erwiderte Celionati, „kann nun einmal nirgends anders liegen, als eben hier, und es würde gegen allen Anstand laufen, umzukehren in ein fremdes Haus.

Ihr dürft, o mein Prinz! nur daran denken, daß alles, was wir treiben und was hier getrieben wird, nicht wahr, sondern ein durchaus erlogenes Capriccio ist und Ihr werdet von dem tollen Volke, das dort oben sein Wesen treibt, nicht die mindeste Inkommodität erfahren. Schreiten wir getrost hinein!"

„Aber sagt mir", rief Giglio, den Celionati, der die Türe öffnen wollte, zurückhaltend, „aber sagt mir, ist denn nicht die Prinzessin Brambilla mit dem Zauberer Ruffiamonte und einem zahlreichen Gefolge an Damen, Pagen, Straußen und Eseln hier eingezogen?"

„Allerdings", erwiderte Celionati; „doch kann das Euch, der Ihr doch den Palast wenigstens ebenso gut besitzt, wie die Prinzessin, nicht abhalten, ebenfalls einzukehren, geschieht es auch vor der Hand in aller Stille. Ihr werdet Euch bald darin ganz heimatlich befinden."

Damit öffnete Celionati die Türe des Palastes und schob den Giglio vor sich hinein. Es war im Vorsaal alles ganz finster und grabesstill; doch erschien, als Celionati leise an eine Türe klopfte, bald ein kleiner sehr angenehmer Pulcinell mit brennenden Kerzen in den Händen.

„Irr ich nicht", sprach Giglio zu dem Kleinen, „irr ich nicht, so habe ich schon die Ehre gehabt, Euch zu sehn, bester Signor, auf dem Kutschendeckel der Prinzessin Brambilla." „So ist es", erwiderte der Kleine; „ich war damals in den Diensten der Prinzessin, bin es gewissermaßen noch jetzt, doch vorzüglich der unwandelbare Kammerdiener Eures gnädigsten Ichs, bester Prinz!"

Pulcinella leuchtete die beiden Ankömmlinge hinein in ein prächtiges Zimmer und zog sich dann bescheiden zurück, bemerkend, daß er überall, wo und wenn es der Prinz befehle, auf den Druck einer Feder sogleich hervorspringen werde; denn, unerachtet er hier im untern Stock der einzige in Liverei gesteckte Spaß sei, so ersetze er doch eine ganze Dienerschaft vermöge seiner Keckheit und Beweglichkeit.

„Ha!" rief Giglio, sich in dem reich und prächtig geschmückten Zimmer umschauend, „ha! nun erkenne ich erst, daß ich wirklich in meinem Palast, in meinem fürstlichen Zimmer bin. Mein Impresario ließ es malen, blieb das Geld schuldig und gab dem Maler, als er ihn mahnte, eine Ohrfeige, worauf der Maschinist den Impresario mit einer Furienfackel abprügelte! – Ja! – ich bin in meiner fürstlichen Heimat! – Doch Ihr wolltet mich wegen des Tanzes aus fürchterlicher Täuschung reißen, bester Signor Celionati. Redet, ich bitte, redet! Aber nehmen wir Platz!" –

Nachdem beide, Giglio und Celionati, auf weichen Polstern sich niedergelassen, begann dieser: „Wißt mein Fürst, daß diejenige Person, die man Euch unterschob statt der Prinzessin, niemand anders ist, als eine artige Putzmacherin, Giacinta Soardi geheißen!"

„Ist es möglich?" rief Giglio. – „Aber mich dünkt, dies Mädchen hat zum Liebhaber einen miserablen bettelarmen Komödianten, Giglio Fava?" „Allerdings", erwiderte Celionati; „doch könnt Ihr es Euch wohl denken, daß eben diesem miserablen bettelarmen Komödianten, diesem Theaterprinzen die Prinzessin Brambilla nachläuft auf Stegen und Wegen und eben nur darum Euch die Putzmacherin entgegenstellt, damit Ihr vielleicht gar in tollem wahnsinnigen Mißverständnis Euch verlieben in diese und sie abwendig machen sollt dem Theaterhelden?"

„Welch ein Gedanke", sprach Giglio, „welch ein frevelicher Gedanke! – Aber glaubt es mir, Celionati, es ist nur ein böser dämonischer Zauber, der alles verwirrt und toll durcheinanderjagt und diesen Zauber zerstöre ich mit diesem Schwert, das ich mit tapfrer Hand führen und jenen Elenden vernichten werde, der sich untersteht, es zu dulden, daß meine Prinzessin ihn liebt."

„Tut das", erwiderte Celionati mit schälkischem Lachen, „tut das, bester Prinz! Mir selbst ist viel daran gelegen, daß der alberne Mensch je eher, desto besser, aus dem Wege geräumt wird."

Jetzt dachte Giglio an Pulcinella und an die Dienste, zu denen er sich erboten. Er drückte daher an irgendeine verborgene Feder; Pulcinella sprang alsbald hervor und da er, wie er versprochen, eine ganze Zahl der unterschiedlichsten Dienerschaft zu ersetzen wußte, so war Koch, Kellermeister, Tafeldecker, Mundschenk beisammen und ein leckeres Mahl in wenigen Sekunden bereitet.

Giglio fand, nachdem er sich gütlich getan, daß man doch, was Speisen und Wein betreffe, gar zu sehr spüre, wie alles nur *einer* bereitet, herbeigeholt und aufgetragen; denn alles käme im Geschmack auf eins heraus. Celionati meinte, die Prinzessin Brambilla möge vielleicht eben deshalb Pulcinella zur Zeit aus ihrem Dienst entlassen haben, weil er in vorschnellem Eigendünkel alles selbst und allein besorgen wolle, worüber er schon oft mit Arlecchino in Streit geraten, der sich dergleichen ebenfalls anmaße. –

In dem höchst merkwürdigen Originalcapriccio, dem der Erzähler genau nacharbeitet, befindet sich hier eine Lücke. Um musikalisch zu reden, fehlt der Übergang von einer Tonart zur andern, so daß der neue Akkord ohne alle gehörige Vorbereitung losschlägt. Ja man könnte sagen, das Capriccio bräche ab mit einer unaufgelösten Dissonanz. Es heißt nämlich, der Prinz (es kann kein andrer gemeint sein, als Giglio Fava, der dem Giglio Fava den Tod drohte) sei plötzlich von entsetzlichem Bauchgrimmen heimgesucht worden, welches er Pulcinellas Gerichten zugeschrieben, dann aber, nachdem ihn Celionati mit *Liquor anodynus* bedient, eingeschlafen, worauf ein großer Lärm entstanden. – Man erfährt weder, was dieser Lärm bedeutet, noch wie der Prinz, oder Giglio Fava, nebst Celionati aus dem Palast Pistoja gekommen.

Die fernere Fortsetzung lautet ungefähr wie folgt:

Sowie der Tag zu sinken begann, erschien eine Maske im Korso, die die Aufmerksamkeit aller erregte, ihrer Seltsamkeit und Tollheit halber. Sie trug auf dem Haupt eine wunderliche, mit zwei hohen Hahnfedern geschmückte Kappe, dazu eine Larve mit elefantenrüsselförmiger Nase, auf der eine große Brille saß, ein Wams mit dicken Knöpfen, dazu aber ein hübsches himmelblau seidnes Beinkleid mit dunkelroten Schleifen, rosenfarbene Strümpfe, weiße Schuhe mit dunkelroten Bändern und ein schönes spitzes Schwert an der Seite.

Der geneigte Leser kennt diese Maske schon aus dem ersten Kapitel und weiß daher, daß dahinter niemand anders stecken kann, als Giglio Fava. Kaum hatte aber diese Maske den Korso ein paarmal durchwandelt, als ein toller Capitan Pantalon Brighella, wie er auch schon oftmals in diesem Capriccio sich gezeigt, hervor und mit zornfunkelnden Augen auf die Maske zusprang, schreiend: „Treffe ich dich endlich, verruchter Theaterheld! – schnöder weißer Mohr! – Nicht entgehen sollst du mir jetzt! – Zieh dein Schwert, Hasenfuß, verteidige dich, oder ich stoße dir mein Holz in den Leib!"

Dabei schwenkte der abenteuerliche Capitan Pantalon sein breites hölzernes Schwert in den Lüften; Giglio geriet indessen über diesen unerwarteten Anfall nicht im mindesten außer Fassung, sondern sprach vielmehr ruhig und gelassen: „Was ist denn das für ein ungeschlachter Grobian, der sich mit mir hier duellieren will, ohne das geringste davon zu verstehen, was echte Rittersitte heißt? Hört, mein Freund! erkennt Ihr mich wirklich an, als den weißen Mohren, so müßt Ihr ja wissen, daß ich Held und Ritter bin, wie einer, und daß nur wahre Courtoisie mich heißt, einherzugehen in himmelblauen Beinkleidern, Rosastrümpfen und weißen Schuhen. Es ist der Ballanzug in König Arthurs Manier. Dabei blitzt aber mein gutes Schwert an meiner Seite und ich werde Euch ritterlich stehen, wenn Ihr ritterlich mich angreift und wenn Ihr was Rechtes seid und kein ins Römische übersetzter Hanswurst! –"

„Verzeiht", sprach die Maske, „verzeiht, o weißer Mohr, daß ich auch nur einen Augenblick außer Augen setzte, was ich dem Helden, dem Ritter schuldig bin! Aber so wahr fürstliches Blut in meinen Adern fließt, ich werde Euch zeigen, daß ich mit ebensolchem Nutzen vortreffliche Ritterbücher gelesen, als Ihr."

Darauf trat der fürstliche Capitan Pantalon einige Schritte zurück, hielt sein Schwert in Fechterstellung dem Giglio entgegen und sprach mit dem Ausdruck des innigsten Wohlwollens: „Ist es gefällig?" – Giglio riß, seinen Gegner zierlich grüßend, den Degen aus der Scheide und das Gefecht hub an. Man merkte bald, daß beide, der Capitan Pantalon und Giglio, sich auf solch ritterliches Beginnen gar gut verstanden. Fest in dem Boden wurzelten die linken Füße, während die rechten bald stampfend ausschritten zum kühnen Anfall, bald sich zurückzogen in die verteidigende Stellung. Leuchtend fuhren die Klingen durcheinander, blitzschnell folgte Stoß auf Stoß. Nach einem heißen bedrohlichen Gange mußten die Kämpfer ruhen. Sie blickten einander an und es ging mit der Wut des Zweikampfs solch eine Liebe in ihnen auf, daß sie sich in die Arme fielen und sehr weinten. Dann begann der Kampf aufs neue mit verdoppelter Kraft und Gewandtheit. Aber als nun Giglio einen wohlberechneten Stoß seines Gegners wegschleudern wollte, saß dieser fest in der Bandschleife des linken Beinkleids, so daß sie ächzend hinabfiel. „Halt!" schrie der Capitan Pantalon. Man untersuchte die Wunde und fand sie unbedeutend. Ein paar Stecknadeln reichten hin, die Schleife wieder zu befestigen. „Ich will", sprach nun der Capitan Pantalon, „mein Schwert in die linke Hand nehmen, weil die Schwere des Holzes meinen rechten Arm ermattet. *Du* kannst deinen leichten Degen immer in der rechten Hand behalten." „Der Himmel sei vor", erwiderte Giglio, „daß ich dir solche Unbill antue! Auch ich nehme meinen Degen in die linke Hand; denn so ist

es recht und nützlich, da ich dich so besser treffen kann."
„Komm an meine Brust, guter edler Kamerad", rief der Capitan Pantalon. Die Kämpfer umarmten sich wiederum und heulten und schluchzten ungemein vor Rührung über die Herrlichkeit ihres Beginnens und fielen sich grimmig an. „Halt!" schrie nun Giglio, als er bemerkte, daß sein Stoß saß in der Hutkrempe des Gegners. Dieser wollte anfangs von keiner Verletzung was wissen; da ihm aber die Krempe über die Nase herabhing, mußte er wohl Giglios edelmütige Hülfleistungen annehmen. Die Wunde war unbedeutend; der Hut, nachdem ihn Giglio zurechtgerückt, blieb noch immer ein nobler Filz. Mit vermehrter Liebe blickten sich die Kämpfer an, jeder hatte den andern als rühmlich und tapfer erprobt. Sie umarmten sich, weinten, und hoch flammte die Glut des erneuerten Zweikampfs. Giglio gab eine Blöße, an seine Brust prallte des Gegners Schwert und er fiel entseelt rücklings zu Boden.

Des tragischen Ausgangs unerachtet schlug doch das Volk, als man Giglios Leichnam wegtrug, ein Gelächter auf, vor dem der ganze Korso erbebte, während der Capitan Pantalon kaltblütig sein breites hölzernes Schwert in die Scheide stieß und mit stolzen Schritten den Korso hinabwandelte. –

„Ja", sprach die alte Beatrice, „ja es ist beschlossen, den Weg weise ich dem alten häßlichen Scharlatan, dem Signor Celionati, wenn er sich wieder hier blicken läßt und meinem süßen holden Kinde den Kopf verrücken will. Und am Ende ist auch Meister Bescapi einverstanden mit seinen Narrheiten." – Die alte Beatrice mochte in gewisser Art recht haben; denn seit der Zeit, daß Celionati es sich angelegen sein ließ, die anmutige Putzmacherin, Giacinta Soardi, zu besuchen, schien ihr ganzes Innres wie umgekehrt. Sie war wie im ewig fortdauernden Traum befangen und sprach zuweilen solch abenteuerliches verwirrtes Zeug, daß die Alte um ihren Verstand besorgt wurde. Die Hauptidee Giacintas, um die sich alles drehte, war, wie der geneigte Leser schon nach dem vierten Kapitel vermuten kann, daß der reiche herrliche Prinz Cornelio Chiapperi sie liebe und um sie freien würde. Beatrice meinte dagegen, daß Celionati, der Himmel wisse warum, darauf ausgehe, der Giacinta was weiszumachen; denn, hätte es seine Richtigkeit mit der Liebe des Prinzen, so sei gar nicht zu begreifen, warum er nicht schon längst die Geliebte aufgesucht in ihrer Wohnung, da die Prinzen darin sonst gar nicht so blöde. Und dann wären doch auch die paar Dukaten, die Celionati ihnen zusteckte, durchaus nicht der Freigebigkeit eines Fürsten würdig. Am Ende gäb es gar keinen Prinzen Cornelio Chiapperi; und gäb es auch wirklich einen, so habe ja der alte Celionati selbst, sie wisse es, auf seinem Gerüst vor S. Carlo dem Volke verkündigt, daß der assyrische Prinz, Cornelio Chiapperi, nachdem er sich einen Backzahn ausreißen lassen, abhanden gekommen und von seiner Braut, der Prinzessin Brambilla, aufgesucht würde.

„Seht Ihr wohl", rief Giancinta, indem ihr die Augen leuchteten, „seht Ihr wohl? da habt Ihr den Schlüssel zum ganzen Geheimnis, da habt Ihr die Ursache warum der gute edle Prinz sich so sorglich verbirgt. Da er in Liebe zu mir ganz und gar glüht, fürchtet er die Prinzessin Brambilla und ihre Ansprüche, und kann sich doch nicht entschließen, Rom zu verlassen. Nur in der seltsamsten Vermummung wagt er es sich im Korso sehen zu lassen und eben der Korso ist es, wo er mir die unzweideutigsten Beweise seiner zärtlichsten Liebe gegeben. Bald geht aber ihm, dem teuern Prinzen und mir der goldne Glücksstern auf in voller Klarheit. – Erinnert Ihr Euch wohl eines geckenhaften Komödianten, der mir sonst den Hof machte, eines gewissen Giglio Fava?"

Die Alte meinte, daß dazu eben kein besonderes Gedächtnis gehöre, da der arme Giglio, der ihr noch immer lieber sei, als ein ungebildeter Prinz, erst vorgestern bei ihr gewesen und sich das leckere Mahl, das sie ihm bereitet, wohl schmecken lassen.

„Wollt", fuhr Giacinta fort, „wollt Ihr's wohl glauben, Alte, daß die Prinzessin Brambilla diesem armseligen Schlucker nachläuft? – So hat es Celionati mir versichert. Aber so wie sich der Prinz noch scheut, öffentlich aufzutreten als der meinige, so trägt die Prinzessin noch allerlei Bedenken, ihrer vorigen Liebe zu entsagen und den Komödianten Giglio Fava zu erheben auf ihren Thron. Doch in dem Augenblick, wenn die Prinzessin dem Giglio ihre Hand reicht, empfängt der Prinz hochbeglückt die meinige."

„Giacinta", rief die Alte, „was für Torheiten, was für Einbildungen!"

„Und was", sprach Giacinta weiter, „und was Ihr davon sagt, daß der Prinz es bis jetzt verschmäht hat, die Geliebte aufzusuchen in ihrem eigenen Kämmerlein, so ist das grundfalsch. Ihr glaubt es nicht, welcher anmutigen Künste sich der Prinz bedient, um mich unbelauscht zu sehen. Denn Ihr müßt wissen, daß mein Prinz nebst andern löblichen Eigenschaften und Kenntnissen, die er besitzt, auch ein großer Zauberer ist. Daß er einmal zur Nacht mich besuchte, so klein, so niedlich, so allerliebst, daß ich ihn hätte aufessen mögen, daran will ich gar nicht denken. Aber oft erscheint er ja, selbst wenn Ihr zugegen, plötzlich hier mitten in unserem kleinen Gemach und es liegt nur an Euch, daß Ihr weder den Prinzen, noch all die Herrlichkeiten erblickt, die sich dann auftun. Daß unser enges Gemach sich dann ausdehnt zum großen herrlichen Prachtsaal mit Marmorwänden, golddurchwirkten Teppichen, damastnen Ruhebetten, Tischen und Stühlen von Ebenholz und Elfenbein, will mir noch nicht so gefallen, als wenn die Mauern gänzlich schwinden, wenn ich mit dem Geliebten Hand in Hand wandle in dem schönsten Garten, wie man ihn sich nur denken mag. Daß du, Alte, die himmlischen Düfte nicht einzuatmen vermagst, die in diesem Paradiese wehen, wundert mich gar nicht, da du die häßliche Gewohnheit hast, dir die Nase mit Tabak vollzustopfen und nicht unterlassen kannst, selbst in Gegenwart des Prinzen dein Döschen herauszuziehen. Aber das Backentuch solltest du wenigstens wegtun von den Ohren, um den Gesang des Gartens zu vernehmen, der den Sinn gefangennimmt ganz und gar und vor dem jedes irdische Leid schwindet und auch der Zahnschmerz. Du kannst es durchaus nicht unschicklich finden, wenn ich es dulde, daß der Prinz mich auf beide Schultern küßt; denn du siehst es ja, wie dann mir augenblicklich die schönsten, buntesten, gleißendsten Schmetterlingsflügel herauswachsen und wie ich mich emporschwinge hoch – hoch, in die Lüfte. – Ha! – das ist erst die rechte Lust, wenn ich mit dem Prinzen so durch das Azur des Himmels segle. – Alles, was Erd und Himmel Herrliches hat, allen Reichtum, alle Schätze, die, verborgen im tiefsten Schacht der Schöpfung, nur geahnet wurden, gehen dann auf vor meinem trunknen Blick und alles – alles ist mein! – Und du sagst, Alte, daß der Prinz karg sei und mich in Armut lasse, unerachtet seiner Liebe? – Aber du meinst vielleicht, nur wenn der Prinz zugegen, sei ich reich; und auch das ist nicht einmal wahr. Sieh, Alte, wie in diesem Augenblick, da ich nur von dem Prinzen rede und von seiner Herrlichkeit, sich unser Gemach so schön geschmückt hat. Sieh diese seidnen Vorhänge, diese Teppiche, diese Spiegel, vor allen Dingen aber jenen köstlichen Schrank, dessen Äußeres würdig ist des reichen Inhalts! Denn du darfst ihn nur öffnen und die Goldrollen fallen dir in den Schoß. Und was meinst du zu diesen schmucken Hofdamen, Zofen, Pagen, die mir der Prinz indessen, ehe der ganze glänzende Hofstaat meinen Thron umgibt, zur Bedienung angewiesen hat?"

Bei diesen Worten trat Giacinta vor jenen Schrank, den der geneigte Leser schon im ersten Kapitel geschaut hat und in dem sehr reiche, aber auch sehr seltsame abenteuerliche Anzüge hingen, die Giacinta auf Bescapis Bestellung ausstaffiert hatte und mit denen sie jetzt ein leises Gespräch begann.

Die Alte schaute kopfschüttelnd dem Treiben Giacintas zu, dann begann sie: „Gott tröste Euch, Giacinta! aber Ihr seid befangen in argem Wahn und ich werde den Beichtvater holen, damit er den Teufel vertreibe, der hier spukt. – Aber ich sag es, alles ist die Schuld des verrückten Scharlatans, der Euch den Prinzen in den Kopf gesetzt und des albernen Schneiders, der Euch die tollen Maskenkleider in Arbeit gegeben hat. – Doch nicht schelten will ich! – Besinne dich, mein holdes Kind, meine liebe Giacintinetta, komm zu dir, sei artig, wie zuvor!"

Giacinta setzte sich schweigend in ihren Sessel, stützte das Köpfchen auf die Hand und schaute sinnend vor sich nieder!

„Und wenn", sprach die Alte weiter, „und wenn unser gute Giglio seine Seitensprünge läßt – Doch halt – Giglio! – Ei! indem ich dich so anschaue, Giacintchen, kommt mir in den Sinn, was er uns einmal vorlas aus dem kleinen Buche – Warte – warte – warte – das paßt auf dich vortrefflich." – Die Alte holte aus einem Korbe unter Bändern, Spitzen, Seidenlappen und andern Materialien des Putzes, ein kleines sauber gebundenes Büchelchen hervor, setzte ihre Brille auf die Nase, kauerte nieder vor Giacinta und las:

„War es an dem einsamen Moosufer eines Waldbachs, war es in einer duftenden Jasminlaube? – Nein – ich besinne mich jetzt, es war in einem kleinen freundlichen Gemach, das die Strahlen der Abendsonne durchleuchteten, wo ich sie erblickte. Sie saß in einem niedrigen Lehnsessel, den Kopf auf die rechte Hand gestützt, so daß die dunklen Locken mutwillig sich sträubten und hervorquollen zwischen den weißen Fingern. Die Linke lag auf dem Schoße und zupfte spielend an dem seidnen Bande, das sich losgenestelt von dem schlanken Leib, den es umgürtet. Willkürlos schien der Bewegung dieser Hand das Füßchen zu folgen, dessen Spitze nur eben unter dem faltenreichen Gewande hervorguckte und leise leise auf und nieder schlug. Ich sag es Euch, so viel Anmut, so viel himmlischer Liebreiz war über ihre ganze Gestalt hingegossen, daß mir das

Herz bebte vor namenlosem Entzücken. Den Ring des Gyges wünscht ich mir: sie sollte mich nicht sehen; denn von meinem Blick berührt würde sie, fürchtete ich, in die Luft verschwinden, wie ein Traumbild! – Ein süßes holdseliges Lächeln spielte um Mund und Wange, leise Seufzer drängten sich durch die rubinroten Lippen und trafen mich wie glühende Liebespfeile. Ich erschrak; denn ich glaubte, ich hätte laut ihren Namen gerufen im jähen Schmerz inbrünstiger Wonne! – Doch, sie gewahrte mich nicht, sie sah mich nicht. – Da wagt ich es ihr in die Augen zu blicken, die starr auf mich gerichtet schienen und in dem Widerschein dieses holdseligen Spiegels ging mir erst der wundervolle Zaubergarten auf, in den das Engelsbild entrückt war. Glänzende Luftschlösser öffneten ihre Tore und aus diesen strömte ein lustiges buntes Volk, das fröhlich jauchzend der Schönsten die herrlichsten reichsten Gaben darbrachte. Aber diese Gaben waren ja eben alle Hoffnungen, alle sehnsüchtigen Wünsche, die aus der innersten Tiefe des Gemüts heraus ihre Brust bewegten. Höher und heftiger schwollen, gleich Lilienwogen, die Spitzen über dem blendenden Busen und ein schimmerndes Inkarnat leuchtete auf den Wangen. Denn nun erst wurde das Geheimnis der Musik wach und sprach in Himmelslauten das Höchste aus – Ihr könnet mir glauben, daß ich nun wirklich selbst im Widerschein jenes wunderbaren Spiegels, mitten im Zaubergarten stand. –

Das ist", sprach die Alte, indem sie das Buch zuklappte und die Brille von der Nase nahm, „das ist alles nun sehr hübsch und artig gesagt; aber du lieber Himmel, was für ausschweifende Redensarten, um doch eigentlich weiter nichts auszudrücken, als daß es nichts Anmutigeres, und für Männer von Sinn und Verstand nichts Verführerischeres gibt, als ein schönes Mädchen, das in sich vertieft dasitzt und Luftschlösser baut. Und das paßt, wie gesagt, sehr gut auf dich, meine Giacintina und alles, was du mir da vorgeschwatzt hast vom Prinzen und seinen Kunststücken, ist weiter nichts, als der lautgewordene Traum, in den du versunken."

„Und", erwiderte Giacinta, indem sie sich vom Sessel erhob und wie ein fröhliches Kind in die Händchen klatschte, „und wenn es denn wirklich so wäre, gliche ich denn nicht eben deshalb dem anmutigen Zauberbilde, von dem Ihr eben laset? – Und daß Ihr's nur wißt, Worte des Prinzen waren es, die, als Ihr aus Giglios Buch etwas vorlesen wolltet, willkürlos über Eure Lippen flossen."

SIEBENTES KAPITEL

*Wie einem jungen artigen Menschen auf dem Caffè greco abscheuliche Dinge zu-
gemutet wurden, ein Impresario Reue empfand und ein Schauspielermodell an
Trauerspielen des Abbate Chiari starb. – Chronischer Dualismus und der Doppel-
prinz, der in die Quere dachte. – Wie jemand eines Augenübels halber verkehrt sah,
sein Land verlor und nicht spazierenging. – Zank, Streit und Trennung.*

Unmöglich wird sich der geneigte Leser darüber beschweren
können, daß der Autor ihn in dieser Geschichte durch zu weite
Gänge hin und her ermüde. In einem kleinen Kreise, den man
mit wenigen hundert Schritten durchmißt, liegt alles hübsch
beisammen: der Korso, der Palast Pistoja, der Caffè greco
u. s w., und, den geringen Sprung nach dem Lande Urdargarten abgerechnet, bleibt es immer bei jenem kleinen, leicht zu
durchwandelnden Kreise. So bedarf es jetzt nur weniger Schritte
und der geneigte Leser befindet sich wieder in dem Caffè greco,
wo, es sind erst vier Kapitel her, der Marktschreier Celionati
deutschen Jünglingen die wunderliche und wunderbare Geschichte von dem Könige Ophioch und der Königin Liris erzählte.

Also! – In dem Caffè greco saß ganz einsam ein junger hübscher, artig gekleideter Mensch, und schien in tiefe Gedanken
versunken; so daß er erst, nachdem zwei Männer, die unterdessen hineingetreten und sich ihm genaht, zwei-, dreimal hintereinander gerufen hatten „Signor – Signor – mein bester Signor!" wie aus dem Traum erwachte und mit höflich vorneh-
mem Anstande fragte, was den Herren zu Diensten stehe! –

Der Abbate Chiari – es ist nämlich zu sagen, daß die beiden
Männer niemand anders waren, als eben der Abbate Chiari, der
berühmte Dichter des noch berühmteren weißen Mohren und
jener Impresario, der das Trauerspiel mit der Farce vertauscht –
der Abbate Chiari begann alsbald: „Mein bester Signor Giglio,
wie kommt es, daß Ihr Euch gar nicht mehr sehen lasset, daß
man Euch mühsam aufsuchen muß durch ganz Rom? – Seht
hier einen reuigen Sünder, den die Kraft, die Macht meines
Worts bekehrt hat, der alles Unrecht, das er Euch angetan,
wieder gutmachen, der Euch allen Schaden reichlich ersetzen
will!" „Ja", nahm der Impresario das Wort, „ja, Signor Giglio,
ich bekenne frei meinen Unverstand, meine Verblendung. –
Wie war es möglich, daß ich Euer Genie verkennen, daß ich
nur einen Augenblick daran zweifeln konnte, in Euch allein
meine ganze Stütze zu finden! – Kehrt zurück zu mir, empfangt

auf meinem Theater aufs neue die Bewunderung, den lauten stürmischen Beifall der Welt!"

„Ich weiß nicht", erwiderte der junge artige Mensch, indem er beide, den Abbate und den Impresario ganz verwundert anblickte, „ich weiß nicht, meine Herrn, was ihr eigentlich von mir wollt. – Ihr redet mich mit einem fremden Namen an, ihr sprecht von mir ganz unbekannten Dingen – ihr tut, als wäre ich euch bekannt, unerachtet ich mich kaum erinnere, euch jemals in meinem Leben gesehen zu haben! –"

„Recht", sprach der Impresario, dem die hellen Tränen in die Augen kamen, „recht tust du, Giglio, mich so schnöde zu behandeln, so zu tun, als ob du mich gar nicht kenntest; denn ein Esel war ich, als ich dich fortjagte von den Brettern. Doch – Giglio! sei nicht unversöhnlich, mein Junge! – Her die Hand!"

„Denkt", fiel der Abbate dem Impresario in die Rede, „denkt, guter Signor Giglio, an mich, an den weißen Mohren, und daß Ihr denn doch auf andere Weise nicht mehr Ruhm und Ehre einernten könnet, als auf der Bühne dieses wackern Mannes, der den Arlecchino samt seinem ganzen saubern Anhang zum Teufel gejagt, und aufs neue das Glück errungen hat, Trauerspiele von mir zu erhalten und aufzuführen."

„Signor Giglio", sprach der Impresario weiter, „Ihr sollt selbst Euern Gehalt bestimmen; ja Ihr sollt selbst nach freier Willkür Euern Anzug zum weißen Mohren wählen und es soll dabei mir auf ein paar Ellen unechter Tressen, auf ein Päckchen Flittern mehr durchaus nicht ankommen."

„Und ich sage euch", rief der junge Mensch, „daß alles, was ihr da vorbringt, mir unauflösbares Rätsel ist und bleibt."

„Ha", schrie nun der Impresario voller Wut, „ha ich verstehe Euch, Signor Giglio Fava, ich verstehe Euch ganz, ich verstehe Euch ganz; ich weiß nun alles. – Der verfluchte Satan von – nun, ich mag seinen Namen nicht nennen, damit nicht Gift auf meine Lippen komme – *der* hat Euch gefangen in seinen Netzen, der hält Euch fest in seinen Klauen. – Ihr seid engagiert – Ihr seid engagiert. Aber ha ha ha – zu spät werdet Ihr es bereuen, wenn Ihr bei dem Schuft, bei dem erbärmlichen Schneidermeister, den ein toller Wahnsinn lächerliches Dünkels treibt, wenn Ihr bei dem –"

„Ich bitte Euch", unterbrach der junge Mensch den zornigen Impresario, „ich bitte Euch, bester Signor! geratet nicht in

Hitze, bleibet fein gelassen! Ich errate jetzt das ganze Mißverständnis. Nicht wahr, Ihr haltet mich für einen Schauspieler, namens Giglio Fava, der, wie ich vernommen, ehemals in Rom als ein vortrefflicher Schauspieler geglänzt haben soll, unerachtet er im Grunde niemals was getaugt hat?"

Beide, der Abbate und der Impresario, starrten den jungen Menschen an, als erblickten sie ein Gespenst.

„Wahrscheinlich", fuhr der junge Mensch fort, „wahrscheinlich waret ihr, meine Herrn, von Rom abwesend und kehrtet erst in diesem Augenblick zurück; denn sonst würd es mich wundernehmen, daß ihr das nicht vernommen haben solltet, wovon ganz Rom spricht. Leid sollte es mir tun, wenn ich der erste wäre, von dem ihr erfahret, daß jener Schauspieler, Giglio Fava, den ihr sucht und der euch so wert zu sein scheint, gestern auf dem Korso im Zweikampf niedergestoßen wurde. – Ich selbst bin nur zu sehr von seinem Tode überzeugt."

„O schön!" rief der Abbate, „o schön, o über alle Maßen schön und herrlich! – Also das war der berühmte Schauspieler Giglio Fava, den ein unsinniger fratzenhafter Kerl gestern niederstieß, daß er beide Beine in die Höhe kehrte? Wahrlich, mein bester Signor, Ihr müßt Fremdling in Rom und wenig bekannt sein mit unsern Karnevalsspäßen; denn sonst würdet Ihr es wissen, daß die Leute, als sie den vermeintlichen Leichnam aufheben und forttragen wollten, nur ein hübsches, aus Pappendeckel geformtes Modell in Händen hatten, worüber denn das Volk ausbrach in ein unmäßiges Gelächter."

„Mir ist", sprach der junge Mensch weiter, „mir ist unbekannt, inwiefern der tragische Schauspieler Giglio Fava nicht wirklich Fleisch und Blut hatte, sondern nur aus Pappendeckel geformt war; gewiß ist es aber, daß sein ganzes Inneres, bei der Sektion, mit Rollen aus den Trauerspielen eines gewissen Abbate Chiari erfüllt gefunden wurde, und daß die Ärzte nur der schrecklichen Übersättigung, der völligen Zerrüttung aller verdauenden Prinzipe durch den Genuß gänzlich kraft- und saftloser Nährmittel, die Tödlichkeit des Stoßes, den Giglio Fava vom Gegner erhalten, zuschrieben."

Bei diesen Worten des jungen Menschen brach der ganze Kreis aus in ein schallendes Gelächter.

Unvermerkt hatte sich nämlich während des merkwürdigen Gesprächs der Caffè greco mit den gewöhnlichen Gästen gefüllt und vornehmlich waren es die deutschen Künstler, die einen Kreis um die Sprechenden geschlossen.

War erst der Impresario in Zorn geraten, so brach nun bei dem Abbate noch viel ärger die innere Wut aus. „Ha!" schrie er, „ha, Giglio Fava! darauf hattet Ihr es abgesehen; Euch verdanke ich allen Skandal auf dem Korso! – Wartet – meine Rache soll Euch treffen – zerschmettern –"

Da nun aber der beleidigte Poet ausbrach in niedrige Schimpfwörter, und sogar Miene machte, mit dem Impresario gemeinschaftlich den jungen artigen Menschen anzupacken, so erfaßten die deutschen Künstler beide und warfen sie ziemlich unsanft zur Türe heraus, so daß sie blitzschnell bei dem alten Celionati vorüberflogen, der soeben eintreten wollte und der ihnen ein „glückliche Reise!" nachrief.

Sowie der junge artige Mensch den Ciarlatano gewahrte, ging er schnell auf ihn los, nahm ihn bei der Hand, führte ihn in eine entfernte Ecke des Zimmers und begann: „Wäret Ihr doch nur früher gekommen, bester Signor Celionati, um mich von zwei Überlästigen zu befreien, die mich durchaus für den Schauspieler Giglio Fava hielten, den ich – ach Ihr wißt es ja! – gestern in meinem unglücklichen Paroxysmus auf dem Korso niederstieß, und die mir allerlei abscheuliche Dinge zumuteten. – Sagt mir, bin ich denn wirklich jenem Fava so ähnlich, daß man mich für ihn ansehen kann?"

„Zweifelt", erwiderte der Ciarlatano höflich, ja beinahe ehrerbietig grüßend, „zweifelt nicht, gnädigster Herr, daß Ihr, was Eure angenehmen Gesichtszüge betrifft, in der Tat jenem Schauspieler ähnlich genug sehet, und es war daher sehr geraten, Euern Doppeltgänger aus dem Wege zu räumen, welches Ihr sehr geschickt anzufangen wußtet. Was den albernen Abbate Chiari samt seinem Impresario betrifft, so rechnet ganz auf mich, mein Prinz! Ich werde Euch allen Anfechtungen, die Eure vollkommene Genesung aufhalten könnten, zu entziehen wissen. Es ist nichts leichter, als einen Schauspieldirektor mit einem Schauspieldichter dermaßen zu entzweien, daß sie grimmig aufeinander losgehen und im wütenden Kampf einander auffressen, wie jene beiden Löwen, von denen nichts übrigblieb, als die beiden Schweife, die, schreckliches Denkmal verübtes Mords, auf dem Kampfplatz gefunden wurden. – Nehmt Euch doch ja nicht Eure Ähnlichkeit mit dem Trauerspieler aus Pappendeckel zu Herzen! Denn soeben vernehme ich, daß die jungen Leute dort, die Euch von Euern Verfolgern befreiten, ebenfalls glauben, Ihr wäret nun einmal kein anderer, als eben der Giglio Fava."

„O!" sprach der junge artige Mensch leise, „o mein bester Signor Celionati, verratet doch nur um des Himmels willen nicht, wer ich bin! Ihr wißt es ja, warum ich so lange verborgen bleiben muß, bis ich völlig genesen."

„Seid", erwiderte der Scharlatan, „seid unbesorgt, mein Prinz, ich werde, ohne Euch zu verraten, so viel von Euch sagen, als nötig ist, um die Achtung und Freundschaft jener jungen Leute zu gewinnen, ohne daß es ihnen einfallen darf zu fragen, wes Namens und Standes Ihr seid. Tut fürs erste so, als wenn Ihr uns gar nicht beachtet! schaut zum Fenster heraus, oder leset Zeitungen, dann könnet Ihr Euch später in unser Gespräch mischen. Damit Euch aber das, was ich spreche, gar nicht geniert, werde ich in der Sprache reden, die eigentlich nur für die Dinge paßt, die Euch und Eure Krankheit betreffen und die Ihr zur Zeit nicht versteht."

Signor Celionati nahm, wie gewöhnlich, Platz unter den jungen Deutschen, die noch unter lautem Lachen davon redeten, wie sie den Abbate und den Impresario, als sie dem jungen artigen Mann zu Leibe gewollt, in möglichster Eile hinausbefördert hätten. Mehrere fragten dann den Alten, ob es denn nicht wirklich der bekannte Schauspieler Giglio Fava sei, der dort zum Fenster hinauslehne, und als dieser es verneint und vielmehr erklärt, daß es ein junger Fremder von hoher Abkunft sei, meinte der Maler Franz Reinhold, (der geneigte Leser hat ihn schon in dem dritten Kapitel gesehen und gehört) daß er es gar nicht begreifen könne, wie man eine Ähnlichkeit zwischen jenem Fremden und dem Schauspieler Giglio Fava finden wollte. Zugeben müsse er, daß Mund, Nase, Stirn, Auge, Wuchs beider sich in der äußern Form gleichen könnten; aber der geistige Ausdruck des Antlitzes, der eigentlich die Ähnlichkeit erst schaffe und den die mehrsten Porträtmaler, oder vielmehr Gesichtabschreiber, nicht aufzufassen und daher wahrhaft ähnliche Bilder zu liefern niemals vermöchten, eben dieser Ausdruck sei zwischen beiden so himmelweit verschieden, daß er seinerseits den Fremden nie für den Giglio Fava gehalten hätte. Der Fava habe eigentlich ein nichtssagendes Gesicht, wogegen in dem Gesicht des Fremden etwas Seltsames liege, dessen Bedeutung er selbst nicht verstehe.

Die jungen Leute forderten den alten Scharlatan auf, ihnen wiederum etwas, das der wunderbaren Geschichte von dem Könige Ophioch und der Königin Liris gliche, die ihnen überaus wohlgefallen, oder vielmehr den zweiten Teil dieser

Geschichte selbst vorzutragen, den er ja von seinem Freunde, dem Zauberer Ruffiamonte oder Hermod im Palast Pistoja, erfahren haben müsse.

„Was", rief der Scharlatan, „was zweiter Teil – was zweiter Teil? Hab ich denn neuerdings plötzlich innegehalten, mich geräuspert und dann mich verbeugend gesagt: ‚Die Fortsetzung folgt künftig?' – Und überdem hat mein Freund, der Zauberer Ruffiamonte, den weitern Verlauf jener Geschichte bereits vorgelesen im Palast Pistoja. Eure Schuld ist es und nicht die meinige, daß ihr das Kollegium versäumtet, dem auch, wie es jetzt Mode ist, wißbegierige Damen beiwohnten; und sollte ich das alles jetzt noch einmal wiederholen, so würde das einer Person entsetzliche Langeweile erregen, die uns nie verläßt und die sich auch in jenem Kollegio befand, mithin schon alles weiß. Ich meine nämlich den Leser des Capriccios, Prinzessin Brambilla geheißen, einer Geschichte, in der wir selbst vorkommen und mitspielen. – Also nichts von dem Könige Ophioch und der Königin Liris und der Prinzessin Mystilis und dem bunten Vogel! Aber von mir, von mir will ich reden, wenn euch anders damit gedient ist, ihr leichtsinnigen Leute!"

„Warum leichtsinnig?" fragte Reinhold. – „Darum", sprach Meister Celionati auf deutsch weiter, „weil ihr mich betrachtet wie einen, der nur eben darum da ist, euch zuweilen Märchen zu erzählen, die bloß ihrer Possierlichkeit halber possierlich klingen und euch die Zeit, die ihr daran wenden wollt, vertreiben. Aber, ich sage euch, als mich der Dichter erfand, hatte er ganz was anders mit mir im Sinn und wenn er es mit ansehen sollte, wie ihr mich manchmal so gleichgültig behandelt, könnte er gar glauben, ich sei ihm aus der Art geschlagen. – Nun genug, ihr erzeigt mir alle nicht die Ehrfurcht und Achtung, die ich verdiene meiner tiefen Kenntnisse halber. So z. B. seid ihr der schnöden Meinung, daß, was die Wissenschaft der Medizin betrifft, ich, ohne alles gründliche Studium, Hausmittel als Arkana verkaufe und alle Krankheiten mit denselben Mitteln heilen wolle. Doch nun ist die Zeit gekommen, euch eines Bessern zu belehren. Weit, weit her, aus einem Lande so fern, daß Peter Schlemihl, trotz seinen Siebenmeilenstiefeln ein ganzes Jahr laufen müßte, um es zu erreichen, ist ein junger sehr ausgezeichneter Mann hiehergereiset, um sich meiner hülfreichen Kunst zu bedienen, da er an einer Krankheit leidet, die wohl die seltsamste und zugleich gefährlichste genannt werden darf, die es gibt und deren Heilung nun wirklich auf einem

Arkanum beruht, dessen Besitz magische Weihe voraussetzt. Der junge Mann leidet nämlich an dem chronischen Dualismus."

„Wie", riefen alle durcheinander lachend, „wie? was sagt Ihr, Meister Celionati, chronischen Dualismus? – Ist das erhört? –"

„Ich merke wohl", sprach Reinhold, „daß Ihr uns wieder etwas Tolles, Abenteuerliches auftischen wollt, und nachher bleibt Ihr nicht mehr bei der Stange."

„Ei", erwiderte der Scharlatan, „ei mein Sohn Reinhold, du gerade solltest mir solchen Vorwurf nicht machen; denn eben dir habe ich immer wacker die Stange gehalten und da du, wie ich glaube, die Geschichte von dem Könige Ophioch richtig verstanden und auch wohl selbst in den hellen Wasserspiegel der Urdarquelle geschaut hast, so – Doch ehe ich weiterspreche über die Krankheit, so erfahrt, ihr Herren, daß der Kranke, dessen Kur ich unternommen, eben jener junge Mann ist, der zum Fenster hinausschaut und den ihr für den Schauspieler Giglio Fava gehalten."

Alle schauten neugierig hin nach dem Fremden und kamen darin überein, daß in den übrigens geistreichen Zügen seines Antlitzes doch etwas Ungewisses, Verworrenes liege, das auf eine gefährliche Krankheit schließen lasse, welche am Ende in einem versteckten Wahnsinn bestehe. „Ich glaube", sprach Reinhold, „ich glaube, daß Ihr, Meister Celionati, mit Euerm chronischen Dualismus nichts anders meint, als jene seltsame Narrheit, in der das eigene Ich sich mit sich selbst entzweit, worüber denn die eigne Persönlichkeit sich nicht mehr festhalten kann."

„Nicht übel", erwiderte der Scharlatan, „nicht übel, mein Sohn! aber dennoch fehlgeschossen. Soll ich euch aber über die seltsame Krankheit meines Patienten Rechenschaft geben, so fürchte ich beinahe, daß es mir nicht gelingen wird, euch darüber klar und deutlich zu belehren, vorzüglich da ihr keine Ärzte seid, ich mich also jedes Kunstausdrucks enthalten muß. – Nun! - ich will es darauf ankommen lassen, wie es wird und euch zuvörderst bemerklich machen, daß der Dichter, der uns erfand und dem wir, wollen wir wirklich existieren, dienstbar bleiben müssen, uns durchaus für unser Sein und Treiben keine bestimmte Zeit vorgeschrieben hat. Sehr angenehm ist es mir daher, daß ich, ohne einen Anachronismus zu begehen, voraussetzen darf, daß ihr aus den Schriften eines gewissen deutschen, sehr geistreichen Schriftstellers* Kunde erhalten habt von dem doppelten Kronprinzen. Eine Prinzessin befand sich (um wieder mit einem dito geistreichen deutschen Schriftsteller** zu reden) in andern Umständen, als das Land, nämlich in gesegneten. Das Volk harrte und hoffte auf einen Prinzen; die Prinzessin übertraf aber diese Hoffnung gerade um das Doppelte, indem sie zwei allerliebste Prinzlein gebar, die, Zwillinge, doch ein Einling zu nennen waren, da sie mit den Sitzteilen zusammengewachsen. Unerachtet nun der Hofpoet behauptete, die Natur habe in *einem* menschlichen Körper nicht Raum genug gefunden für all die Tugenden, die der künftige Thronerbe in sich tragen solle, unerachtet die Minister den über den Doppelsegen etwas betretenen Fürsten damit trösteten, daß vier Hände doch Szepter und Schwert kräftiger handhaben würden, als zwei, so wie überhaupt die ganze Regierungssonate *à quatre mains* voller und prächtiger klingen würde – ja! – alles dessen unerachtet, fanden sich doch Umstände genug, die manches gerechte Bedenken veranlaßten. Fürs erste erregte schon die große Schwierigkeit, ein praktikables und zugleich zierliches Modell zu einem gewissen Stühlchen zu erfinden, die gegründete Besorgnis, wie es künftig mit der schicklichen Form des Throns aussehen würde; ebenso vermochte eine aus Philosophen und Schneidern zusammengesetzte Kommission nur nach dreihundertundfünfundsechzig Sitzungen die bequemste und dabei anmutigste Form der Doppelhosen herauszubringen; was aber das Schlimmste schien, war die gänzliche Verschiedenheit des Sinns, die sich in beiden immer mehr und mehr offenbarte. War der eine Prinz traurig, so war der andere lustig; wollte der eine sitzen, so wollte der andere laufen, genug – nie stimmten ihre Neigungen überein. Und dabei konnte man durchaus nicht behaupten, der eine sei dieser, der andere jener bestimmten Gemütsart; denn in dem Widerspiel eines ewigen Wechsels schien eine Natur hinüberzugehen in die andre, welches wohl daher kommen mußte, daß sich, nächst dem körperlichen Zusammenwachsen, auch ein geistiges offenbarte, das eben den größten Zwiespalt verursachte. – Sie dachten nämlich in die Quere, so daß keiner jemals recht wußte, ob er das, was er gedacht, auch wirklich selbst gedacht, oder sein Zwilling; und heißt das nicht Konfusion, so gibt es keine. Nehmt ihr nun an,

* Lichtenberg.
** Jean Paul.

daß einem Menschen solch ein in die Quere denkender Dop-
pelprinz im Leibe sitzt, als *materia peccans*, so habt ihr die Krankheit heraus, von der ich rede und deren Wirkung sich vornehmlich dahin äußert, daß der Kranke aus sich selber nicht
klug wird." –

Indessen hatte sich der junge Mensch unvermerkt der Gesellschaft genähert und da nun alle schweigend den Scharlatan
anblickten, als erwarteten sie, daß er fortfahren werde, begann
er, nachdem er sich höflich verbeugt: „Ich weiß nicht, meine
Herrn, ob es euch recht ist, wenn ich mich in eure Gesellschaft
mische. Man hat mich wohl sonst überall gern, wenn ich ganz
gesund bin und munter; aber gewiß hat euch Meister Celionati so viel Wunderliches von meiner Krankheit erzählt, daß
ihr nicht wünschen werdet, von mir selbst belästigt zu werden."

Reinhold versicherte im Namen aller, daß der neue Gast
ihnen willkommen und der junge Mensch nahm Platz in dem
Kreise.

Der Scharlatan entfernte sich, nachdem er dem jungen Menschen nochmals eingeschärft hatte, doch ja die vorgeschriebene
Diät zu halten.

Es geschah, wie immer es zu geschehen pflegt, daß man sofort über den, der das Zimmer verlassen, zu sprechen begann
und vorzüglich den jungen Menschen über seinen abenteuerlichen Arzt befragte. Der junge Mensch versicherte, daß Meister Celionati sehr schöne Schulkenntnisse erworben, auch in
Halle und Jena mit Nutzen Kollegia gehört, so daß man ihm
vollkommen vertrauen könne. Auch sonst sei es, seiner Meinung nach, ein ganz hübscher leidlicher Mann, der nur den
einzigen, freilich sehr großen, Fehler habe, oftmals zu sehr ins
Allegorische zu fallen, welches ihm denn wirklich schade. Gewiß habe Meister Celionati auch von der Krankheit, die er zu
heilen unternommen, sehr abenteuerlich gesprochen. Reinhold
erklärte, wie, nach des Scharlatans Ausspruch, ihm, dem jungen
Menschen, ein doppelter Kronprinz im Leibe sitze.

„Seht", sprach nun der junge Mensch anmutig lächelnd,
„seht ihr es wohl, ihr Herren? Das ist nun wieder eine pure
Allegorie und doch kennt Meister Celionati meine Krankheit
sehr genau, und doch weiß er, daß ich nur an einem Augenübel
leide, welches ich mir durch zu frühzeitiges Brillentragen zu-
gezogen. Es muß sich etwas in meinem Augenspiegel verrückt
haben; denn ich sehe leider meistens alles verkehrt und so

kommt es, daß mir die ernsthaftesten Dinge oft ganz ungemein spaßhaft, und umgekehrt die spaßhaftesten Dinge oft ganz ungemein ernsthaft vorkommen. Das aber erregt mir oft entsetzliche Angst und solchen Schwindel, daß ich mich kaum aufrecht erhalten kann. Hauptsächlich, meint Meister Celionati, komme es zu meiner Genesung darauf an, daß ich mir häufige starke Bewegung mache; aber du lieber Himmel, wie soll ich das anfangen?"

„Nun", rief einer, „da Ihr, bester Signor, wie ich sehe, ganz gesund auf den Beinen seid, so weiß ich doch –" In dem Augenblick trat eine dem geneigten Leser schon bekannt gewordene Person herein, der berühmte Schneidermeister Bescapi.

Bescapi ging auf den jungen Menschen los, verbeugte sich sehr tief und begann: „Mein gnädigster Prinz!" – „Gnädigster Prinz?" riefen alle durcheinander und blickten den jungen Menschen mit Erstaunen an. *Der* aber sprach mit ruhiger Miene: „Mein Geheimnis hat wider meinen Willen der Zufall verraten. Ja, meine Herrn! ich bin wirklich ein Prinz und noch dazu ein unglücklicher, da ich vergebens nach dem herrlichen mächtigen Reich trachte, das mein Erbteil. Sagt ich daher zuvor, daß es nicht möglich sei, mir die gehörige Bewegung zu machen, so kommt es daher, weil es mir gänzlich an Land, mithin an Raum dazu mangelt. Eben daher, weil ich in solch kleinem Behältnis eingeschlossen, verwirren sich auch die vielen Figuren und schießen und kopfkegeln durcheinander, so daß ich zu keiner Deutlichkeit gelange; welches ein sehr übles Ding ist, da ich meiner innersten eigentlichsten Natur nach, nur im Klaren existieren kann. Durch die Bemühungen meines Arztes, so wie dieses würdigsten aller würdigen Minister, glaube ich aber mittels eines erfreulichen Bündnisses mit der schönsten der Prinzessinnen wieder gesund, groß und mächtig zu werden, wie ich es eigentlich sein sollte. Feierlichst lade ich euch meine Herrn, ein, mich in meinen Staaten, in meiner Hauptstadt zu besuchen. Ihr werdet finden, daß ihr dort ganz eigentlich zu Hause gehört und mich nicht verlassen wollen, weil ihr nur bei mir ein wahres Künstlerleben zu führen vermöget. Glaubt nicht, beste Herrn, daß ich den Mund zu voll nehme, daß ich ein eitler Prahlhans bin! Laßt mich nur erst wieder ein gesunder Prinz sein, der seine Leute kennt, sollten sie sich auch auf den Kopf stellen, so werdet ihr erfahren, wie gut ich es mit euch allen meine. Ich halte Wort so wahr ich der assyrische Prinz Cornelio Chiapperi bin! – Namen und Vaterland will ich euch vor der Hand verschweigen, ihr erfahret beides zur rechten Zeit. – Nun muß ich mich mit diesem vortrefflichen Minister über einige wichtige Staatsangelegenheiten beraten, dann aber bei der Narrheit einsprechen und durch den Hof wandelnd nachsehen, ob den Mistbeeten einige gute Witzwörter entkeimt sind." – Damit faßte der junge Mensch den Schneidermeister unter den Arm, und beide zogen ab.

„Was sagt ihr", sprach Reinhold, „was sagt ihr, Leute, zu dem allem? Mich will es bedünken, als hetze das bunte Maskenspiel eines tollen märchenhaften Spaßes allerlei Gestalten in immer schnelleren und schnelleren Kreisen dermaßen durcheinander, daß man sie gar nicht mehr zu erkennen, gar nicht mehr zu unterscheiden vermag. Doch laßt uns Masken nehmen und nach dem Korso gehen! Ich ahne, daß der tolle Capitan Pantalon, der gestern den wütenden Zweikampf bestand, sich heute wieder sehen lassen und allerlei Abenteuerliches beginnen wird."

Reinhold hatte recht. Der Capitan Pantalon schritt sehr gravitätisch, wie noch in der glänzenden Glorie seines gestrigen Sieges den Korso auf und nieder, ohne aber irgend Tolles zu beginnen, wie sonst, wiewohl eben seine grenzenlose Gravität ihm beinahe noch ein komischeres Ansehen gab, als er es sonst behauptete. – Der geneigte Leser erriet es schon früher, weiß es aber jetzt mit Bestimmtheit, wer unter dieser Maske steckt. Niemand anders nämlich, als der Prinz Cornelio Chiapperi, der glückselige Bräutigam der Prinzessin Brambilla. – Und die Prinzessin Brambilla, ja sie selbst mußte wohl die schöne Dame sein, die die Wachsmaske vor dem Gesicht in reichen prächtigen Kleidern majestätisch in dem Korso wandelte. Die Dame schien es abgesehen zu haben auf den Capitan Pantalon; denn geschickt wußte sie ihn einzukreisen, so daß es schien, er könne ihr nicht ausweichen und doch wand er sich heraus und setzte seinen gravitätischen Spaziergang fort. Endlich aber, als er eben im Begriff stand, mit einem raschen Schritt vorzuschreiten, faßte ihn die Dame beim Arme und sprach mit süßer, lieblicher Stimme: „Ja, Ihr seid es, mein Prinz! Euer Gang und die Eures Standes würdige Kleidung (nie truget Ihr eine schönere) haben Euch verraten! – O sagt, warum flieht Ihr mich? – Erkennet Ihr nicht Euer Leben, Euer Hoffen in mir?" – „Ich weiß", sprach der Capitan Pantalon, „ich weiß in der Tat nicht recht, wer Ihr seid, schöne Dame! Oder vielmehr ich wage es nicht zu erraten, da ich so oft schnöder Täuschung erlegen. Prinzessinnen verwandelten sich vor meinen Augen in Putzmacherinnen, Komödianten in Pappendeckelfiguren und dennoch hab ich beschlossen, länger keine Illusion und Fantasterei zu ertragen, sondern beide schonungslos zu vernichten, wo ich sie treffe."

„So macht", rief die Dame erzürnt, „so macht mit Euch selbst den Anfang! Denn Ihr selbst, mein werter Signor, seid weiter gar nichts, als eine Illusion! – Doch nein", fuhr die Dame sanft und zärtlich fort, „doch nein, geliebter Cornelio, du weißt, welch eine Prinzessin dich liebt, wie sie aus fernen Landen hergezogen ist, dich aufzusuchen, dein zu sein! – Und hast du denn nicht geschworen, mein Ritter zu bleiben? – Sprich Geliebter!"

Die Dame hatte aufs neue Pantalons Arm gefaßt; der hielt ihr aber seinen spitzen Hut entgegen, zog sein breites Schwert an und sprach: „Seht her! – herab ist das Zeichen meiner Ritterschaft, herunter sind die Hahnfedern von meinem offnen Helm; ich habe den Damen meinen Dienst aufgekündigt; denn sie lohnen alle mit Undank und Untreue!" – „Was sprecht Ihr?" rief die Dame zürnend, „seid Ihr wahnsinnig?" „Leuchtet", sprach der Capitan Pantalon weiter, „leuchtet mich nur an mit dem funkelnden Demant da auf Eurer Stirne! Weht mir nur entgegen mit der Feder, die Ihr dem bunten Vogel ausgerupft – Ich widerstehe jedem Zauber und weiß es und bleibe dabei, daß der alte Mann in der Zobelmütze recht hat, daß mein Minister ein Esel ist, und daß die Prinzessin Brambilla einem miserablen Schauspieler nachläuft." „Ho ho!" rief nun die Dame noch zorniger, als vorher, „ho ho, wagt Ihr es aus diesem Ton mit mir zu sprechen, so will ich Euch nur sagen, daß, wenn Ihr ein trauriger Prinz sein wollt, mir jener Schauspieler, den Ihr erbärmlich nennt und den ich mir, ist er auch zur Zeit auseinandergenommen, immer wieder zusammennähen lassen kann, noch immer viel werter erscheint, als Ihr. Geht doch fein zu Eurer Putzmacherin, zu der kleinen Giacinta Soardi, der Ihr ja sonst, wie ich höre auch nachgelaufen seid und erhebt sie auf Euern Thron, den irgendwo hinzustellen, es Euch noch gänzlich an einem Stückchen Land mangelt! – Gott befohlen für jetzt!" –

Damit ging die Dame rasches Schrittes von dannen, indem der Capitan Pantalon ihr mit kreischendem Ton nachrief: „Stolze – Ungetreue! so belohnst du meine innige Liebe? – Doch ich weiß mich zu trösten! –"

Es schien indessen, als wenn Freund Capitan Pantalon, oder vielmehr der assyrische Prinz Cornelio Chiapperi, (denn der geneigte Leser weiß doch nun einmal, daß in der tollen fratzenhaften Maske eben niemand anders steckte, als diese verehrte fürstliche Person) ja! – es schien, als ob er sich ganz und gar nicht zu trösten gewußt hätte. Denn anderes Tages klagte er laut auf dem Korso, daß er die schönste der Prinzessinnen verloren, und daß er, fände er sie gar nicht wieder, sich in heller Verzweiflung sein hölzernes Schwert durch den Leib rennen wolle. Da aber bei diesem Weh sein Gebärdespiel das possierlichste war, das man sehen konnte, so fehlte es nicht, daß er sich bald von Masken aller Art umringt sah, die ihre Lust an ihm hatten. „Wo ist sie?" rief er mit kläglicher Stimme, „wo ist sie geblieben, meine holde Braut, mein süßes Leben! – Habe ich darum mir meinen schönsten Backzahn ausreißen lassen von Meister Celionati? bin ich deshalb mir selbst nachgelaufen aus einem Winkel in den andern, um mich aufzufinden? ja! – habe ich darum mich wirklich aufgefunden, um ohne alles Besitztum an Liebe und Lust und gehöriger Länderei ein armseliges Leben hinzuschmachten? Leute! – weiß einer von euch, wo die Prinzessin steckt, so öffne er das Maul und sag es mir und lasse mich nicht hier so lamentieren unnützerweise, oder laufe hin zu der Schönsten und verkünde ihr, daß der treueste aller Ritter, der schmuckste aller Bräutigame hier vor lauter Sehnsucht, vor inbrünstigem Verlangen, hinlänglich wüte, und daß in den Flammen seines Liebesgrimms ganz Rom, ein zweites Troja, aufgehen könnte, wenn sie nicht alsbald komme und mit den feuchten Mondesstrahlen ihrer holdseligen Augen die Glut lösche!" – Das Volk schlug ein unmäßiges Gelächter auf, aber eine gellende Stimme rief dazwischen: „Verrückter Prinz, meint Ihr, daß Euch die Prinzessin Brambilla entgegenkommen soll? – Habt Ihr den Palast Pistoja vergessen?" „Ho ho", erwiderte der Prinz, „schweigt, vorwitziger Gelbschnabel! Seid froh, daß Ihr dem Käficht entronnen! – Leute, schaut mich an und sagt, ob nicht *ich* der eigentliche bunte Vogel bin, der in Filetnetzen gefangen werden soll?" Das Volk erhob abermals ein unmäßiges Gelächter; doch in demselben Augenblick stürzte der Capitan Pantalon wie ganz außer sich nieder auf die Knie; denn vor ihm stand sie selbst, die Schönste, in voller Pracht aller Holdseligkeit und Anmut und in denselben Kleidern, wie sie sich zum erstenmal auf dem Korso hatte blicken lassen, nur daß sie statt des Hütleins ein herrlich funkelndes Diadem auf der Stirne trug, aus dem bunte Federn emporstiegen. „Dein bin ich", rief der Prinz im höchsten Entzücken, „dein bin ich nun ganz und gar. Sieh diese Federn auf meiner Sturmhaube! Sie sind die weiße Fahne, die ich aufgesteckt, das Zeichen, daß ich mich dir, du himmlisches Wesen, ergebe, rücksichtslos, auf Gnad und Ungnade!" „So mußt es kommen", erwiderte die Prinzessin; „unterwerfen mußtest du dich mir, der reichen Herrscherin, denn sonst fehlte es dir ja an der eigentlichen Heimat und du bliebst ein miserabler Prinz. Doch schwöre mir jetzt ewige Treue, bei diesem Symbol meiner unumschränkten Regentschaft!" –

Damit zog die Prinzessin einen kleinen zierlichen Samtpantoffel hervor und reichte ihn dem Prinzen hin, der ihn, nachdem er feierlich der Prinzessin ewige unwandelbare Treue geschworen, so wahr er zu existieren gedenke, dreimal küßte. Sowie dies geschehen, erscholl ein lautes, durchdringendes: „Brambure bil bal – Alamonsa kikiburva son-ton –!" Das Paar war umringt von jenen, in reiche Talare verhüllten Damen, die, wie der geneigte Leser sich erinnern wird, im ersten Kapitel eingezogen in den Palast Pistoja, und hinter denen die zwölf reichgekleideten Mohren standen, welche aber, statt der langen Spieße, hohe wunderbar glänzende Pfauenfedern in den Händen hielten, die sie in den Lüften hin und her schwangen. Die Damen warfen aber Filetschleier über das Paar, die immer dichter und dichter es zuletzt verhüllten in tiefe Nacht.

Als nun aber unter lautem Klang von Hörnern, Zimbeln und kleinen Pauken die Nebel des Filets hinabfielen, befand sich das Paar in dem Palast Pistoja und zwar in demselben Saal, in den vor wenigen Tagen der vorwitzige Schauspieler Giglio Fava eindrang.

Aber herrlicher, viel herrlicher sah es jetzt in diesem Saal aus, als damals. Denn statt der einzigen Ampel, die den Saal erleuchtete, hingen jetzt wohl hundert ringsumher, so daß alles ganz und gar in Feuer zu stehen schien. Die Marmorsäulen,

welche die hohe Kuppel trugen, waren mit üppigen Blumenkränzen umwunden; das seltsame Laubwerk der Decke, man
wußte nicht, waren es bald buntgefiederte Vögel, bald anmutige Kinder, bald wunderbare Tiergestalten, die darin verflochten, schien sich lebendig zu regen und aus den Falten der
goldnen Draperie des Thronhimmels leuchteten bald hier, bald
dort freundlich lachende Antlitze holder Jungfrauen hervor.
Die Damen standen, wie damals, aber noch prächtiger gekleidet, im Kreise ringsumher, machten aber nicht Filet, sondern
streuten bald aus goldnen Vasen herrliche Blumen in den Saal,
bald schwangen sie Rauchfässer, aus denen ein köstlicher Ge-
ruch empordampfte. Auf dem Throne standen aber in zärtlicher
Umarmung der Zauberer Ruffiamonte und der Fürst Bastianello di Pistoja. Daß dieser kein anderer war, als eben der
Marktschreier Celionati, darf kaum gesagt werden. Hinter dem
fürstlichen Paar, das heißt, hinter dem Prinzen Cornelio Chiapperi und der Prinzessin Brambilla, stand ein kleiner Mann in
einem sehr bunten Talar und hielt ein saubres Elfenbein-
kästchen in den Händen, dessen Deckel offenstand und in
dem nichts weiter befindlich, als eine kleine funkelnde
Nähnadel, die er mit sehr heiterm Lächeln unverwandt anblickte.

Der Zauberer Ruffiamonte und der Fürst Bastianello di
Pistoja ließen endlich ab von der Umarmung und drückten
sich nur noch was weniges die Hände. Dann aber rief der Fürst
mit starker Stimme den Straußen zu: „Heda, ihr guten Leute!
bringt doch einmal das große Buch herbei, damit mein Freund
hier, der ehrliche Ruffiamonte, fein ablese, was noch zu lesen
übrig!" Die Strauße hüpften mit den Flügeln schlagend von
dannen, und brachten das große Buch, das sie einem knienden
Mohren auf den Rücken legten und dann aufschlugen.

Der Magus, der unerachtet seines langen weißen Barts, ungemein hübsch und jugendlich aussah, trat hinan, räusperte
sich und las folgende Verse:

„Italien! – Land, des heitrer Sonnenhimmel
  Der Erde Lust in reicher Blüt entzündet!
  O schönes Rom, wo lustiges Getümmel,

Zur Maskenzeit, den Ernst vom Ernst entbindet!
  Es gaukeln froh der Fantasei Gestalten
  Auf bunter Bühne klein zum Ei geründet;

Das ist die Welt, anmutgen Spukes Walten.
    Der Genius mag aus dem Ich gebären
    Das Nicht-Ich, mag die eigne Brust zerspalten,

Den Schmerz des Seins in hohe Lust verkehren.
    Das Land, die Stadt, die Welt, das Ich – gefunden
    Ist alles nun. In reiner Himmelsklarheit

Erkennt das Paar sich selbst, nur treu verbunden
    Aufstrahlet ihm des Lebens tiefe Wahrheit.
    Nicht mehr mit bleicher Unlust mattem Tadel

Betört den Sinn die überweise Narrheit;
    Erschlossen hat das Reich die Wundernadel
    Des Meisters. Tolles zauberisches Necken,

Dem Genius gibt's hohen Herrscheradel,
    Und darf zum Leben aus dem Traum ihn wecken.
    Horch! schon beginnt der Töne süßes Wogen,

Verstummt ist alles, ihnen zuzulauschen;
    Schimmernd Azur erglänzt am Himmelsbogen
    Und ferne Quellen, Wälder, flüstern, rauschen.

Geh auf, du Zauberland voll tausend Wonnen,
    Geh auf der Sehnsucht, Sehnsucht auszutauschen,
    Wenn sie sich selbst erschaut im Liebesbronnen!

Das Wasser schwillt – Fort! stürzt euch in die Fluten!
    Kämpft an mit Macht! Bald ist der Strand gewonnen,
    Und hoch Entzücken strahlt in Feuergluten!"

Der Magus klappte das Buch zu; aber in dem Augenblick stieg
ein feuriger Dunst aus dem silbernen Trichter, den er auf dem
Kopfe trug und erfüllte den Saal mehr und mehr. Und unter
harmonischem Glockengetön, Harfen- und Posaunenklang, begann sich alles zu regen und wogte durcheinander. Die Kuppel
stieg auf und wurde zum heitern Himmelsbogen, die Säulen
wurden zu hohen Palmbäumen, der Goldstoff fiel nieder und
wurde zum bunten gleißenden Blumengrund und der große
Kristallspiegel zerfloß in einen hellen herrlichen See. Der feurige Dunst, der aus dem Trichter des Magus gestiegen, hatte
sich nun auch ganz verzogen und kühle balsamische Lüfte
wehten durch den unabsehbaren Zaubergarten voll der herrlichsten anmutigsten Büsche und Bäume und Blumen. Stärker

tönte die Musik, es ging ein frohes Jauchzen auf, tausend Stimmen sangen:

> „Heil! hohes Heil dem schönen Urdarlande!
> Gereinigt, spiegelhell erglänzt sein Bronnen,
> Zerrissen sind des Dämons Kettenbande!"

Plötzlich verstummte alles, Musik, Jauchzen, Gesang; in tiefem Schweigen schwangen der Magus Ruffiamonte und der Fürst Bastianello di Pistoja sich auf die beiden Strauße und schwammen nach der Lotosblume, die wie eine leuchtende Insel aus der Mitte des Sees emporragte. Sie stiegen in den Kelch dieser Lotosblume und diejenigen von den um den See versammelten Leuten, welche ein gutes Auge hatten, bemerkten ganz deutlich, daß die Zauberer aus einem Kästchen eine sehr kleine, aber auch sehr artige Porzellanpuppe hervornahmen und mitten in den Kelch der Blume schoben.

Es begab sich, daß das Liebespaar, nämlich der Prinz Cornelio Chiapperi und die Prinzessin Brambilla, aus der Betäubung erwachten, in die sie versunken und unwillkürlich in den klaren spiegelhellen See schauten, an dessen Ufer sie sich befanden. Doch wie sie sich in dem See erblickten, da *erkannten* sie sich erst, schauten einander an, brachen in ein Lachen aus, das aber nach seiner wunderbaren Art nur jenem Lachen Königs Ophiochs und der Königin Liris zu vergleichen war, und fielen dann im höchsten Entzücken einander in die Arme.

Und sowie das Paar lachte, da, o des herrlichen Wunders! stieg aus dem Kelch der Lotosblume ein göttlich Frauenbild empor und wurde höher und höher, bis das Haupt in das Himmelblau ragte, während man gewahrte, wie die Füße in der tiefsten Tiefe des Sees festwurzelten. In der funkelnden Krone auf ihrem Haupte saßen der Magus und der Fürst, schauten hinab auf das Volk, das ganz ausgelassen, ganz trunken vor Entzükken jauchzte und schrie: „Es lebe unsere hohe Königin Mystilis!" während die Musik des Zaubergartens in vollen Akkorden ertönte.

Und wiederum sangen tausend Stimmen:

> „Ja aus der Tiefe steigen selge Wonnen
> Und fliegen leuchtend in die Himmelsräume.
> Erschaut die Königin die uns gewonnen!

Das Götterhaupt umschweben süße Träume,
Dem Fußtritt öffnen sich die reichen Schachten. –
Das wahre Sein im schönsten Lebenskeime
Verstanden die, die sich erkannten – lachten!" –

Mitternacht war vorüber, das Volk strömte aus den Theatern.
Da schlug die alte Beatrice das Fenster zu, aus dem sie hinaus-
geschaut, und sprach: „Es ist nun Zeit, daß ich alles bereite;
denn bald kommt die Herrschaft, und bringt wohl noch gar
den guten Signor Bescapi mit." So wie damals, als Giglio ihr
den mit Leckerbissen gefüllten Korb hinauftragen mußte, hatte
die Alte heute alles eingekauft zum leckern Mahl. Aber nicht
wie damals durfte sie sich herumquälen in dem engen Loch,
das eine Küche vorstellen sollte, und in dem engen armseligen
Stübchen des Signor Pasquale. Sie hatte vielmehr über einen
geräumigen Herd zu gebieten und über eine helle Kammer, so
wie die Herrschaft wirklich in drei bis vier nicht zu großen
Zimmern, in denen mehrere hübsche Tische, Stühle und son-
stiges ganz leidliches Gerät befindlich, sich sattsam bewegen
konnte.

Indem die Alte nun ein feines Linnen über den Tisch breitete, den sie in die Mitte des Zimmers gerückt, sprach sie
schmunzelnd: „Hm! – es ist doch ganz hübsch von dem Signor
Bescapi, daß er uns nicht allein die artige Wohnung eingeräumt,
sondern uns auch mit allem Notwendigen so reichlich versorgt
hat. Nun ist wohl die Armut auf immer von uns gewichen!"

Die Türe ging auf, und hinein trat Giglio Fava mit seiner
Giacinta.

„Laß dich", sprach Giglio, „laß dich umarmen, mein süßes,
holdes Weib! Laß es mich dir recht aus voller Seele sagen, daß
erst seit dem Augenblick, da ich mit dir verbunden, mich die
reinste herrlichste Lust des Lebens beseelt. – Jedesmal, wenn
ich dich deine Smeraldinen, oder andere Rollen, die der wahre
Scherz geboren, spielen sehe, oder dir als Brighella, als Truffaldino, oder als ein anderer humoristischer Fantast zur Seite
stehe, geht mir im Innern eine ganze Welt der kecksten, sinnig-
sten Ironie auf und befeuert mein Spiel. – Doch sage mir, mein
Leben, welch ein ganz besonderer Geist war heute über dich
gekommen? – Nie hast du so recht aus dem Innersten heraus
Blitze des anmutigsten weiblichen Humors geschleudert; nie
warst du in der kecksten, fantastischten Laune so über alle
Maßen liebenswürdig."

„Dasselbe", erwiderte Giacinta, indem sie einen leichten Kuß auf Giglios Lippen drückte, „dasselbe möcht ich von dir sagen, mein geliebter Giglio! Auch du warst heute herrlicher, als je und hast vielleicht selbst nicht bemerkt, daß wir unsere Haupt-szene unter dem anhaltenden gemütlichen Lachen der Zu-schauer über eine halbe Stunde fort improvisierten. – Aber denkst du denn nicht daran, welch ein Tag heute ist? Ahndest du nicht, in welchen verhängnisvollen Stunden die besondere Begeisterung uns erfaßte? Erinnerst du dich nicht, daß es heute gerade ein Jahr her ist, da wir in den herrlichen hellen Urdarsee schauten und uns erkannten?"

„Giacinta", rief Giglio in freudigem Erstaunen, „Giacinta, was sprichst du? – Es liegt wie ein schöner Traum hinter mir, das Urdarland – der Urdarsee! – Aber nein! – es war kein Traum – wir haben uns erkannt! – O meine teuerste Prinzessin!"

„Oh", erwiderte Giacinta, „mein teuerster Prinz!" – Und nun umarmten sie sich aufs neue und lachten laut auf und riefen durcheinander: „Dort liegt Persien – dort Indien – aber hier Bergamo – hier Frascati – unsere Reiche grenzen – nein nein, es ist ein und dasselbe Reich, in dem wir herrschen, ein mäch-tiges Fürstenpaar, es ist das schöne herrliche Urdarland selbst – Ha, welche Lust!" –

Und nun jauchzten sie im Zimmer umher und fielen sich wieder in die Arme und küßten sich und lachten. –

„Sind sie", brummte die alte Beatrice dazwischen, „sind sie nicht wie die ausgelassenen Kinder! – Ein ganzes Jahr schon verheiratet und liebeln noch und schnäbeln sich und springen umher und – o Heiland! werfen mir hier beinahe die Gläser vom Tische! – Ho ho – Signor Giglio, fahrt mir nicht mit Euerm Mantelzipfel hier ins Ragout – Signora Giacinta, habt Erbarmen mit dem Porzellan und laßt es leben!"

Aber die beiden achteten nicht auf die Alte, sondern trieben ihr Wesen fort. Giacinta faßte den Giglio endlich bei den Ar-men, schaute ihm in die Augen und sprach: „Aber sage mir, lieber Giglio, du hast ihn doch erkannt, den kleinen Mann hinter uns, im bunten Talar mit der elfenbeinernen Schach-tel?" – „Warum", erwiderte Giglio, „warum denn nicht, meine liebe Giacinta? Es war ja der gute Signor Bescapi mit seiner schöpferischen Nadel, unser jetziger treuer Impresario, der uns zuerst in der Gestalt, wie sie durch unser innerstes Wesen be-dingt ist, auf die Bühne brachte. Und wer hätte denken sollen, daß dieser alte wahnsinnige Scharlatan –"

„Ja", fiel Giacinta dem Giglio in die Rede, „ja dieser alte Celionati in seinem zerrissenen Mantel und durchlöcherten Hute –"

„– Daß dieses wirklich der alte fabelhafte Fürst Bastianello di Pistoja gewesen sein sollte?" – So sprach der stattliche glänzend gekleidete Mann, der in das Zimmer getreten.

„Ach!" rief Giacinta, indem ihr die Augen vor Freude leuchteten, „ach, gnädigster Herr, seid Ihr es selbst? – Wie glücklich sind wir, ich und mein Giglio, daß Ihr uns aufsucht in unserer kleinen Wohnung! – Verschmäht es nicht, mit uns ein kleines Mahl einzunehmen, und dann könnet Ihr uns fein erklären, was es denn eigentlich für eine Bewandtnis hat mit der Königin Mystilis, dem Urdarlande und Euerm Freunde, dem Zauberer Hermod, oder Ruffiamonte; ich werde aus dem allem noch nicht recht klug."

„Es bedarf", sprach der Fürst von Pistoja mit mildem Lächeln, „es bedarf, mein holdes süßes Kind, keiner weitern Erklärung; es genügt, daß du aus dir selber klug geworden bist, und auch jenen kecken Patron, dem es ziemlich, dein Gemahl zu sein, klug gemacht hast – Sieh, ich könnte, meines Marktschreiertums eingedenk, mit allerlei geheimnisvollen und zugleich prahlerisch klingenden Worten um mich werfen; ich könnte sagen, du seist die Fantasie, deren Flügel erst der Humor bedürfe um sich emporzuschwingen, aber ohne den Körper des Humors wärst du nichts, als Flügel und verschwebtest, ein Spiel der Winde, in den Lüften. Aber ich will es nicht tun, und zwar auch schon aus dem Grunde nicht, weil ich zu sehr ins Allegorische, mithin in einen Fehler fallen würde, den schon der Prinz Cornelio Chiapperi auf dem Caffè greco mit Recht an dem alten Celionati gerügt hat. Ich will bloß sagen, daß es wirklich einen bösen Dämon gibt, der Zobelmützen und schwarze Schlafröcke trägt, und sich für den großen Magus Hermod ausgebend, nicht allein gute Leute gewöhnliches Schlages, sondern auch Königinnen, wie Mystilis, zu verhexen imstande ist. Sehr boshaft war es, daß der Dämon die Entzauberung der Prinzessin von einem Wunder abhängig gemacht hatte, das er für unmöglich hielt. In der kleinen Welt, das Theater genannt, sollte nämlich ein Paar gefunden werden, das nicht allein von wahrer Fantasie, von wahrem Humor im Innern beseelt, sondern auch imstande wäre, diese Stimmung des Gemüts objektiv, wie in einem Spiegel, zu erkennen und sie *so* ins äußere Leben treten zu lassen, daß sie auf die große Welt, in der jene kleine Welt eingeschlossen, wirke, wie ein mächtiger Zauber. So sollte, wenn ihr wollt, wenigstens in gewisser Art das Theater den Urdarbronnen vorstellen, in den die Leute kucken können. – An euch, ihr lieben Kinder, glaubt ich bestimmt jene Entzauberung zu vollbringen und schrieb's sogleich meinem Freunde, dem Magus Hermod. Wie er sogleich anlangte, in meinem Palast abstieg, was für Mühe wir uns mit euch gaben, nun das wißt ihr, und wenn nicht Meister Callot ins Mittel getreten wäre und Euch, Giglio, herausgeneckt hätte aus Eurer Heldenjacke –"

„Ja", fiel hier Signor Bescapi dem Fürsten, dem er auf dem Fuße gefolgt, in die Rede, „ja, gnädigster Herr, bunte Heldenjacke – Gedenkt doch auch bei diesem lieben Paar ein wenig meiner, wie ich auch bei dem großen Werk mitgewirkt!"

„Allerdings", erwiderte der Fürst „und darum weil Ihr auch an und für Euch selbst ein wunderbarer Mann waret, nämlich ein Schneider, der sich in die fantastischen Habite, die er zu verfertigen wußte, auch fantastische Menschen hineinwünschte, bediente ich mich Eurer Hülfe und machte Euch zuletzt zum Impresario des seltnen Theaters, wo Ironie gilt und echter Humor."

„Ich bin", sprach Signor Bescapi, sehr heiter lächelnd, „ich bin mir immer so vorgekommen, wie einer, der dafür sorgt, daß nicht gleich alles im Zuschnitt verdorben werde, gleichsam wie Form und Stil!"

„Gut gesagt", rief der Fürst von Pistoja, „gut gesagt, Meister Bescapi!"

Während nun der Fürst von Pistoja, Giglio und Bescapi von diesem und jenem sprachen, schmückte in anmutiger Geschäftigkeit Giacinta Zimmer und Tisch mit Blumen, die die alte Beatrice in der Eil herbeibringen müssen, zündete viele Kerzen an und nötigte, da nun alles hell und festlich aussah, den Fürsten in den Lehnstuhl, den sie mit reichen Tüchern und Teppichen so herausgeputzt hatte, daß er beinahe einem Thron zu vergleichen war.

„Jemand", sprach der Fürst, ehe er sich niederließ, „jemand, den wir alle sehr zu fürchten haben, da er gewiß eine strenge Kritik über uns ergehen läßt und uns vielleicht gar die Existenz bestreitet, könnte vielleicht sagen, daß ich ohne allen weitern Anlaß mitten in der Nacht hiehergekommen sei bloß seinethalben, und um ihm noch zu erzählen, was ihr mit der Entzauberung der Königin Mystilis, die am Ende gar ganz eigentlich die Prinzessin Brambilla ist, zu schaffen hattet. Der Jemand hat unrecht; denn ich sage euch, daß ich herkam und jedesmal in der verhängnisvollen Stunde eurer Erkenntnis herkommen werde, um mich mit euch an dem Gedanken zu erlaben, daß wir und alle diejenigen als reich und glücklich zu preisen, denen es gelang, das Leben, sich selbst, ihr ganzes Sein in dem wunderbaren sonnenhellen Spiegel des Urdarsees zu erschauen und zu erkennen." –

Hier versiegt plötzlich die Quelle, aus der, o geneigter Leser! der Herausgeber dieser Blätter geschöpft hat. Nur eine dunkle Sage gehet, daß sowohl dem Fürsten von Pistoja, als dem Impresario Bescapi die Makkaroni und der Syrakuser bei dem jungen Ehepaar sehr wohl geschmeckt haben sollen. Es ist auch zu vermuten, daß an demselben Abende sowohl, als nachher, mit dem beglückten Schauspielerpaar, da es mit der Königin Mystilis und großem Zaubern in mannigfache Berührung gekommen, sich noch manches Wunderbare zugetragen haben wird.

Meister Callot wäre der einzige, der darüber fernere Auskunft geben könnte.

NOTES TO THE TEXT

p. 1. **Prinzessin Brambilla:** the title: a popular Italian composer of the period was Paolo Brambilla (1786–1838) who may well be Hoffmann's source for the name.

p. 3. **Vorwort:** Hoffmann's difficulties with the Prussian Police Chief von Kamptz and the strict censorship that was in force were perhaps a reason for the rather odd disarming note in so conspicuous a place. But Hoffmann is simultaneously drawing the reader's attention to the serious import of this apparently trivial piece.

p. 3, l. 4. **Renzension:** in *Heidelberger Jahrbücher der Litteratur*, Nr. 57 (1819).

p. 3, l. 21. **Capriccio:** " A kind of free music, in which the composer, without subjecting himself to any theme, gives loose rein to his genius and submits himself to the fire of composition." (Rousseau's Dictionary of Music, 1767).

p. 3, l. 23. **Ré de' geni:** the last of Gozzi's *fiabe, Il re de' geni ossia la serva fidele,* was first performed in November 1765. Hoffmann's words are only a distant paraphrase of the original.

p. 4, l. 9. **geheißen:** Hoffmann's use of participial phrases, both present and past, is very common: cp. the heading to ch. 1: " ein kleiner . . . Mann in einer Tulpe sitzend."

p. 4, l. 11. **gearbeitet:** i.e. gearbeitet hatte. Hoffmann frequently omits the auxiliary verb in such relative clauses.

p. 4, l. 19. **Korso:** see map. The street runs along the line of the ancient Via Lata and Via Flaminia, and is about a mile long. The name derives from its use since the fifteenth century as the track for the horse races held during the Carnival.

p. 4, l. 24. **Karnevals:** the Roman Carnival originated at least in the fifteenth century and probably earlier. As a spectacle it was at its most elaborate in the late eighteenth and early nineteenth centuries, and fell then into decay. It was held no more after about 1890.

p. 4, l. 25. **Dukaten:** ducats.

p. 4, l. 32. **Schweigt:** 2nd person plural of respect.

p. 5. l. 4, **Dottore:** the doctor, one of the masks of the *commedia.* Goethe, in *Das Römische Karneval* remarks that: " die Frauen ebensoviel Lust haben, sich in Mannskleidern zu zeigen, als die Männer, sich in Frauenkleidern sehen zu lassen."

p. 5, l. 10. **Konfetti:** it was originally the custom for masked ladies during the Carnival to arm themselves with basketfuls of sugar confections with which they would shower passers-by, in order to capture their attention. This expensive habit was replaced (certainly by the eighteenth century) by the substitution of plaster for the sugar, but made up into similar small sweet-shaped projectiles, which of course would break up on impact.

p. 5, l. 21. **Palast Ruspoli:** the pavement outside the Palazzo Ruspoli, being somewhat more raised above the carriageway than in other parts of the Corso, was the conventional meeting place of the most elegant of the Carnival revellers. The Palace was built in the second half of the sixteenth century.

p. 5, l. 23. **Pulcinella:** the commonest mask of the Carnival proceedings, behind which all kinds of outrageous tricks and obscene antics were felt to be permissible: cf. Goethe, op. cit.

p. 5, l. 30. **Fortunatussäckel:** the bottomless purse of Fortunatus, hero of a " Volksbuch " of 1509, familiar to Hoffmann from the version of this, *Fortunati Glückseckel und Wunschhüt-lein* (1806), and from *Peter Schlemihl* (1814), both by Hoffmann's friend Adalbert v. Chamisso (1781–1838).

p. 5, l. 34. **Paoli:** Vatican silver coins.

p. 5, ll. 36–7. **die Lampe in Ordnung gebracht:** by such unprepossessing hints Hoffmann indicates where we may imagine the theatre-world (as suggested by the artificial lighting in this case—what elsewhere Hoffmann describes as " ein magisches Helldunkel ") to take over: only *after* this event does he introduce the dress of the princess being made by Giacinta, a dress whose magic properties are such that it will not stain, either with blood or candle-grease.

p. 6, l. 3. **erfüllt hat:** note the odd word order.

p. 6, l. 23. **kleine Geisterchen:** the image of faces peeping out from between foliage occurs quite a number of times in Hoffmann's writing, and he is known to have painted such figures himself among the decorations of the concert-hall of the Musical Society in Warsaw.

p. 7, l. 29. **die Mediceerin:** i.e. Venus de Medici.

p. 7, l. 30. **Giulio Romano:** Italian painter (1492–1545), pupil and heir of Raphael.

p. 8, l. 12. **wie zur Bildsäule erstarrt:** a frequent image with Hoffmann, it suggests the rigidity of a puppet abandoned for a moment by his master (as here) who turns to address his audience at large.

p. 8, l. 26. **also:** (adverb) " (dressed) in this way."

p. 8, ll. 29–30. **Giglio Fava:** *giglio* and *giacinto* are both flower-names in Italian (lily and hyacinth respectively). As in *Der goldne Topf*, where the " Feuerlilie " (Tiger-Lily) plays an important part in the mythology of the story, so here Hoffmann is following an important precedent in Romantic mythology set by Novalis with his " Märchen " of " Hyazinth und Rosenblütchen " in the *Lehrlinge zu Sais*. As in *Der goldne Topf* too, where Anselmus complains of never being " Bohnenkönig "—i.e. master of the Twelfth Night revels, having found the bean baked in a special cake, so here Giglio's surname is " Fava " (It: broad bean). He is the true " bean king," a fantasy monarch in substitution for the real one during a given limited period.

p. 8, l. 33. **Theater Argentina:** see map for location. Opened in 1732 it was the most reputable of the Roman theatres.

p. 8, l. 37. **Sei kein Hase:** " don't be an ass."

p. 9, l. 7. **die Kerzen ausgelöscht:** cf. note to p. 5, ll. 36–37. This is the end of the fantasy-show.

p. 9, l. 8. **daß . . . :** literally " for that . . . ", i.e. " because."

p. 9, l. 21. **Rolle des Prinzen Taer:** in Gozzi's *fiaba*, *Il mostro turchino*, first performed December 1764.

p. 9, l. 41. **Truffaldino:** *commedia* mask, the good-natured " wise fool " (cp. Hanswurst).

p. 10, l. 9. **Schirokko:** sirocco, the Italian name for the hot wind from the Sahara, when it reaches Italy.

p. 11, l. 2. **O und Ach:** a reference to the exaggerated declamatory style thought appropriate (by Hoffmann's attribution) to tragedy and high drama—and for that matter, the " rührendes Familiengemälde," sentimental domestic comedy popularized by August v. Kotzebue (1761–1819).

p. 11, l. 9. **falschen Steine:** i.e. paste jewellery of the actor.

p. 11, l. 27. **Smorfia:** properly refers to an (unnatural) facial expression, a grimace, which may indicate a variety of moods. Here Hoffmann is using it to imply " a sulky mood."

p. 11, l. 30. **italisch:** i.e. Italian.

p. 11, l. 35. **auf schnöde Weise:** a common phrase with Hoffmann, who means (usually) " unfairly."

p. 11, l. 36. **Amante:** " lover."

p. 11, l. 36. **Addio:** " goodbye " (adieu).

p. 11, l. 38. **Vien qua** etc.: " Come here, pretty Dorina, don't pull such a sulky face !"

p. 12, l. 10. **Weichbilde der Stadt:** " outskirts," " suburbs."

p. 12, l. 12. **meinen:** " love."

p. 12, l. 16. **Lümmeljahre:** " adolescence."

p. 12, ll. 23–4. **Kirche S. Carlo . . . Straße Condotti:** San Carlo al Corso, a Baroque church, begun in 1612, its façade added in 1690. Via de' Condotti (see map) is the chief cross street in the northern part of the Corso, though only the stretch from the Corso to the Piazza di Spagna bears the name.

p. 12, l. 26. **Celionati:** a magician Celio appears in Gozzi's first *fiaba* (and Hoffmann's favourite) *L'amore delle tre melarance* (first performed in January 1761). Gozzi makes him stand for Goldoni.

p. 12, l. 30. **Arkanum:** arcanum, a secret (remedy).

p. 12, l. 31. **Lotterienieten:** " blank lottery tickets."

p. 12, l. 31. **Podagra:** " gout."

p. 12, l. 34. **Porta del Popolo:** see map. The northern entrance to Rome, on the site of the ancient Porta Flaminia, built 1563–65.

p. 13, l. 11. **Trichter:** the funnel is a symbol of deceit—cp. the painting by Bosch, " The cure of folly." Here it is a plain indication that things must not be taken to be what they seem, and that the old man (Ruffiamonte) must be, at least from the point of view of the " rational " outsider, a *charlatan*, just like Celionati.

p. 13, l. 12. **Brille auf der Nase:** spectacles have for Hoffmann again the function of altering the appearance of reality. Cp. especially his story *Der Sandmann*.

p. 13, l. 20. **Zelter:** " palfrey."

p. 13, l. 28. **Filet:** a kind of net with square mesh.

p. 13, l. 30. **Schabracken:** horse's trappings, " caparisons."

p. 13, l. 35. **Harmonika:** i.e. " Glasharmonika," musical glasses, either separately fixed on a stand and filled with water as appropriate to give a range of tones, or (in Benjamin Franklin's improved model of the 1760's) of different sizes cupped one in another and all fixed on an horizontal spindle. This was a very fashionable instrument of the middle and late eighteenth century. Both Mozart and Beethoven composed pieces for it, and it was played publicly by no less a composer than Gluck, who was much admired by Hoffmann. It was also favoured by Anton Mesmer (1733–1815) the proto-psychiatrist and inventor of the theory of " animal magnetism " (Mesmerism), who played it during his séances, supposing its " ethereal " quality to have a therapeutic effect on the nerves. Hoffmann's opinion on it (he is writing in 1819, towards the end of the vogue) is quite the opposite: " Die Harmonika (ist) in musikalischer Hinsicht eins der allerärmsten und unvollkommensten Instrumente, die es gibt!" (Ein Brief des Kapellmeisters Johannes Kreisler, in *Schriften zur Musik*, p. 329). Hoffmann's description of the " Zusammenklang " here is thus very ironical and alienating, but appropriately matches grotesqueness of sound to that of appearance.

p. 14, l. 9. **Koboldschießen:** i.e. Kobolzschießen, " turn somersaults."

p. 14, l. 11. **Platz Navona:** see map. The Piazza Navona seems geographically out of place here. Cp. Introduction, p. xxix.

p. 14, l. 12. **Pistoia:** the Prince of this name is of course a fiction. The town of Pistoia lies in Tuscany, some 150 miles NW of Rome, between Lucca and Florence.

p. 14, l. 18. **ohne alle Schwierigkeit:** the unnatural ease suggested by these words invites closer inspection of the whole paragraph. In what sense is this a " real " event?

p. 14, l. 25. **Sbirren:** Vatican police, who were responsible for order at Carnival time.

p. 14, l. 26. **wieder den Korso herauf:** cf. above, note to p. 14, l. 11. This suggests that the people have not left the Corso at all.

p. 15, l. 11. **Cophetua:** a mythical king of Africa, recollected in an old English ballad. Known to Hoffmann through a Shakespearean reference, probably *Henry IV Pt. II* Act V sc. iii: " O base Assyrian knight, what is thy news?

Let King Cophetua know the truth thereof."
—whence also the choice of the country of origin for Prince Cornelio Chiapperi.

p. 15, l. 12. **Serendippo:** Serendip was a name for Ceylon, but " Serendippo " is also the " Ort der Handlung " of Gozzi's *Il re cervo* (performed January 1762).

p. 15, l. 16. **Tartagliona:** Queen Tartagliona appears as the Queen of Tarot (the card game) in Gozzi's *L'augellino belverde* (performed January 1765), probably the best of all the *fiabe*.

p. 15, l. 20. **Magie:** the magician Cigolotti in Gozzi's *Il re cervo* performs a similar role to that undertaken here by Celionati, as storyteller of the following events. There is a single direct parallel of speech, in which Cigolotti talks of " un gran Mago astronomico, il quale possedeva la magica bianca, la negra, la rossa, la verde, e credo anche la turchina . . . " (Act I sc. i).

p. 16, l. 7. **Brillen:** cp. Dr. Coppola in *Der Sandmann*: " in dem Augenblick hatte Coppola seine Wettergläser beiseite gesetzt, griff in die weiten Rocktaschen und holte Lorgnetten und Brillen heraus, die er auf den Tisch legte." (*Fantasie- und Nachtstücke*, p. 351).

p. 17, l. 2. **Püppchen:** a term of endearment in the first instance, but Celionati is also being strictly accurate.

p. 17, l. 27. **Professore:** (It.) " professor."

p. 17, l. 28. **seinen Bannstrahl schießen ließ:** " pronounced his anathema " (cursed).

p. 17, l. 33. **Kreuzwurzelpulver:** powdered gentian root, used to make a tonic bitter.

p. 17, l. 34. **Ballon zu schlagen:** " to play ball."

p. 17, ll. 40–41. **durchsichtiges Kristall:** cp. the similar experience of Elis Fröbom in *Die Bergwerke zu Falun*.

p. 18, l. 14. **primo amoroso:** " male lead " or " romantic lead."

p. 18, l. 22. **in einer schönen Maske:** i.e. *handsomely* (according to conventional ideas) disguised. Celionati does not want Giglio appearing to seek admiration.

p. 18, l. 35. **Brighella:** *commedia* mask, dressed as here described, conventionally a swashbuckling military adventurer.

p. 19, ll. 2–3. **das blaue Ungeheuer:** i.e. *Il mostro turchino*.

p. 19, l. 22. **Ein Kerl stand vor ihm:** cf. illustration No. 1.

p. 19, l. 27. **Pantalon:** Pantaloon, *commedia* mask, the foolish old man, usually dressed in baggy trousers (pantaloons).

p. 19, l. 42. **Frascati:** a small town some 15 miles SE of Rome.

p. 20, l. 1. **Vetturin:** (It. vetturino) " coachman."

p. 20, l. 11. **nur bis an den Leib:** because Giglio's own sartorial adventurousness did not extend to his breeches and stockings.

p. 20, l. 39. **Tolles fratzenhaftes Zeug!:** cp. Heerbrand in similar circumstances in *Der goldne Topf*: " Erlauben Sie, das ist orientalischer Schwulst, Herr Archivarius!"

p. 21, l. 38. **Chamisso:** travelled as a botanist on an expedition to the South Seas (1815–1818).

p. 22, l. 21. **fahen:** fangen.

p. 22, l. 28. **du wähnest** etc.: a very positive expression of the Serapiontic sentiment. Cp. Introduction.

p. 22, l. 31. **Brennpunkt:** focus. Cp. Hermod's oracular utterance on the nature of inspiration (discussed in the Introduction). Cp. also *Der goldne Topf*, fourth vigil: " der Stein warf wie aus einem brennenden Fokus Strahlen rings herum . . . "

p. 23, l. 13. **wahnsinnig:** Giglio's condition is identical with that of Anselmus in *Der goldne Topf*.

p. 23, l. 24. **Fritterolis:** (It.) " fried-food sellers."

p. 23, l. 24. **Garküchen:** " cook-shops."

p. 23, l. 30. **Bajock:** (It. baiocco) a farthing, an almost worthless coin.

p. 24, l. 3. **Suppe vor den Klöstern einlöffeln:** one of the chief charitable functions of the monastic orders was to run soup-kitchens.

p. 25, l. 25. **vierschrötig:** " squarely-built."

p. 25, ll. 39, 40. **Arlecchino . . . Colombine:** Harlequin and Columbine, the youthful lovers of the *commedia*.

p. 26, l. 29. **Marke:** " ticket."

p. 27, l. 4. **Furore:** (It.) " passionate enthusiasm."

p. 27, l. 15. **die Lüfte durchsägend:** cp. *Hamlet*, Act III sc. ii: " do not saw the air too much with your hand . . . " Hoffmann's ideas on play acting correspond closely with Hamlet's.

p. 27, l. 40. **auf Stegen und Wegen:** " all over the place."

p. 28, l. 4. **(ihm) etwas zufließen lassen:** " steer something towards him."

p. 29, l. 25. **Wams:** the conventional multicoloured costume of Harlequin. Hoffmann here retells the usual plot of the Harlequinade.

p. 30, l. 11. **Palankin:** " palanquin " (covered litter).

p. 30, l. 23. **u.s.:** i.e. u.s.w.

p. 30, l. 42. **Argentina:** Teatro Argentina. Cf. above note to p. 8, l. 33.

p. 31, l. 10. **unförmlich:** " unceremonious."

p. 32, l. 2. **den spanischen Platz:** Piazza di Spagna at the far end of the Via de' Condotti from the Corso. It lies at the centre of what used to be the foreigners' residential quarter.

p. 32, l. 10. **Tabarro:** (It.) a dark, loose cloak.

p. 32, l. 11. **nichts anders:** " none other."

p. 35, l. 26. **Balkon:** cf. below note to p. 62, l. 4.

p. 36, l. 40. **Den rechten Fuß vor:** cf. illustration no. 2. The meeting occurs " unweit des Palastes Pistoja "—can that be it in the background?

p. 37, l. 2. **den schnarrenden Ton:** this suggests Goethe's remarks on the " Quacqueri." Cf. Introduction, p. xxviii.

p. 37, l. 13. **Herr Pantalon Capitano:** the Captain is an independent *commedia* mask, not usually associated with Pantaloon, though he does have a variety of other names. Of the forty-six masks illustrated by Callot in the *balli*, thirteen are of the Captain.

p. 37, l. 27. **Rinaldos Armida:** *Armida*, an opera by Gluck, based on incidents in Tasso's *Gerusalemme Liberata*. The hero of the opera is Rinaldo, heroine Armida. Gluck was one of Hoffmann's own heroes (cf. *Ritter Gluck*, first published in 1809, later in the *Fantasiestücke*), especially in so far as he was one of the first to see opera, as did Hoffmann, as the perfect art form.

p. 38, l. 17. **Ihr Blondköpfe!—Ihr Blauaugen!:** i.e. Germans. In 1810 the *Lukasbund* a group of students from the Vienna Academy settled in Rome in a disused monastery on the Monte Pincio behind the Piazza di Spagna, and formed the nucleus of what later became known as the " Nazarene School " of painting.

p. 38, l. 21. **Tramontana:** i.e. North Wind (from the other side of the Alps).

p. 38, l. 29. **Caffé greco:** is still situated in the Via de' Condotti (see map). As early as the 1780's it was already treated by German expatriates as a " Stammlokal."

p. 40, ll. 1–2. **Ammazzato sia** etc.: i.e. on Shrove Tuesday. Goethe relates this event in detail in *Das Römische Karneval*, and translates the Italian: " Ermordet werde, der kein Lichtstümpfchen trägt."

p. 40, l. 41. **Urdar:** Hoffmann takes the name from G. H. Schubert's *Ansichten von der Nachtseite der Naturwissenschaft* (Dresden, 1808). Schubert, talking of Scandinavian mythology and the spring at the foot of the world-ash (Yggdrasil) adds the gloss (p. 66): " Urdarbrunne, von Einigen wird Urdar durch *Necessitas* übersetzt.—Dieser Brunnen und jener Eschenbaum mit seinen drey mystischen Wurzeln scheinen überhaupt in der nordischen Mythologie eine sehr tiefe Bedeutung zu haben." The spring is the fountain of Urd, one of the three Norns (or Fates) who control man's destiny. Her realm is the past. The others are Verdandi (present) and Skuld (future).

p. 41, l. 15. **Pariser Rappé:** Rappee, a coarse kind of snuff.

p. 41, l. 17. **Memphis:** a city of ancient Egypt, for long its capital. It takes its name from the nearby pyramid. Also close by are the graves of many Kings of Egypt, as well as the Serapeum, the cemetery of the sacred bulls of Apis. Celionati's remarks here are again a statement of the problem set by Hoffmann's hermit Serapion, whose name derives from the Graeco–Egyptian deity Serapis, whose temple, also called the Serapeum, was at Alexandria.

p. 41, l. 19. **offizinell:** " medicinal."

p. 41, l. 24. **Ophioch . . . Liris:** Ophiochus is a constellation (Gk. ophis = snake) mentioned by Schubert, op. cit., p. 113, as the site of what seems to have been a supernova observed by Kepler in 1604. Liris does not occur in Schubert, but cp. the Greek roots léros (" idle talk, foolishness "), leiriŏn (" a white lily "), lyra (" a lyre " i.e. music, poetry) all of which might be deemed appropriately suggestive of the character of the queen. The background of the story of Ophioch and Liris is a muddle of Scandinavian mythology and Graeco–Egyptian Neoplatonism, calculated to emphasise the arcane nature of the mystery of poetic inspiration and understanding. Cp. Novalis: *Die Lehrlinge zu Sais* and Schiller's poem *Das verschleierte Bild zu Sais.*

p. 42, l. 12. **Büsching:** Anton Friedrich Büsching (1724–1793), best known for his topographical work, the *Neue Erdbeschreibung* (1754–1792).

p. 43, ll. 13–14. **jener wunderbaren Vorzeit:** i.e. the Golden Age of the past. Cp. Schubert, op. cit., p. 69 sqq. and especially Novalis, *Die Lehrlinge zu Sais* and *Heinrich von Ofterdingen* for a poetic treatment of the idea.

p. 43, l. 19. **als sprächen holde Stimmen:** a similar image to that mentioned above, note to p. 6, l. 23. Cp. Anselmus' first encounter with Serpentina in the first vigil of *Der goldne Topf.*

p. 43, l. 25. **der Mutter:** i.e. mother Earth (=Nature, natural poetry).

p. 44, l. 5. **Hirdargarten:** a gratuitous formation after Urdargarten—artificial, as Queen Liris is.

p. 44, l. 25. **Hofpoet:** the character who thinks he is a poet but is not, is examined closely by Hoffmann in *Prinzessin Blandina* and in *Die Königsbraut.*

p. 45, l. 19. **die alten Könige des Landes:** cf. Schubert, op. cit., p. 5. Cf. also the kings of silver, gold and bronze in Goethe's *Das Märchen.*

p. 45, l. 24. **Hermod:** cf. Schubert, op. cit., p. 78. The name comes from the Prose Edda of Snorre Sturlason, where Hermod, son of Odin, undertakes to ride to Hel(l) to seek the return to earth of Baldur after he has been once slain. He is thus represented as the messenger between men and the gods.

p. 45, l. 34. **Es ist nun an der Zeit:** the pronouncing of this mystical phrase in Goethe's *Märchen* precipitates, on the third occasion on which it is uttered, the final magical catastrophe. Here, too, it is eventually repeated three times. The final occasion marks the transition from the historical recapitulation of the story of Ophioch and Liris, to the present direct involvement in it of Giglio Fava.

p. 45, l. 39. **Der Gedanke** etc.: cf. Introduction for an explanation of this passage.

p. 46, l. 1. **dreizehnmal dreizehn:** a magic number. Cf. Schubert, op. cit., p. 42.

p. 46, l. 4. **der Eiskerker zerschmilzt:** cf. the frozen kingdom of Arktur in the " Märchen " told by Klingsohr in Novalis' *Heinrich von Ofterdingen*.

p. 46, l. 20. **honetter Bildung:** the use of the French word here emphasises the (ironical) contrast of modern eighteenth century civilization with a barbarian past.

p. 46, ll. 38–9. **ein weichgepolstertes Ruhbett:** Hoff.nann is again ironical. There are no concessions to asceticism in this act of contemplation.

p. 47, l. 27. **jedes Geschlechts:** i.e. the spirits of earth, air, fire and water.

p. 47, l. 31. **Gestirn:** cf. above note to p. 41, l. 24. The star is, by implication at least, a new one in the heavens.

p. 48, l. 15. **ihr eignes Ich in verkehrter Abspiegelung:** "verkehrt" here means " reversed " (as in a mirror), but also implies " wrong, twisted," even " grotesque." Wieland, in his tale of " Narcissus und Narcissa " in *Das Hexameron von Rosenhain* (1802/3) illustrates the state of true love as existing when the lovers, on looking into a mirror, see not themselves but the other: they are in effect united into a single personality with two bodies.

p. 48, l. 16. **als rollten dunkle Schleier auf:** an indirect hint at the ubiquitous presence of the theatre in this story, but suggestive also of mystical revelation. Cf. Schiller: *Das verschleierte Bild zu Sais* and Novalis's " Märchen " of " Hyazinth und Rosenblütchen " in the *Lehrlinge zu Sais*: " . . . da hob er den leichten, glänzenden Schleier, und Rosenblütchen sank in seine Arme."

p. 48, l. 37. **verwaiste Kinder:** a reference to the image of " der Mutter Brust " in the last paragraph of the story of Ophioch.

p. 49, l. 24. **Der Gedanke** etc.: cf. above note to p. 45, l. 39.

p. 49, l. 38. **Edda . . . Voluspa . . . Somskritt:** The Voluspa forms a part of the cycle of Icelandic poems known as the Elder (verse) Edda, as distinct from the Prose Edda. Sanskrit, the ancient literary language of India, was for a time regarded as the " Ursprache," the ancestor of all languages, and so uniquely appropriate as the language of the mythical Golden Age. Hoffmann's orthography here probably derives

127

from Fr. Schlegel's use of the term "Sonskrito" in *Die Sprache und Weisheit der Inder* (1808).

p. 51, l. 22. **sein zweites Ich:** cf. illustration No. 3.

p. 52, l. 26. **Diamantgrube:** the idea of a parallel between the human mind and a mine of precious stones is a theme elaborated on in Hoffmann's *Die Bergwerke zu Falun*.

p. 52, l. 33. **Sancho:** i.e. Sancho Panza in Cervantes' *Don Quixote*, Pt. II, Ch. 68.

p. 53, l. 24. **Quintaner:** "school second-formers."

p. 53, l. 26. **Mauchardts Repertorium:** Immanuel David Mauchardt: *Allgemeines Repertorium für empirische Psychologie und verwandte Wissenschaften*, Bd. I, p. 109sqq.

p. 54, l. 2. **sein Ich stand ihm gegenüber:** cf. illustration No. 4. The guitar has changed its shape!

p. 54, l. 15. **Das brüllende Gelächter des Volks . . .:** cf. the attitude of the background spectators of the dance in illustration No. 3.

p. 54, l. 29. **Chiari:** Hoffmann describes this figure as an ancestor of the more well known personage of the name, Pietro Chiari (1711–1785), whose public disagreements with Goldoni and then with Gozzi led directly to the latter's writing of the first of his *fiabe*. Hoffmann here of course abandons all semblance of disguise in his reference. Its effect is (however weakly, given the number of contradictory contemporary references) to project the whole action into an indefinite past, the precise dating of which Sucher, in his edition of *Prinzessin Brambilla* tries hard to establish, but which is discounted by Hoffmann through Celionati's assertion that "Der Dichter, der uns erfand . . . uns durchaus für unser Sein und Treiben keine bestimmte Zeit vorgeschrieben hat."

p. 55, ll. 4, 5. **Transparent . . . Ofenschirm:** the popular domestic pastime of the shadow-theatre required a translucent sheet most conveniently made (like a fire-screen) by soaking an ordinary sheet of paper in oil. This was set up between the audience and a source of light so that the shadows of the actors (cardboard cut-out models, with movable joints) could be made to fall on it from behind. Hoffmann learned the techniques of this at a very early age from the popular volume: Wiegleb's *J. N. Martius Unterricht in der natürlichen Magie*, 1st edition 1779, reprinted 1782 and 1789.

p. 55, l. 6. **Acheron:** one of the rivers of Hell, whose evil-smelling waters are here contrasted with the perfume of rose-water.

p. 55, l. 7. **martellianisch:** after Pier Jacopo Martello (1665–1727), inventor of a type of Alexandrine verse, consisting of rhyming couplets, each line of twelve syllables (as in the true Alexandrine) but not counting unaccented syllables in the middle and at the end of the line. Both Chiari and Gozzi experimented with the form.

p. 55, l. 14. **französischer Dichter:** Nicolas Boileau-Despréaux (1636–1711).

p. 55, l. 15. **Galimathias:** " gibberish," " double-Dutch."

p. 55, l. 19. **dankbaren Rollen:** " rewarding parts " (for the actor, in terms of public acclaim).

p. 56, ll. 9–10. **Trissinos Sophonisbe, Speronis Canace:** Gian Giorgio Trissino (1478–1550), whose *Sofonisba* (1514/15) is generally considered to be the first Italian tragedy proper, and Sperone Speroni (1500–1588), whose only tragedy *Canace* was published in 1546.

p. 56, l. 18. **il trotto d'asino dura poco:** " the donkey doesn't keep up a trot for long."

p. 56, l. 29. **Il moro bianco:** " The White Blackamoor "—a finely ironical title, made even more so by the fact that a play of this name, *Il moro di corpo bianco* ossia lo schiavo del proprio onore (or, the slave of his own honour), was written (in 1775) by Gozzi himself and *not* Chiari. Did Hoffmann know this?

p. 57, l. 3. **Ah!** etc.: " Oh, unhappy day, cruel deceit!/Oh miserable man, your death/makes me weep and depart at once! " (These lines are not to be found in Gozzi's piece).

p. 57, l. 14. **Straße del Babuino:** see map. It. babbuino = " baboon." Was it the name that suggested the street as the residence of Chiari to Hoffmann?

p. 57, l. 15. **hühnersteigartig:** Hühnersteige: " chicken loft " (approached by a steep ladder).

p. 59, l. 26. **Pomeranzenkerne:** cp. Gozzi's *L'amore delle tre melarance*, whose " three oranges " are ultimately found each to contain a beautiful girl.

p. 60, l. 9. **Lo spettro fraterno vendicato:** " The brother's ghost revenged." Hoffmann's comments are here directed at the contemporary German vogue of the " Schicksals-drama."

p. 61, l. 20. **neugeboren:** this passage is a deliberate and ironi-cal echo of Celionati's words in the story of Ophioch.

p. 62, l. 4. **vor wenigen Tagen:** Hoffmann is undoubtedly thinking of the occasion referred to above in note to p. 35, l. 26, even though this was actually only the day before, and she did not speak to Giglio at all.

p. 64, l. 11. **albernes Zeug:** Giglio is still talking in his " tragic " manner.

p. 65, l. 37. **kindisch:** i.e. appropriate to the age of a child. There is no moral implication here.

p. 66, l. 11. **Circe:** in Greek mythology an enchantress, best known for having changed the companions of Odysseus into swine.

p. 66, l. 12. **Arkadien:** Arcadia, a district of the Peloponnese. the most primitive area of Greece, and taken to be a model of an ideal rustic paradise.

p. 66, l. 14. **Schlangenkraut:** a popular name attached to at least ten different kinds of plant. Hoffmann may be referring (given the reference to Arcadia) to Herb Paris (Einbeere), *Paris quadrifolia*, the most unsavoury of the candidates, with foetid flowers, poisonous black berries, and generally emetic and purgative qualities.

p. 68, l. 21. **Bergamo:** a city of Northern Italy, about 30 miles NE of Milan, and the original home of a number of *commedia* masks.

p. 72, l. 22. **die schönsten anmutigsten Gesten:** Kleist, in his essay *Über das Marionettentheater* (1810), talks at length of the damaging effect on spontaneity of action of practising gestures in front of a mirror.

p. 74, l. 25. **Es ist an der Zeit:** cf. above note to p. 45, l. 34. The tone of this passage is close to that of Goethe's *Das Märchen*.

p. 75, ll. 10–11. **auf einem großen Stein:** cp. *Johannes Kreislers Lehrbrief* (the last of the *Fantasiestücke*), in which " ein großer, mit allerlei wunderbaren Moosen und rötlichen Adern durchwachsener Stein " plays a portentous role.

p. 75, ll. 16–17. **muß ich es dir sagen:** a rather transparent way of informing the reader of events, betraying perhaps Hoffmann's desire to dramatize as far as possible, at least to the extent of creating dialogue.

p. 76, l. 21. **Sumpfe:** i.e. humour no longer has a real life, so people (in a rationalist response) see it as mere artificiality and stupidity. Hence comedy becomes the repository of all kinds of crudity, and drama splits into two morally distinct forms: " noble " tragedy and " vulgar " comedy. Such was the conventional view of e.g. J. C. Gottsched (1700–1766), the arbiter of German literary taste for much of the middle of the eighteenth century.

p. 76, l. 42. **Feuergeister:** " will o' the wisps." Similar figures occur in Goethe's *Das Märchen*. Here they stand for the inspiration of imagination.

p. 77, l. 2. **Erdgeister:** i.e. the spirits of paper, ink and printing type! Together with the " Feuergeister " these produce a flower bearing Princess Mystilis, the new product of fancy —but what she says is meaningless to the linguists who are, the more pedantically academic, the less comprehending.

p. 79, l. 40. **Typhon:** in Greek mythology the most formidable of the dragon-tailed and hundred-headed giants raised up at the defeat of the titans to dispute supremacy over the Earth with Zeus. Here simply to be taken to be the " evil " counterpart of the " good " Hermod.

p. 80, l. 16. **Es ist nun an der Zeit:** cf. above notes to p. 45, l. 34 and p. 74, l. 25. From here, with the choral incantation that follows, Giglio becomes directly involved in the working out of the myth of Ophioch.

p. 80, l. 25. **Wo ist das Land:** echoes of Goethe's poem *Mignon* (1784), " Kennst du das Land . . . ", hence the land is Italy.

p. 80, l. 27. **Wo ist die Stadt:** i.e. Rome.

p. 80, l. 30. **In bunter Welt . . .:** i.e. the theatre. Sucher points out that Volkmann (see Introduction) expressly likens the shape of the auditorium of the Teatro Argentina to an egg.

p. 80, ll. 32–3. **Ich . . . Nicht-Ich:** the philosopher J. G. Fichte (1762–1814) in his " Wissenschaftslehre " discusses the idea that consciousness of oneself (Ich) necessarily defines a simultaneous consciousness of everything that is *not* oneself (Nicht-Ich).

p. 83, l. 5. **Gelbschnabel:** " fledgeling," but also " greenhorn," " simpleton."

p. 84, l. 10. **Kupfertafel:** cf. illustration No. 5.

p. 85, l. 8. **Äquilibrierstange:** " balancing pole " (as used by tightrope walkers).

p. 85, l. 11. **Schwerpunkt:** Kleist in *Über das Marionetten-theater* emphasizes the importance of the " Schwerpunkt " in the effectiveness and balance of a properly manipulated puppet.

p. 85, ll. 16–17. **auf der linken Fußspitze:** actually the right foot, as far as she is concerned—cf. illustration No. 5.

p. 89, l. 34. **ein leckeres Mahl:** the meal represents Giglio's first real attempt at digesting a Gozziesque scenario; hence the apparent stomach-ache at first !

p. 90, l. 13. **Liquor anodynus:** i.e. a pain-killing draught—wine ?

p. 90, l. 14. **Lärm:** undoubtedly the applause of an appreciative audience.

p. 90, l. 29. **Giglio Fava:** Hoffmann feels obliged to keep us informed of identities, but he is deliberately misleading us here. This is the *old* Giglio, not the new.

p. 90, l. 32. **hervor:** i.e. hervor (sprang).

p. 91, l. 3. **Courtoisie:** " courtesy."

p. 91, l. 6. **König Arthurs Manier:** a fashionable society habit of Hoffmann's time was to dress up for parties according to such themes.

p. 91, l. 29. **Liebe:** a final farewell. They are after all embodiments of the same person.

p. 91, l. 42. **die linke Hand:** cf. illustration No. 6. Hoffmann was evidently struck by the absurdity of two apparently left-handed combatants, caused by the fact that he possessed reversed copies of Callot's etchings.

p. 94, l. 5. **oft erscheint er ja:** i.e. in her mind's eye.

p. 96, l. 1. **Ring des Gyges:** Gyges (reigned ca 687–652 B.C.) was a king of Lydia in Asia Minor. According to Plato he possessed a ring of invisibility by means of which he murdered his predecessor Candaules. Herodotus suggests that after being defeated in battle Candaules invited Gyges to use the ring to spy upon his wife who was so incensed on discovering this that she forced Gyges to murder her husband. Cf. Hebbel's treatment of the theme in *Gyges und sein Ring* (1854).

p. 98, l. 19. **dieses wackern Mannes:** Hoffmann is doubtless here referring to Gottsched who, according to Lessing in the 17th *Literaturbrief* " legte seinen Fluch auf das Extemporieren " and " ließ den Harlekin feierlich vom Theater vertreiben."

p. 102, l. 16. **in der wir selbst vorkommen . . .:** the effect of these remarks on the reader is calculated to confuse: where does the ultimate reality lie?

p. 102, ll. 33–4. **Arkana:** cf. above note to p. 12, l. 30.

p. 102, l. 37. **Peter Schlemihl:** cf. above note to p. 5, l. 30.

p. 103, l. 9. **bei der Stange bleiben:** " stick to the point."

p. 103, ll. 39–40. **keine bestimmte Zeit:** cf. above, note to p. 54, l. 29.

p. 104, l. 1. **Schriftsteller** (Lichtenberg): Hoffmann is here referring to the essay *Daß du auf dem Blocksberg warst. Ein Traum wie viele Träume,* in which the story of the Siamese twins is told. It was published in 1798, hence the anachronism in so far as Hoffmann supposes *Prinzessin Brambilla* to be taking place much earlier (but there are many other contemporary references).

p. 104, l. 3. **Schriftsteller** (Jean Paul): in the *Komischer Anhang zum Titan*: " Als die flachsenfingische Fürstin in andern Umständen war als das Land, nämlich in gesegneten . . ."

p. 104, l. 15. **à quatre mains:** " for four hands."

p. 104, l. 20. **Stühlchen:** i.e. a close-stool.

p. 105, l. 2. **materia peccans:** i.e. the substance at fault, causing the disease.

p. 105, l. 27. **Halle und Jena:** both university towns.

p. 106, ll. 23–4. **weil ich in solch kleinem Behältnis eingeschlossen:** i.e. as a puppet in a box—cp. the revelation of " Der Braune " in the *Seltsame Leiden* (cp. Introduction).

p. 108, l. 15. **zog sein breites Schwert:** cf. illustration No. 7.

p. 110, l. 21. **reichte ihn dem Prinzen hin:** cf. illustration No. 8.

p. 111, ll. 4–5. **verflochten:** cf. above, note to p. 6, l. 23.

p. 111, l. 17. **ein kleiner Mann:** i.e. Bescapi.

p. 111, l. 34. **Verse:** answering questions posed earlier, cf. above, notes to p. 80, ll. 25, 27 and 30.

p. 114, l. 32. **Smeraldine:** *commedia* mask, a servant, usually a negress.